"BOA NOITE"

"BOA NOITE"

FATIMA SAMPAIO MOREIRA

"BOA NOITE"

Cid Moreira, a grande voz
da comunicação do Brasil

Copyright © 2010 by Fatima Sampaio Moreira

Todos os direitos reservados. Nenhuma parte desta obra pode ser reproduzida ou transmitida por qualquer forma ou meio eletrônico ou mecânico, inclusive fotocópia, gravação ou sistema de armazenagem e recuperação de informação, sem a permissão escrita do editor.

Direção editorial
Soraia Luana Reis

Coordenação editorial
Ivone Rocha

Editora
Luciana Paixão

Editor assistente
Thiago Mlaker

Assistente editorial
Elisa Martins

Revisão
Isney Savoy
Rebecca Vilas-Bôas Cavalcanti

Capa, criação e produção gráfica
Thiago Sousa

Assistentes de criação
Marcos Gubiotti
Juliana Ida

Diagramação dos cadernos de fotos
Designer gráfico Ute Labote

Imagem de capa: Foto cedida pela CGCOM

CIP-Brasil. Catalogação-na-fonte
Sindicato Nacional dos Editores de Livros, RJ

S185b   Moreira, Fatima Sampaio, 1953-
            Boa noite / Fatima Sampaio Moreira. - São Paulo: Prumo, 2010.

            ISBN 978-85-7927-067-3

            1. Moreira, Cid, 1927-. 2. Jornalistas - Brasil - Biografia. 3. Locutores de rádio - Brasil - Biografia. I. Título.

                                                             CDD: 923.281
10-0353.   CDU: 929:32(81)

Direitos de edição para o Brasil: Editora Prumo Ltda.
Rua Júlio Diniz, 56 - 5º andar – São Paulo/SP – CEP: 04547-090
Tel: (11) 3729-0244 - Fax: (11) 3045-4100
E-mail: contato@editoraprumo.com.br
www.editoraprumo.com.br

Sumário

Dedicatória 7
Gratidão 9
Introdução 11
Prefácio 13
Oração 16

Capítulo 1   O garoto de Taubaté 19
Capítulo 2   O futuro começa agora 47
Capítulo 3   *Jornal Nacional* 125
Capítulo 4   Aos 70, um novo trabalho 175
Capítulo 5   Contato com o público 201
Capítulo 6   Homenagens recebidas 219
Capítulo 7   Cid na intimidade 267

Dedicatória

Dedico este livro aos meus pais, que me nutriram numa fonte de honestidade e amor. Embora, e com meu pesar, já tenham partido, vivem em mim e em meus frutos. Dedico aos meus irmãos, que são minhas referências e me lembram quem eu sou e de onde eu vim. E de onde eu vim conheci pessoas lindas, parte da minha infância e adolescência, como Roberta e a Rosana Regato, Irani Penha Pereira de Souza, menina da minha turma do EEPG "Professor Sebastião de Castro", e Viviane Monteiro, do Washington Luís. Mais tarde, a vida acrescentou as minhas queridas Vanice Assaz, Silvia Chimello, Marisa Brito, Cleide Castro, Eva Silva e Lycia Ribeiro, jornalistas de primeiro time, que tanto me incentivaram como profissional e pessoa. Elas acreditaram em mim, num tempo em que até eu teria dúvidas se seria capaz de levar até o fim uma proposta desse nível. Dedico também ao jornalista que tanto admiro Darwin Valente que ensinou muitos novatos como eu, na época do *Diário de Mogi* e da Rádio Metropolitana de Mogi das Cruzes, nesse lugar que tanto amo, localizado na Grande São Paulo. Dedico esse livro aos meus amigos fora da redação Sidney Helder Fernandes, Flávio Cearense, Cinthya Macedo Brant, Chermont Neto, Celeste Bento Roberto, Rose Gomes e Roseli Gonçalves e também aos colegas do jornal *O Povo*, de Fortaleza, Ceará, que sempre foram carinhosos e respeitosos comigo e com os quais partilhei alguns dos melhores anos da minha vida. Mas não posso esquecer o meu querido amigo jornalista Carlos Lima Costa, grande pessoa e profissional da revista *Caras*. Com eles eu ri, chorei e me diverti enquanto trabalhava. A todos devo gratas lembranças gravadas em meu coração como pérolas.

GRATIDÃO

Ainda bem que existe um espaço destinado aos agradecimentos entre as páginas de um livro. Afinal, seria injusto deixar de lado a importância de colaboradores que, de várias maneiras, me ajudaram a escrever a história de uma vida. Cada pessoa vem colocando um tijolo nessa construção, e Cid Moreira é visto, assim, sob perspectivas muito particulares.

Além de agradecer aos amigos dele que encontramos pelo caminho e que ajudaram nas memórias colocadas aqui, outras pessoas também não podem ser esquecidas. Não porque tinham qualquer ligação direta com ele, mas sim porque me ajudaram muito, de maneiras especiais. E por isso estão aqui. Minha amiga Nilda Riedlinger, professora, mulher de fibra e de uma disponibilidade impressionante, e seu marido, David Mars, que me incentivaram e foram algumas das inúmeras mãos que se dispuseram a organizar comigo as lembranças desse famoso guerreiro. À minha amiga de longos anos Lúcia Cohen e seu querido Aba Israel. Presenças sempre importantes em minha vida. Minha querida jornalista Ivone Rocha, amiga desde os tempos de faculdade, tempo em que não podíamos imaginar que um dia nos uniríamos para contar os "causos" da voz mais famosa do Brasil.

Em nome de Adriana Louise Tavares, psicóloga, sou grata a todos os profissionais dessa área, aos quais respeito muito. Não é fácil navegar pelos meandros da psique humana. Considero uma pessoa no mínimo intrigante, que se propõe a essa viagem ao desconhecido mundo dos universos ambulantes. Sou agradecida a Cid Moreira, por ter disponibilizado seu tempo, e sua intimidade, suas memórias e emoções para me dar elementos que pudessem nortear o caminho que foi se formando ao longo desses meses de pesquisa e entrevistas. Agradeço ao escritor Kito Mello, por sua paciência e carinho, por ler os primeiros rascunhos, manuscritos e rapidamente devolvê-los com suas impressões e incentivos. Não posso esquecer de Manoel Francisco de Lima e Antonia Pires, fiéis escudeiros que cuidaram da minha casa enquanto precisei mergulhar nas pesquisas e entrevistas para a elaboração destas páginas. Agradeço à memória de Fernando Barbosa Lima, porque utilizei informações de seu livro nas páginas em que cita nosso personagem, porque, infelizmente, a entrevista que deveria ter sido feita com ele a vida não me deu tempo. O mesmo agradecimento vai aos profissionais do Globo Memória e CGCOM, por terem concedido entrevistas, fotos e dados. Como dizia o poeta, "é impossível ser feliz sozinho". Somos a partir do outro, então me sinto agradecida e feliz em partilhar a confecção do livro, que não me pertence e sim a milhões de pessoas que amam Cid Moreira, ouviram falar dele ou têm, por algum momento em suas vidas, uma memória emocional que o envolva. E, por fim, agradeço profundamente a Deus, o Alpha e Ômega, de onde eu vim e para onde voltarei.

Introdução

De forma despretensiosa, desejo levar o leitor a um passeio por diferentes décadas, através da trajetória profissional de Cid Moreira. Enquanto passamos um olhar pelo desenrolar de sua profissão, vamos dar uma espiadinha também nas pessoas com as quais ele conviveu nessa longa estrada da vida. Vamos tocar um pouco no auge da Era de Ouro do Rádio e no nascimento e crescimento da televisão no País. Dois canais que projetaram nosso personagem para o sucesso e que o envolvem até os dias de hoje.

Mais que isso, vamos conhecer um pouco o que pensa e sente essa figura fascinante! A vida gratificante desse grisalho que conquistou milhões de brasileiros e tocou as mais diferentes pessoas, merece ser contada. Por quê? Porque mostra como somos todos possíveis! O livro mostra o quanto ele é respeitado, seja pela pessoa de vida simples, pelo intelectual, pelo abastado e por aquele com poucos recursos materiais.

Os profissionais de ontem e de hoje falam sobre os sentimentos que nutrem por essa pessoa, que em quase todos os rincões do País se tornou um mito. Admirado muitos anos por sua beleza, mas também, e muito mais, pela competência com que desenvolve seu trabalho, soube crescer com o tempo e acompanhar as novas gerações. A maturidade substituiu a beleza física sem prejuízo algum. Com isso, mudou seu desafio, terminou seu tempo no jornal, depois de 27 anos, e passou a usar seu talento para narrar textos bíblicos. Ele viu seus CDs distribuídos para mais de 30 milhões de famílias. O sucesso foi tão grande que não parou mais de trilhar esse caminho. A tecnologia foi avançando, e as mensagens viraram MP3, os trechos narrados se tornaram um desafio maior: a Bíblia na íntegra, do Gênesis ao Apocalipse, com tratamento digital e trilha sonora. O maior *audiobook* que já foi feito.

O mais interessante de tudo é que o profissional dedicado descobriu que narrar os textos sagrados foi muito mais do que exercer sua vocação. O contato diário com esse livro milenar mudou profundamente seu íntimo e lhe deu as respostas que buscou a vida toda. O que será visto nas próximas páginas é um relato muito carinhoso, com a intenção de ser uma homenagem, sobre um pouco do que é esse homem, essa pessoa e essa figura pública. Espero que todos que degustarem desse prato ora servido sintam o mesmo prazer que eu senti enquanto o elaborava. Bom apetite!

Prefácio

Por que escrever um livro sobre a voz mais conhecida do Brasil? Essa não é a pergunta correta, porque a resposta é obvia demais: sua assustadora popularidade desde o início do *Jornal Nacional* até os dias de hoje é um bom motivo. Mais que isso, escrever um livro sobre as impressões de uma vida como a de Cid Moreira é um desafio, um deleite. Como se coloca em uma centena de páginas uma vida com mais de 320 estações e mais de 240 delas como profissional de uma credibilidade como poucos? O que é prioridade? O que vale a pena ser contado? O que vai acrescentar à vida das pessoas? O que vai acrescentar a minha própria vida? Primeiro, não é fácil falar da vida de Cid. Não conheci pessoa mais monossilábica quando se trata de sua própria vida. Quando é para falar do seu trabalho, tudo muda de figura! Até que se abre e fala mais. Imagine o desafio! Para conseguir um bom bate-papo é preciso uma boa estratégia. Um vinho, uma noite agradável no jardim e deixar fluir a conversa. Esperar mais do que falar. O jeito é perguntar uma coisa e não falar mais no assunto. Entremeando outras reminiscências, de repente vem a resposta daquela pergunta, com riquezas de detalhes. A lembrança de um amigo, um momento, uma emoção! Reunir todas as informações de maneira que se aproxime bem do que foi colhido é o desafio.

Quando decidi escrever o livro contando relatos da vida de Cid Moreira, a maior preocupação foi como fazer isso com honestidade, mas com o cuidado de quem carrega uma bandeja com ovos no meio da multidão e não deseja quebrá-los de maneira alguma. Falar sobre pessoas é mexer em um campo minado que pode explodir em nosso rosto a qualquer momento. Como uma pessoa não existe sozinha, fica difícil contar os "causos" do narrador sem envolver mais de um personagem. Com certeza tive falhas na pesquisa, apesar do árduo trabalho. É muito difícil não incorrer em erros quando se trata de questões humanas. E mais: alguns acreditam até que a verdade é uma questão de ponto de vista. Pessoas que porventura não foram citadas e que passaram pela vida de Cid, me perdoem. É quase impossível incluir todos. Recorri à memória dele como maior fonte de dados. Para não ferir suscetibilidades, foi de bom tom que ficou decidido que, no livro, pouco se verá sobre os casamentos de Cid Moreira e seus descendentes. Não que o fato de ter perdido o neto de 24 anos, em um acidente de automóvel, e a única filha, mãe do garoto, que morreu de enfizema pulmonar, e também a primeira esposa (mãe e avó dos dois), não tenha relevância. Ao contrário, seria preciso ser muito criterioso e honesto para relatar com dados suficientes o assunto, o que mudaria o rumo do livro, que pretende lidar com o mito e sua profissão. Por uma questão de humanidade, preservamos as memórias para ele mesmo e seus momentos de introspecção. Claro que os detalhes o nivelam a todos os outros seres humanos, o que é obvio, mas fogem do foco desta publicação. Isso, que fique claro, tem a intenção de não provocar uma margem de erros que comprometa os escritos. Pouco se verá, enfim, sobre suas relações conjugais, o fim e o recomeço dos seus quatro casamentos. Afinal, é claro que não se é inocente depois dessas tentativas. Não estou aqui para julgar quem teve ou não razão ao final de cada embate. Todos foram felizes e sofreram, como em qualquer relação de amor, ódio e convivência na face deste planeta. Ele confessa que aprendeu muito com cada mulher com que viveu, mas o mais interessante é que soube lidar com as perdas sem prejuízo de seu talento profissional. Talento, aliás, que o manteve no topo de sua profissão, independentemente das crises, repercursões ou inconveniências causadas por suas relações afetivas. Foi proposital essa exclusão das mulheres que ele amou e que o amaram, e os fatos relacionados a isso. Quando se mexe no campo das relações é preciso delicadeza e respeito. Tocar no desconhecido pode trazer inconvenientes jogos de ego. Eu, como sua esposa e amor atual, mesmo como jornalista, teria dificuldade de isenção. Então, não seria justo meu passeio por esse campo. Afinal, estou com a faca e o queijo na mão. Então, saibam que ele teve, sim, uma turbulenta vida afetiva, com parcelas de belezas e contradições. Mas isso quem sabe vire um outro livro na mão de outra pessoa, em outra oportunidade. Um grande abraço!

Fatima Sampaio Moreira

Oração

Um trecho da Carta do Apóstolo Paulo aos Coríntios, que muitos definem como uma obra dedicada a tratar do fortalecimento dos fiéis novos cristãos daquela época, norteia minha vida hoje. É sobre ela que sempre que possível leio, escuto e medito. Para mim, esse apelo profundo do grandioso romano representa minha meta como transeunte deste planeta. E, melhor ainda, esse trecho é um dos mais pedidos para Cid Moreira interpretar em quase todos os lugares em que se apresenta.

Coríntios 1 - 13

Eu poderia falar todas as línguas que se falam na terra e até no céu, mas, se não tivesse amor, as minhas palavras seriam como o barulho do gongo ou o som do sino. Poderia ter o dom de anunciar as mensagens de Deus, ter todo o conhecimento, entender todos os segredos e ter toda a fé necessária para tirar as montanhas de seus lugares, mas, se não tivesse amor, eu não seria nada. Poderia dar tudo o que tenho e entregar o meu corpo para ser queimado, mas, se eu não tivesse amor, isso não me adiantaria nada.

O amor é paciente e bondoso. O amor não é ciumento, nem orgulhoso, nem vaidoso.

Nao é grosseiro, nem egoísta. Não se irrita, nem fica magoado. O amor não se alegra quando alguém faz alguma coisa errada, mas se alegra quando alguém faz o que é certo. O amor nunca desanima, porém suporta tudo com fé, esperança e paciência. O amor é eterno. Há mensagens espirituais, mas durarão pouco. Existem dons de falar em línguas estranhas, mas acabarão logo. Há conhecimento, mas terminará também. Pois os nossos dons de conhecimento e as nossas mensagens espirituais existem somente em parte, mas, quando vier o que é perfeito, então o que existe em parte desaparecerá. Quando eu era criança, a minha maneira de falar, de sentir e de pensar era de criança. Agora que já sou adulto não tenho mais essas maneiras de criança. O que agora vemos é como uma imagem confusa em um espelho, mas depois veremos face a face. Agora conheço somente em parte, mas depois conhecerei completamente, assim como sou conhecido por Deus. Agora, pois, permanecem a fé, a esperança e o amor. Porém o maior desses é o amor.

Bíblia de Estudo
Versão Almeida, revista e atualizada, 1993.

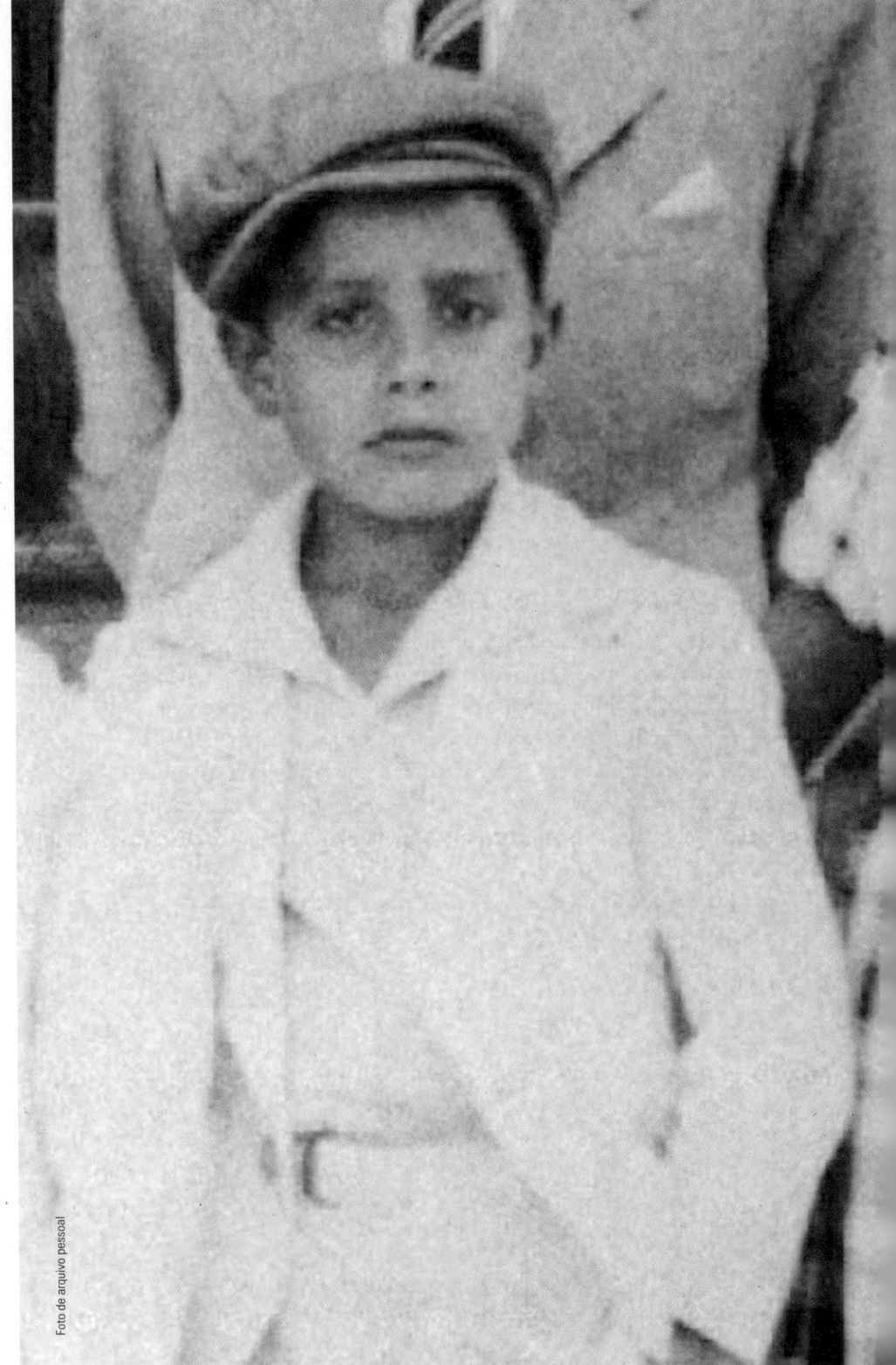
Foto de arquivo pessoal

Capítulo I

O garoto de Taubaté

Quem era Cid Moreira 20
Travessura era o que não faltava 24
A descoberta da leitura 29
A música, o cinema e seus protagonistas 33
As semelhanças com El Cid 38
Durante a Segunda Gerra Mundial 40

Boa noite

Quem era Cid Moreira

Eu não conseguia entender como toda aquela gente podia desenrolar os dramas para meus olhos atentos sem notar minha presença ali, sentadinho, quase invisível pela escuridão da sala.

Franzino, tímido, todo amarrotado. Quase sempre ele voltava para casa com o corpo lanhado, cheio de machucados por causa das brincadeiras com a molecada na rua. Os pés no chão denunciavam, talhados, os pega-pegas, subidas em árvores, fugas dos cachorros pelas galerias dos esgotos e quintais dos vizinhos, sem falar na deliciosa disputa pela bola. Quando chegava em casa, nessas condições, era surra na certa para terminar o dia. Isso era lá pela década de 1940, e quem visse o menino naquele estado não imaginaria que ele se tornaria uma das pessoas mais conhecidas do Brasil.

Essa cena se repetiria em quase toda a sua infância: rosto sujo, em uma mistura de suor e poeira. Sempre chegava cansado e ofegante de mais um dia de traquinagem. Sempre tinha um amigo a chamá-lo para aprontarem mais uma: Caolho. Caooolho?! Apelido ingrato que ganhou dos amigos Newton, Homero, Décio, Aloísio Pintado, Guima, Zé Pica e Djalma (o anãozinho) ao posar para uma fotografia em que foi clicado olhando, para sua infelicidade, de esguelha. Assim era chamado Cid Moreira, que passou toda a infância e juventude em Taubaté, cidade do interior de São Paulo, onde nasceu em 29 de setembro de 1927. Primeiro filho de uma família de três irmãos, desde criança mostrou que não gostava de gente estranha em casa. Todas as vezes em que a mãe recebia visitas, ele, o irmão Célio e a menina Cea ficavam na cozinha ou no fundo do quintal, isolados. Era um costume naquela época as crianças não transitarem pela sala enquanto os adultos conversavam. Certa vez, revoltado com a situação, tocou fogo em uma cadeira na cozinha em protesto. Foi uma correria e fumaceira danadas, seguida de uma bela surra!

O garoto de Taubaté

Arteiro de primeira categoria, levava com ele o irmão mais moço. Não só para aprontarem uma boa bagunça, mas também para descobrirem as novidades na pequena Taubaté, que não tinha mais que 50 mil habitantes.

O cinema, por exemplo, que ainda hoje tanto mexe com os sonhos e fantasias, em tempos difíceis, com muito menos opções de diversão, era um grande acontecimento social. O cine-teatro Polytheama, muito suntuoso, servia para todas as ocasiões. Inaugurado em 1921 e hoje Cine Metrópole, foi um projeto do arquiteto italiano André Parodio, construído no coração da cidade. Lá se apresentavam cantores, palestrantes, políticos, além dos *shows* da rádio local e das projeções de filmes. Quando não era uma coisa era outra! Suas pesadas cortinas foram testemunhas de muitos olhos fixos e molhados de lágrimas, choramingues, sussurros, aplausos e vaias. A primeira vez que esteve nesse ambiente, diante de uma projeção, o menino emudeceu. *"Eu não conseguia entender como toda aquela gente podia desenrolar os dramas para meus olhos atentos sem notar minha presença ali, sentadinho, quase invisível pela escuridão da sala."*

Talvez pareça muito engraçada a observação, mas não é para menos, pois essa visão passava pela lente do raciocínio de uma criança de 7 anos. Quase paralisado, ao lado do irmão ainda bebê no colo do pai e segurando firme a mão quente da mãe, aqueles olhos vivos e brilhantes não se continham e, entre balbucios e gargalhadas, diante daquelas imagens em preto e branco, sorviam tudo em sua retina emocional, *"nos mínimos detalhes"*. O filme era um dos clássicos de Charles Chaplin: *O garoto*. (Na sua infância os filmes já tinham sons e vozes, mas a sessão a que assistiu pela primeira vez foi oferecida pela escola do lugar em que morava, que promovia filmes com intenção educativa.) Mas o melhor ainda estava por vir. Depois de alguns minutos de silêncio absoluto, a orquestra começou a executar uma música ao fundo, ao vivo, dando ainda mais magia ao momento. Era uma chuva de sons das mais diferentes notas invadindo o recinto e inundando aquele enorme

Boa noite

espaço. Vale a pena lembrar que na infância tudo ganha maior dimensão, então imagine a visão de uma criança a respeito do teatro: fantástico, grandioso, magistral!

Alheio a todo o encantamento do pequeno Cid, havia um entusiasmado violinista. Seu nome: Fego Camargo. Quem imaginou que o dedicado profissional teria alguma relação com a notável Hebe Camargo tem toda a razão. Era o pai de Hebe, que também é de Taubaté. Nem *seu* Isauro, pai de Cid, muito menos *seu* Fego, pai de Hebe, poderiam imaginar que naquela sala estavam duas crianças que protagonizariam como locutores e apresentadores, cada uma à sua maneira, o grande palco da história da televisão brasileira. Apesar de estarem no mesmo ambiente e de os pais se conhecerem, Hebe e Cid só se encontrariam muitos anos mais tarde, já adultos, em poucas ocasiões, pois naquela época viviam em partes diferentes da cidade. Eles estiveram juntos durante gravações de *jingles* em São Paulo. Ela cantava fazendo dupla com a irmã.

Bem, vamos voltar às notas musicais bailando no ar, para a magia e os sonhos do menino. Esse dia marcou para sempre a vida de nosso herói. Daquela data em diante ele não parou mais de sonhar com o cinema. Não demorou muito e lá estava ele implorando aos pais para ver um novo filme. A fascinação era tão grande que chegou ao ponto de fazer *negócios* com seus brinquedos. Um amigo da escola trocou com ele uma máquina de projeção velha, quebrada, que havia encontrado no lixo, por um de seus brinquedos. *"Para mim não tinha importância que não funcionasse, afinal, para que serve a imaginação?"*, recorda. *"Mas eu não me contentei com aquilo. Queria saber mais. Comecei a dar umas escapadinhas de casa para rondar o prédio do cinema, até que consegui achar, no meio do lixo, latas quebradas e pedaços de filmes cortados e velhos. Aquilo foi o máximo para mim."* Nos dias que seguiram não queria nem saber de comer ou dormir. Ia para a escola *empurrado*. Não saía mais de seu quarto. Perdia horas colando os pedaços acabados de filme, tentando projetá-los na parede. Com certeza não conseguiu movimento, nem mesmo uma vez sequer,

O garoto de Taubaté

pois a velha máquina não funcionava. Mas só o fato de ver o *slide* no lençol ou na parede já lhe dava prazer. Ele ficava muito entretido e concentrado no empenho de fazer o filme desenrolar e de ver as projeções das bailarinas dançando, os mocinhos e os bandidos em perseguições sem fim e o mendigo pedindo amor e comida pelas ruas da cidade. Levava tão a sério esse negócio que certa vez chegou a ter uma convulsão. Nem Cid nem seus pais ou a avó sabiam ao certo se foi algum problema causado pelo estômago cheio depois do jantar, uma vez que não tivera tempo de fazer a digestão, ou a ansiedade por entender como aquela parafernália funcionava!

Até hoje ele não sabe explicar muito bem o que ocorreu, mas nunca se esqueceu da reação do pai. Muito nervoso, *seu* Isauro, assustado com a convulsão, jogou fora tudo o que envolvia os filmes. Lá se foram pela janela, direto para a rua, os rolinhos de filmes, a máquina imprestável e os sonhos do garoto, em pedaços. Aos soluços, Cid queria tudo de volta. O único jeito de seu pai detê-lo foi com a ameaça de uma boa surra, que na certa viria sem dó logo que se recuperasse da convulsão. Ele acabou se resignando, mas não muito, é claro, nem por muito tempo! Como é do seu temperamento, não se conformava facilmente. Para se consolar, passava horas desenhando e projetando esses desenhos contra a luz da vela. Queria reencontrá-los, gigantes, nas paredes do quarto, com vida e cheios de histórias tiradas de sua imaginação.

Boa noite

Travessura era o que não faltava

A gente passa muito perigo sem se dar conta. Eu achava que podia voar com o guarda-chuva aberto. Para me proteger, colocava palha de arroz empilhada no chão, que amortecia a queda. Nunca houve nenhum problema grave, mas não se deve fazer isso nunca. As crianças se sentem imortais, não têm noção do perigo. Meu anjo da guarda me protegeu muito.

Assim ele passava seus dias, brincando, lendo, aprontando as suas e... Apanhando! Apanhava muito mesmo. Se fizesse qualquer coisa que desagradasse o pai, lá ia a vara, a fivela do cinto, ou o que tivesse nas mãos. O irmão mais novo, que não era nenhum santo, apanhava também. A diferença era o jeito que cada um levava, ou melhor, recebia a surra. Célio, quando via que o *"chicote ia comer feio"*, se preparava, enchia-se de blusas e calças *"para amortecer"* os golpes. Pensava que tinha se livrado da punição, mas o pai não o esquecia assim tão fácil. Mal sabia ele que, quando estivesse debaixo do chuveiro, sem esperar, lá vinham novos golpes do chicote de couro cru, sem piedade.

Cid enfrentava as surras de *short* e camisas de mangas curtas. Não chorava alto, as lágrimas escorriam pela face, a cabeça baixa, olhando para o chão. E aí não tinha jeito, o sangue escorria. *"O pior é que eu até pensava em fugir, mas não tinha para onde. Às vezes, pulava o muro e esperava na rua até o anoitecer, mas, cedo ou tarde, teria que voltar. Não dá nem para ficar magoado com meu pai. Imagine, ele era de uma geração muito dura. Era assim que se criavam os filhos, à base dos castigos severos. Ele achava que estava agindo certo, que era para nosso bem"*, justifica. A mãe pegava os garotos, colocava uma bacia com sal para limpar e tratar os ferimentos. A avó se entristecia e consolava os meninos como era possível. Passava unguentos e oferecia docinhos para alegrá-los.

Mas nem tudo era tão difícil ou sofrido; a vida tinha muitas compensações. O cachorro Brown faz parte desse lado bom. Viveu 12 anos. O velho e inseparável amigo, uma mistura de pastor belga com vira-lata, era o personagem certo para suas brincadeiras infantojuvenis. Na hora do trabalho duro para conquistar suas moedinhas, não eram os amigos da rua que batalhavam com ele. O maior companheiro era seu cachorro, que o seguia em tudo. E, quando sobrava um tempinho, o quintal de casa se transformava em um grande circo, criado pelas suas fantasias infantis.

Brown era um grande leão e Cid, seu domador. Entre *"enormes círculos de fogo"* (na verdade, o bambolê de sua irmã) e as velhas cadeiras da casa, o obediente animal dava *shows* de malabarismos, saltitando cada vez que o *domador* batia o chicote no chão. *"Pulava de cadeira em cadeira, sem errar uma. Sentava, deitava e ficava em duas patas sob minhas ordens"*, conta, orgulhoso. Era a atração principal do circo montado no fundo do quintal. *"O Célio era o ajudante, que montava a barraca com os lençóis da minha mãe, estendidos no varal."* Tudo ajudava na construção do picadeiro: restos de papel, papelão, plástico e trapos velhos.

O público? A maior frequentadora era Bá, a velha vovozinha querida. Mas não era só Brown a atração do circo. A queda de quatro metros do telhado da casa ao chão também preocupava e chamava a atenção do público. *"A gente passa muito perigo sem se dar conta. Eu achava que podia voar com o guarda-chuva aberto. Para me proteger, colocava palha de arroz empilhada no chão, que amortecia a queda. Nunca houve nenhum problema grave, mas não se deve fazer isso nunca. As crianças se sentem imortais, não têm noção do perigo. Meu anjo da guarda me protegeu muito"*.

No final da tarde, os pedacinhos de ossos de frango e de boi que restavam do almoço serviam de prêmio pelas apresentações do obediente cachorro.

Mesmo com energia de sobra, uma das maiores frustrações de *Caolho* foi ser afastado das atividades físicas na escola. Tudo porque era muito tímido. Só de pensar em ficar nu para os exames médicos, seu coração acelerava e ele suava frio. Ao examiná-lo, não deu outra: o médico anotou em sua ficha a possibilidade de pro-

Boa noite

blemas cardíacos, pois sua pulsação ficava alterada. Conclusão: não podia mais praticar esporte algum no Ginásio Estadual de Taubaté. Com isso, fazia dos campinhos da rua onde morava seu espaço para as disputas das peladas.

Se em casa não parava um minuto, junto aos amigos – fiéis e inseparáveis – não era diferente. Mas as brincadeiras com eles só podiam acontecer do portão da rua para fora. O mais chegado, sem dúvida alguma, era Djalma. *"Eu não me desgrudava do anãozinho, como era conhecido esse meu amigo."* Isso causava ciúmes nos outros. Sempre havia disputa para ser o melhor amigo. Newton e Djalma ocupavam lugar de destaque. Como o anãozinho, na adolescência, foi para o Rio de Janeiro estudar (tornou-se médico e ficou por lá durante longos anos), o outro companheiro era quem desfrutava mais tempo de sua amizade. Mas era durante as férias, com a volta do doutor para casa, que as maiores aventuras aconteciam. A *Bianchi Milano*, uma velha bicicleta importada da Itália, era testemunha de suas maiores aventuras. Quando não era colocada à prova de resistência junto à molecada, era pedalada por *seu* Isauro no horário do trabalho. Nem mesmo o fato de precisar se equilibrar o tempo todo, por ser menor do que a *magrela*, impedia o menino de correr feito louco por toda a cidade. E olha que o calçamento não ajudava! Na época, as ruas dos bairros eram quase todas de terra e no centro eram de paralelepípedo em sua maioria. Eles voavam juntos, pedalando freneticamente. Às vezes desciam a ladeira principal, pertinho do Mercado Municipal (que está firme, em pé, até hoje), e corriam até a rua Barão da Pedra Negra, seu endereço de infância.

Juntos, pedalando, cortavam toda a cidade, passavam como um foguete pelo cemitério, pelas vielas do comércio e terminavam a aventura na rua Dom Epaminondas (a praça principal). *"Como a cidade era pequena, sabíamos o nome de quase todas as famílias, ou, pelo menos, já tínhamos ouvido falar dos sobrenomes"*, recorda. O perigo era uma rotina. Houve um dia em que faltou muito pouco para ele ser atropelado por um ônibus. "*Tínhamos a sensação de sermos imortais em nossas bicicletas.*"

Não faltavam histórias de bandido, mocinho e xerife imitando o cinema. As acrobacias eram de tirar o fôlego. "*Fazíamos o que parecia impossível, dando pedaladas e fingindo estar montados em cavalos. Em uma velocidade incrível, eu sentava de lado, pulava, deitava e ficava em pé na bicicleta. Nada segurava a gente. Atravessávamos os riachos, canais, vielas e tudo o que viesse pela frente. O ritmo era tão intenso que parecia que o coração ia sair pela boca de tanta alegria. Era uma celebração da vida! O vento batendo forte na face! Uma delícia! Muito imprudentes, não tínhamos limites.*" Cid conta que, certa vez, tirou *uma fina* de um rapaz, quase o atropelando. "*O sujeito ficou muito bravo. Falou palavrões. Eu saí correndo. O Djalma provocou meus brios, dizendo para eu ir lá enfrentar o sujeito. Então, dei meia-volta. Só que eu era bem menor. Bastou um único soco de esquerda do outro e eu acordei do desmaio em uma farmácia. Nossa, como doeu!*"

Por essas e outras, dá para imaginar em quantas encrencas eles se metiam, mas, ao mesmo tempo, o quanto tudo era divertido. A amizade entre os dois era tão grande que, apesar de estar ainda nas primeiras aulas na escola de medicina, Djalma dava atendimento ao amigo com o requinte de um médico formado. Os maiores sofrimentos de Cid na infância e adolescência eram as unhas encravadas pelas topadas e pelos maus-tratos dos pés, cortados por cacos de vidro, espinhos ou pregos. É o risco da garotada que corre descalça para tudo quanto é lugar. Sem falar dos furúnculos pelo corpo, principalmente nas pernas e glúteos. "*Antigamente era muito comum as mães usarem gordura de porco em toda a comida. Se não me engano, não havia esses óleos vegetais como hoje, fora o azeite de oliva, usado na cozinha das famílias mais abastadas. Apesar de deliciosa, a carne de porco me fazia muito mal. Mas eu não tinha consciência daquilo e gostava muito de tudo. Não deixava passar nada, desde o torresmo, pernil até a costela. E o pior,*

Boa noite

minha mãe cozinhava muito bem, eu não resistia às guloseimas. Em compensação, vivia sofrendo dores terríveis. Certa vez não podia nem ficar sentado. Tinha febre e íngua por causa disso. Cheguei a tirar o fundo de uma cadeira de palha para me acomodar melhor", lembra Cid. Para aliviar seu sofrimento, o amigo fazia curativos. Naquele mesmo período, por coincidência, *seu* Isauro, que havia mudado de emprego e trabalhava como bibliotecário em uma escola pública, começou a trazer uns livros sobre saúde para casa, que lia durante as suas horas de descanso.

Naquela época, era comum os familiares ficarem juntos depois do almoço, principalmente no inverno. Ficavam apreciando o sol, que ardia muito, mas não o suficiente para aquecer do friozinho que sentiam nas sombras e dentro de casa. Lá estava Cid lendo em voz alta, para quem quisesse ouvir, os conselhos do doutor Frederico Rossister sobre *"anatomia, physiologia e hygiene"*. Esse foi um dos livros que mais o impressionaram. Chamado *Guia prático da saúde*, foi editado pela Casa Publicadora. Esse guia, que chegou a suas mãos em junho de 1938, continua em sua companhia até hoje. Entusiasmado, Cid passou a *devorá-lo*. Os novos conhecimentos que adquiriu foram um marco em sua vida e um dos fortes motivos pelos quais se tornou adepto do vegetarianismo. *"Sei que existem outros guias de saúde mais modernos e até esse foi reeditado várias vezes. Mas eu mantenho esse comigo por ser uma recordação carinhosa de meu pai e daquelas tardes das brisas frias do inverno."*

O garoto de Taubaté

A Descoberta da Leitura

Quando meu pai trouxe o primeiro livro da pequena "Narizinho arrebitado", eu queria conhecer a garotinha de qualquer jeito. Demorei a acreditar que ela era somente uma personagem.

Apesar de não ser nenhum anjo, Cid já apreciava ler a Bíblia. Sem entender quase nada do que estava escrito ali, ele perguntava tudo para a mãe e a avó. *"Elas chegavam a ficar sem paciência comigo, mas eu, sem saber por quê, me entusiasmava com as histórias que eram contadas a respeito dos inúmeros reis e heróis que povoavam o mundo do Oriente Médio. Ficava imaginando os camelos, aquele deserto sem fim e as inúmeras batalhas travadas em nome de Deus."*

Concentrado, ele era capaz de passar horas a fio lendo um livro, sem se incomodar com o que se passava à sua volta. Lia de tudo, e as questões espirituais sempre povoaram seu imaginário. Os livros que mais o fascinavam eram justamente os que tratavam de assuntos relativos ao espírito. Lia sobre diversos temas: desde obras acerca da história das religiões e tratados místicos até biografias de santos.

Além disso, durante a juventude, frequentou diversas crenças em busca de respostas para uma indagação íntima: a presença de Deus em sua vida. Na verdade, embora tenha sido criado em uma família católica, nunca foi católico praticante. Aliás, nunca teve uma religião definida; entretanto, após a febre mística da juventude, passou a fase adulta inteiramente mergulhado na profissão, deixando de lado, por anos, a busca pelo sagrado.

Vez ou outra alguém tentava convencê-lo da importância de diferentes caminhos rumo à espiritualidade, inclusive o seu tio Oscar, que morava na capital paulista. Espírita convicto, o irmão de sua mãe, Elza, não cansava de contar a respeito dessa religião, o que o impressionava muito. Chegou a frequentar algumas dessas instituições naquela época. Assim, embora tenha assistido a muitos cultos, o fez sempre como mero observador e não como

Boa noite

alguém que se entrega à prática daquilo que vê. Bem mais tarde, já na terceira idade, foi convidado para gravar alguns textos bíblicos, como os Salmos, o Sermão da Montanha e trechos da Carta de Paulo aos Coríntios. Foi o despertar de uma transformação, mas essa já é outra história, à qual voltaremos mais adiante.

Se a Bíblia, que é um livro destinado aos adultos, aguçava sua imaginação, o que não dizer dos livros infantojuvenis de Monteiro Lobato? Para o garoto, *O sítio do picapau amarelo*, com todos os seus personagens, era a própria tradução dos sentimentos e fantasias que o envolviam e a sua turma de amigos.

"*Quando meu pai trouxe o primeiro livro da pequena 'Narizinho arrebitado', eu queria conhecer a garotinha de qualquer jeito. Demorei a acreditar que ela era somente uma personagem.*" Mais feliz ainda ficou Cid quando soube que o homem que escrevia "*tudo aquilo*" também tinha nascido e morado em Taubaté. "*Eu li toda a coleção de Lobato. Não o conheci pessoalmente, mas um dos meus professores tinha sido amigo dele. Ele, além de ser muito famoso, já tinha ido morar no Rio de Janeiro; por conta disso, nunca tive oportunidade de vê-lo de perto*", lamenta.

Enquanto Cid lia sobre as travessuras de Emília e as bravuras de Pedrinho, seus familiares deixavam o friozinho para esquentar-se, com as roupas que Dona Elza "*dava um jeito*" de arrumar para os garotos.

Pobres, as crianças não recebiam mesada ou coisa do gênero. Para se ter ideia de como viviam, a mãe de Cid costumava costurar e reformar as camisas e calças do pai para servirem para ele, Cid. Era um efeito dominó: suas vestimentas seriam mais tarde reformadas para o irmão mais novo, e isso valia para os uniformes da escola também. O mesmo ocorria com as roupas femininas, que passavam da mãe para a filha. Naquele tempo, o Brasil ainda sofria os reflexos da Primeira Guerra Mundial (1914-1918), quando chegavam os rumores de uma segunda Grande Guerra, confirmada em 1939. A recessão assolava o País. O racionamento de alimentos, como o trigo e o leite, e as filas intermináveis para comprá-los tornavam ainda mais dura a vida

O garoto de Taubaté

das pessoas na cidade. Para piorar, entre uma guerra e outra houve a grande depressão, com a queda da Bolsa de Valores de Nova York, em 1929, que deixou reflexo por longos anos na economia brasileira e complicou a vida do restante do mundo.

A gasolina estava entre os produtos escassos, e o Brasil ainda não possuía autonomia de produção. Para suprir a deficiência do abastecimento, os carros usavam como quebra-galho o gasogênio, produzido em uma engenhoca que extraía gás da queima do carvão, adaptada aos carros e aos ônibus. "*O problema para os donos dos 'Chevrolets' e 'Fords' da época era aguentar a fumaça e fuligem que chegavam com uma densa camada de poeira negra, resultado dessa queima*", lembra o locutor.

O duro era andar às voltas com os sacos de carvão vegetal e ter parte do carro ocupada na dianteira ou traseira. E os proprietários de carros mais "*arrumadinhos*", então, reclamavam que usavam quase todo o porta-malas com aquela "*geringonça*" embutida.

Do mesmo modo que o País ia encontrando caminhos para suportar as dificuldades econômicas que atravessava, os rapazes da turma de Cid buscavam solução para enfrentar uma dureza danada. Não se via dinheiro com facilidade entre eles. Uma coisa todos tinham em comum: adoravam ir ao cinema, uma das poucas diversões além das molecagens pela vizinhança. É bom lembrar que ainda não existia televisão e muito menos *videogame*. O grupo nunca tinha como comprar ingressos para todos. Mas não demorava muito para encontrar uma boa solução para esse problema. em uma dessas tentativas, eles combinaram que todos entrariam no banheiro do cinema ao mesmo tempo, enquanto esperavam terminar a sessão. O plano era entrar enquanto a multidão saía. O pior ainda estava por acontecer. Naquele dia alguém tinha passado mal, deixara o banheiro todo sujo e eles ficaram com seus sapatos e roupas impregnados. Mesmo assim, com aquela catinga toda, não se deram por vencidos e conseguiram ver a sessão inteira, causando mal-estar nas pessoas que se encontravam no salão fechado.

Boa noite

Nem foi ainda dessa vez que aprenderam a lição... Não passou muito tempo e lá estavam eles, de novo, aprontando mais uma. É que Cid decidiu levar o irmão Célio, cinco anos mais novo, ao Palas, o cinema mais frequentado da cidade. O problema é que o pequeno não tinha idade suficiente para assistir ao filme, e, para enganar o porteiro, Cid colocou no irmão roupas de adulto e emoldurou seu rostinho com um chapéu. Mesmo com o olhar desconfiado daquela marotagem, o porteiro deixou que eles passassem.

Que fique claro que nem sempre o meio usado para conseguir assistir a uma sessão de cinema eram os pequenos truques. Em nome de ver um filme valia também o trabalho duro.

O garoto de Taubaté

A MÚSICA, O CINEMA E SEUS PROTAGONISTAS

Se há momentos que se podem guardar como um precioso tesouro, este aí está entre os primeiros da minha lista. Se me pedirem, sou capaz de descrever a cena com riqueza de detalhes e com uma nitidez tão grande como se estivesse ocorrendo agora.

Aos 12 anos, época em que seu pai, Isauro Moreira, trabalhava como gerente do Centro Recreativo de Taubaté, Cid o acompanhava e fazia um pouco de tudo como ajudante. Usava sua imaginação para pensar em ganhar uns trocados, a fim de ver Hedy Lamarr, Rita Hayworth, Ava Gardner e todas as estrelas de Hollywood nas telas da cidade. Varria o salão todo, tirava o pó e recebia uma gratificação por isso. Uma nova paixão começava a despertar dentro dele: a música. E com ela o rádio. A música chegou primeiro pelos discos. Durante as horas em que dava duro na limpeza, seu pai ligava a vitrola e tudo vibrava! Até ficava mais fácil enfrentar a vassoura. Ao som de *Olhos verdes* (composta pelo genial maestro Waldemar Henrique), ele juntava os papéis do chão e as fichas que se perdiam das jogatinas da madrugada anterior.

Esses sons encheram sua vida de emoção ao ponto de que, enquanto descrevia a cena, se sentir lá no salão do clube naquele momento. E, já que estamos falando do salão, onde batia uma gostosa luz nas manhãs de inverno e a poeira pairava no ar, vamos ficar mais um pouquinho na lembrança desse lugar. Cid estava sozinho por uns momentos, preparando um café. Máquina de café? Que nada! A velha chaleira estava fervendo, se equilibrando em uma latinha cheia de álcool com uma chama embaixo. O cheiro do álcool misturado com o do café está impregnado em sua alma. Seu pai saiu e foi até a *padaria da esquina* comprar pão sovado quentinho! Era um ritual: os dois comiam o pão, calados. Nem um pio! Mas para o garoto e para o homem não existia, naquele instante, nada mais saboroso no

Boa noite

mundo. Foi a partir desse dia que ele buscou manter contato com a música de forma mais intensa. Como em sua casa não havia vitrola, o jeito era sintonizar o enorme rádio movido a válvula. Ninguém estava autorizado a mexer no aparelho, mas, no escuro da noite, pé ante pé, lá ia o pequeno rapazola. Para não ser pego em flagrante, colocava o volume bem baixinho e grudava o ouvido no alto-falante. Depois de ouvir muitos zunidos e ruídos até esquentar as válvulas, conseguia sintonizar uma estação. Daí em diante, na ponta dos pés, equilibrando-se na cadeira, se deliciava com os acordes e arranjos das músicas clássicas. *Pour Elise,* uma das mais famosas composições de Beethoven, era uma de suas preferidas. A audição do Bolero de Ravel, considerado muito sensual para a época por ser uma reinvenção dos movimentos de dança, também o contagiava.

"*O próprio Maurice Ravel ficou surpreendido com a divulgação e popularidade da obra e as múltiplas interpretações dos maestros*", conta Cid, emocionado. Ele não se esquece também de *O barbeiro de Sevilha,* ou melhor, *Il barbiere di Siviglia,* ópera cômica em dois atos com música de Gioacchino Rossini e *libreto* de Cesare Sterbini. Aquilo o deixava de boca aberta, literalmente. Caindo de sono e quase escorregando pela cadeira, o garoto lutava firme para não perder aquele desfile grandioso da música universal. Os instrumentais lhe agradavam mais, o que não quer dizer que não desse valor aos demais componentes da ópera. Pense nas *Big Bands*! Os instrumentais ligados ao *jazz*, ritmo muito popular a partir dos anos 1920. "*Os músicos com os seus saxofones, trompetes, baixos e piano enlouqueciam a minha cabeça. Seus arranjos e improvisações eram fantásticos e nada os superava. Daquele tempo, posso me lembrar de Fletcher Henderson e Bix Beiderbecke (uma lenda que tocava corneta com várias bandas). Vale a pena citar o* swing *de Glenn Miller, Benny Goodman, Tommy Dorsey, Artie Shaw, Duke Ellington e Count Basie. Eles que regeram algumas das orquestras mais conhecidas e insuperáveis até hoje.*"

O garoto de Taubaté

Os saxes de Johnny Hodges, Lester Young, Coleman Hawkins e Ben Webster e os trompetes de Roy Eldridge, Harry Sweets Edison, Cootie Williams e Charlie Shavers e por aí afora *"estouravam"* nas ondas do rádio. *"Estava acontecendo muita coisa boa em termos de música enquanto eu crescia, reforçando muito minha paixão por essa área."*

Por muitos anos, era esse o seu programa noturno, principalmente porque seu pai trabalhava até de madrugada, deixando-o livre por muitas horas. Quando ouvia o ruído do portão, saía correndo para se meter nas cobertas, morto de cansaço. O grande profissional começava a nascer aí. De tanto prestar atenção à música que vinha lá de longe, das ondas curtas ou médias, do outro lado do oceano, já podia distinguir entre os graves e os agudos, a afinação e os ritmos, os arranjos e tantas outras nuanças próprias da música.

Bem, tínhamos deixado nosso pequeno personagem juntando moedas para ir ao cinema. Sobre o rádio ainda falaremos mais adiante, quando ele começar a encontrar os grandes nomes da música brasileira, já como apresentador.

O que nunca lhe faltou foi disposição para arrumar recursos, principalmente quando a finalidade era apreciar um bom filme. Sem se fazer de rogado, toda fruta ou verdura que encontrava *"dando sopa"* nos quintais da vizinhança carregava e negociava na quitanda do *seu* Elias. Certa vez, conseguiu carregar uma abóbora enorme. Devia pesar uns sete quilos. Quando chegou perto da *venda*, o cabo do vegetal quebrou. Ele não teve dúvida: foi para casa, fez uma cola de farinha de trigo e reforçou o *conserto* usando alguns palitos internamente, como base, recolocando o cabo no lugar. Para o azar do menino, o turco pegou justamente no cabo... Depois de lhe dar uma boa reprimenda, o comerciante riu muito. É claro que dessa vez não teve negócio. Parecia que nunca se esgotava sua criatividade para garantir o escurinho do cinema, pelo menos uma vez por semana. Quando não carregava laranjas nem abóboras, eram as malas

Boa noite

na estação de trem ou rodoviária. Naquele tempo, as bagagens não tinham rodinhas, daí o esforço tremendo para ajudar as madames a transportar aquele incômodo. Era um dos serviços mais pesados, mas também um dos mais compensadores.

Por uns trocados, arrastava quilos para lá e para cá, na esperança de garantir as economias. Em certa ocasião, junto com o irmão Célio, pegou na pá e na enxada e juntou um caminhão de esterco. Em outra, o jeito foi apelar e desenhar mulheres peladas. Os rabiscos eram vendidos aos colegas da escola. O mais engraçado era que, para desenhar a forma física feminina, ele dependia inteiramente de sua própria imaginação, pois tanto ele quanto os amiguinhos nunca tinham visto foto ou revista de mulher nua.

O Gumex, aquele fixador que mantinha o cabelo firme e para trás, também fazia parte de suas criações para ganhar uns trocados a mais. *"Na fórmula eu colocava pó dragante, álcool e um perfume da minha mãe... Não faço ideia de como convencia a garotada de que essa mistura deixaria o cabelo com o efeito conhecido hoje como gel."* Esse tal de pó dragante nem existe mais. Era uma espécie de talco que só os vovôs de hoje talvez saibam do que se trata.

Seus truques não acabavam nunca quando o assunto era ganhar as moedas para o ingresso do cinema. Inúmeras vezes era visto catando as bolinhas brancas, como boleiro, auxiliando os tenistas no clube (muito tempo depois é que mudariam para as amarelas). E assim, dava origem ao seu interesse pelas quadras, onde passou intermináveis horas, e ainda hoje brinca. Outros pequenos serviços enchiam seu tempo entre as aulas e as brincadeiras infantis. Catar ferro, papelão e latinhas, juntados num pequeno carro de madeira, para serem vendidos a quilo no ferro velho, também foi outro meio que aquele menino suado e traquinas arrumou para não perder nenhuma nova produção que chegava à cidade.

Desde a sua infância, Cid aprendeu o valor do trabalho e o amor pelo cinema, duas paixões que conserva até hoje em sua vida. E assim,

O garoto de Taubaté

os primeiros passos da vida profissional de El Cid (como sua mãe, Elza, costumava chamá-lo para lembrar que dera um nome forte e especial, de um líder, lendário guerreiro espanhol, ao seu filho) começavam a se delinear.

Boa noite

As semelhanças com El Cid

Não sei dizer exatamente como esse poema chegou às mãos dela, mas sei que minha mãe fazia questão de me dizer a importância desse nome na história espanhola e o quanto ela ficou contente em me batizar com ele.

Esse líder lendário está, de certa maneira, ligado ao nome que recebeu. O locutor brasileiríssimo se orgulha de ter um nome tão pouco comum. Chega a ser engraçado quantas vezes foi chamado de outras maneiras. Já ouviu desde Sidney, Alcides, Cido, até Sérgio Chapelin, Silvio Santos e Roberto Marinho. "Seu Silvio, como vai?" Ou ainda: "Que bom encontrá-lo por aqui seu Roberto!?" Ou então: "Seu Chapelin, por favor, dá para falar mais rápido a notícia para que eu possa assistir mais cedo à novela?"

Se você quer saber, não tem codinome, nem apelido, nem nome artístico não! É Cid Moreira mesmo. Quer dizer, na redação do *Jornal Nacional* e do *Fantástico* os colegas o chamam de Cidão. E ele gosta desse jeito carinhoso de ser chamado.

Voltando ao seu homônimo espanhol, Cid tem algumas características em comum com Rodrigo Vivar. Determinado, não se deixa vencer. Luta até o fim por suas ideias e sonhos. Tal como o herói espanhol, ele também é conhecido, amado e criticado por uma nação inteira. Sua voz uniu o País pela tela da televisão. Não seria por menos que seu destino lhe reservaria a façanha de se tornar um ícone em sua profissão. Claro que devemos guardar as devidas proporções, pois tanto o mito hispânico quanto o brasileiro têm suas belezas e contradições.

O menino virou El Cid porque dona Elza conheceu o herói espanhol do poema *Mio Cid*. "*Não sei dizer exatamente como esse poema chegou às mãos dela, mas sei que minha mãe fazia questão de me dizer a importância desse nome na história espanhola e o quanto ela ficou contente em me batizar com ele*", afirma o narrador, emocionado.

Não foi difícil encontrar joias raras sobre o assunto. Entre tantas janelas pesquisadas, lá estava, traduzido para o português, o

O garoto de Taubaté

Código Mio Cid no *blog* do poeta, tradutor e advogado paulistano Fabio Aristimunho Vargas. O poema narra as façanhas de Rodrigo Díaz Vivar (1043-1099), o Mio Cid do título. Figura histórica da época da Reconquista, "*Mio era uma espécie de pronome de tratamento medieval, relacionado ao sistema de vassalagem, que significava, literalmente, meu senhor. Esse poema épico foi escrito entre os séculos XII e XIII. São cerca de 3.700 versos em rimas que tratam de um romance da cavalaria hispânica*".

O autor é desconhecido, e o único manuscrito conservado sobreviveu vindo lá do século XIV. Mais interessante que isso ainda é ter alguns versos traduzidos.

"*Termino arriscando uma tradução da tirada inicial do poema, apoiado obviamente na versão adaptada que tenho em mãos*", relata o poeta.

Dos seus olhos... tão fortemente chorando voltava a cabeça
... e os estava olhando.
Viu portas abertas... e trancas sem cadeados, suportes vazios
... sem peles e sem mantos e sem falcões
... e sem açores mudados.
Suspirou meu Cid... por ter grandes cuidados.
Falou meu Cid... bem e tão ponderado:
Bendito sede, Senhor, ... pai que estai no alto!
Isto me foi tramado... por meus inimigos malvados!"

Para saber mais sobre o poema acesse o blog do autor: http://medianeiro.blogspot.com, na Internet, ou confira a versão na íntegra no livro Poesia Espanhola, da Editora Hedra.

Boa noite

Durante a Segunda Guerra Mundial

Eu pensava: essa guerra não é nossa, não a provocamos, por que é preciso ir tão longe, morrer de uma forma tão estúpida?

Deixamos agora o Campeador e seu cavalo Babieca, o maior de todos os heróis da era cristã, que deu fim aos 700 anos de ocupação moura na Península Ibérica e vamos seguindo com nosso personagem real, de carne e osso, e seus caminhos, do anonimato em Taubaté para a fama que o levou a ser conhecido em todo o Brasil.

A longa trajetória pode ser contada, na maioria do tempo (cerca de 65 anos de trabalho), dentro de estúdios de gravação, palcos, cabines de rádio e bancadas de jornal em televisão.

Estamos próximos de deixar o menino, que amadureceu muito com o falecimento de sua avó tão especial, dona Francisca (a Bá), que o mimava (deu comida em sua boca até os 12 anos). Essa mulher de traços fortes e descendência portuguesa ensinou muitos valores ao neto. A honestidade, a amizade e a lealdade foram pontos determinantes em todos os setores de sua vida. Como Bá era sua confidente, guardiã dos seus segredos juvenis, quando ela se foi nada substituía o vazio. Somente o cachorro Brown conseguia consolar um pouco o menino. Ele, que já era de falar pouco, nesse período ficou quase mudo de tanta tristeza.

Além dos seus segredos, Bá também guardava, debaixo do seu colchão, as balas, os peões, os soldadinhos de chumbo e tantas outras quinquilharias comuns nessa idade, misturados às suas bitucas de cigarro. Esse mundo particular só foi descoberto quando a cama em que ela dormia foi retirada do quarto. Quando levantaram o colchão, uma avalanche de miniaturas foi caindo pelo chão juntamente com as lágrimas do menino triste, que não se conformava com perda de sua grande amiga. O garoto, por longos anos, carregou essa dor dentro do peito e não dormia nem acordava sem se lembrar da vó.

Mais uma vez, o charme e a sedução que os "mocinhos" causavam com seus cigarros e poses e os suspiros das atrizes, nas telas do

O garoto de Taubaté

cinema, serviram de analgésico para aliviar as dores daquela perda. Todo esse sofrimento foi permeado pela angústia que a Segunda Grande Guerra (1939-1945) trouxe para ele e toda a sua geração, o que também não era fácil de lidar. No meio da confusão e ansiedade que as notícias da Guerra provocavam, trazidas de longe pelo rádio, lá estava ele treinando sua corneta para ser usada nos toques de comando, durante a despedida dos pracinhas de Taubaté, que se juntaram aos outros 25 mil participantes da Força Expedicionária Brasileira (FEB). O grupo partiu para a Itália e se juntou às tropas dos países dos quais o Brasil era aliado.

"Apesar de treinar muito, porque participava da Fanfarra da Escola Estadual, fiquei emocionado em fazer parte, de alguma maneira, daquele momento de repercussão mundial. Nós ainda adolescentes, não conseguíamos entender muito bem o que estava acontecendo", confessou. "Eu pensava: essa Guerra não é nossa, não a provocamos, por que é preciso ir tão longe, morrer de uma forma tão estúpida?"

Embora a guerra sendo o assunto principal em todos os cantos da cidade e do país, a vida continuava com suas necessidades do cotidiano.

Boa noite

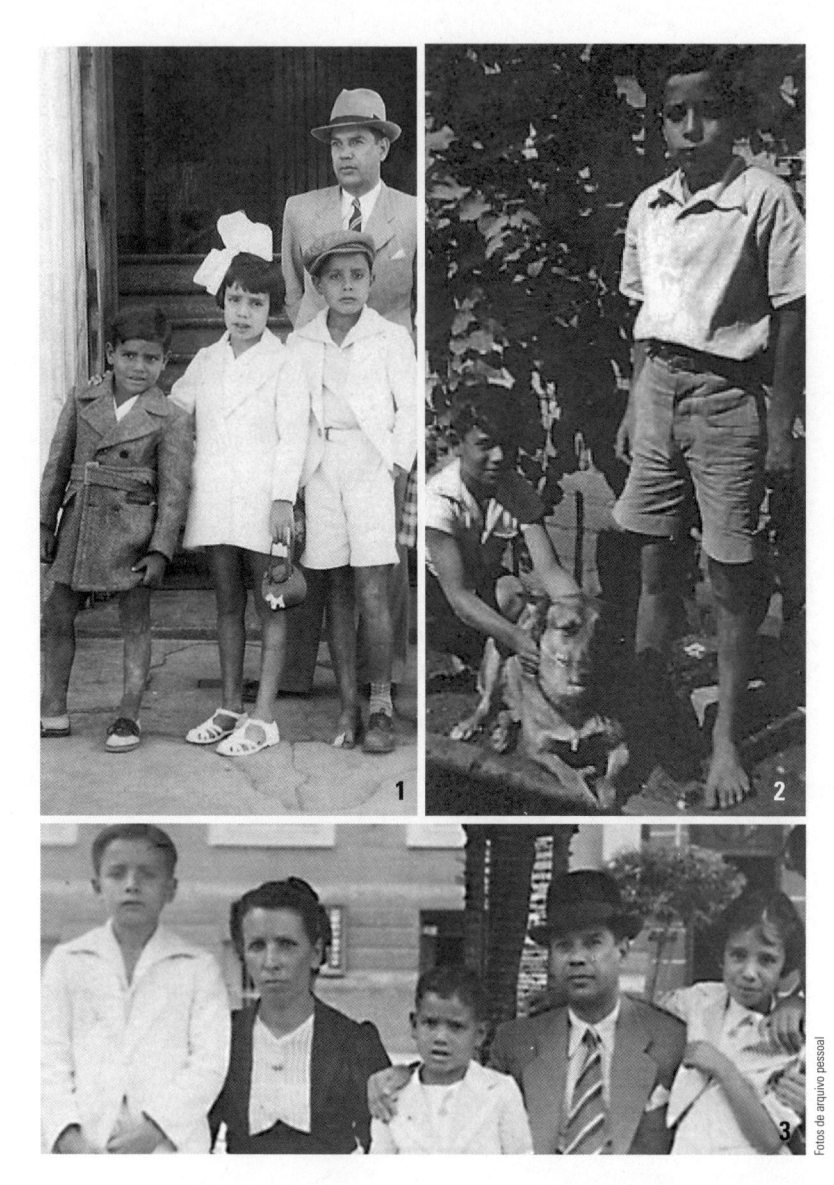

1 – Célio, Cea, Cid (pé descalço das travessuras) e seu Isauro; 2 – *O* companheiro das traquinagens, Brown, entre Célio e Cid; 3 – Dona Elza e a família prontos para ir à missa

O garoto de Taubaté

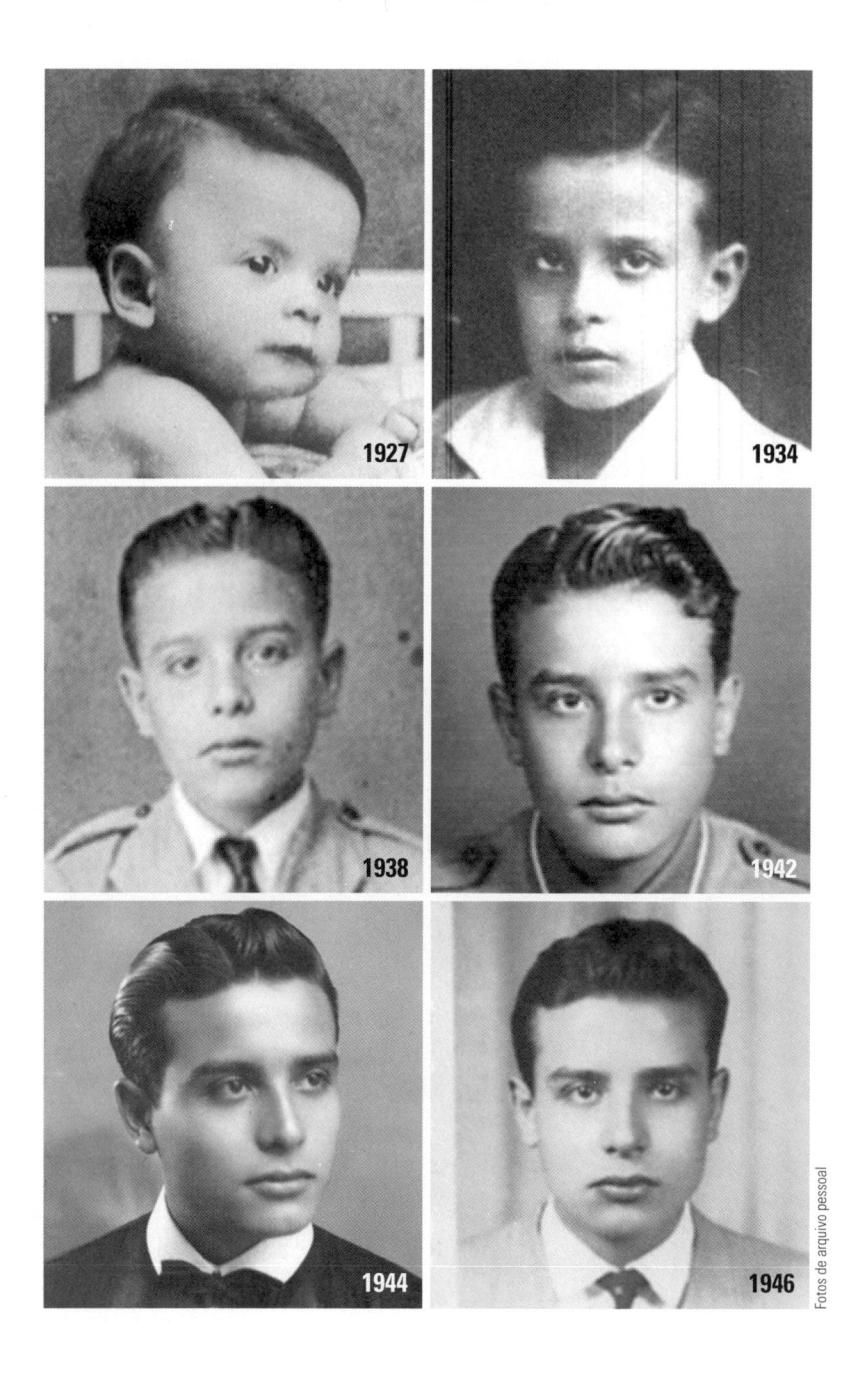

1927

1934

1938

1942

1944

1946

Fotos de arquivo pessoal

Boa noite

O garoto de Taubaté

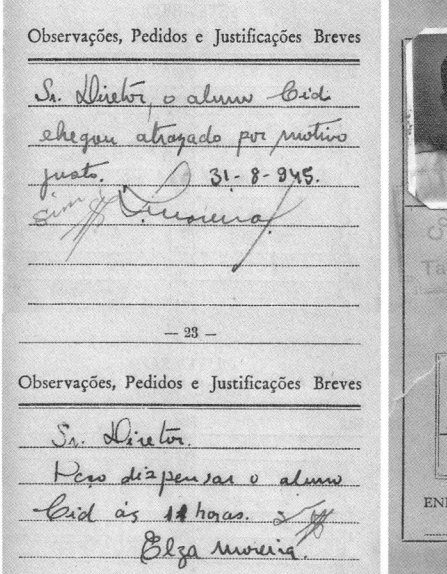

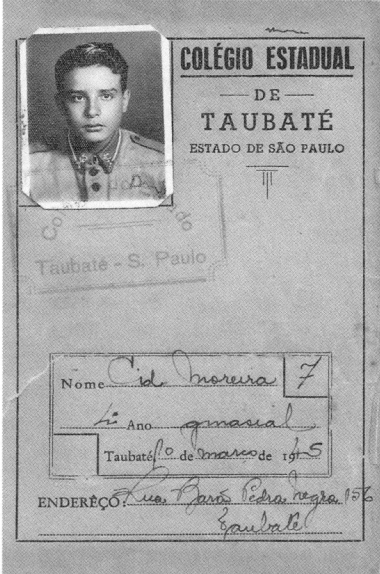

1 – Cid (último, em pé, à direita), chefe da fanfarra em 1944

Foto cedida pela Rádio Difusora de Taubaté

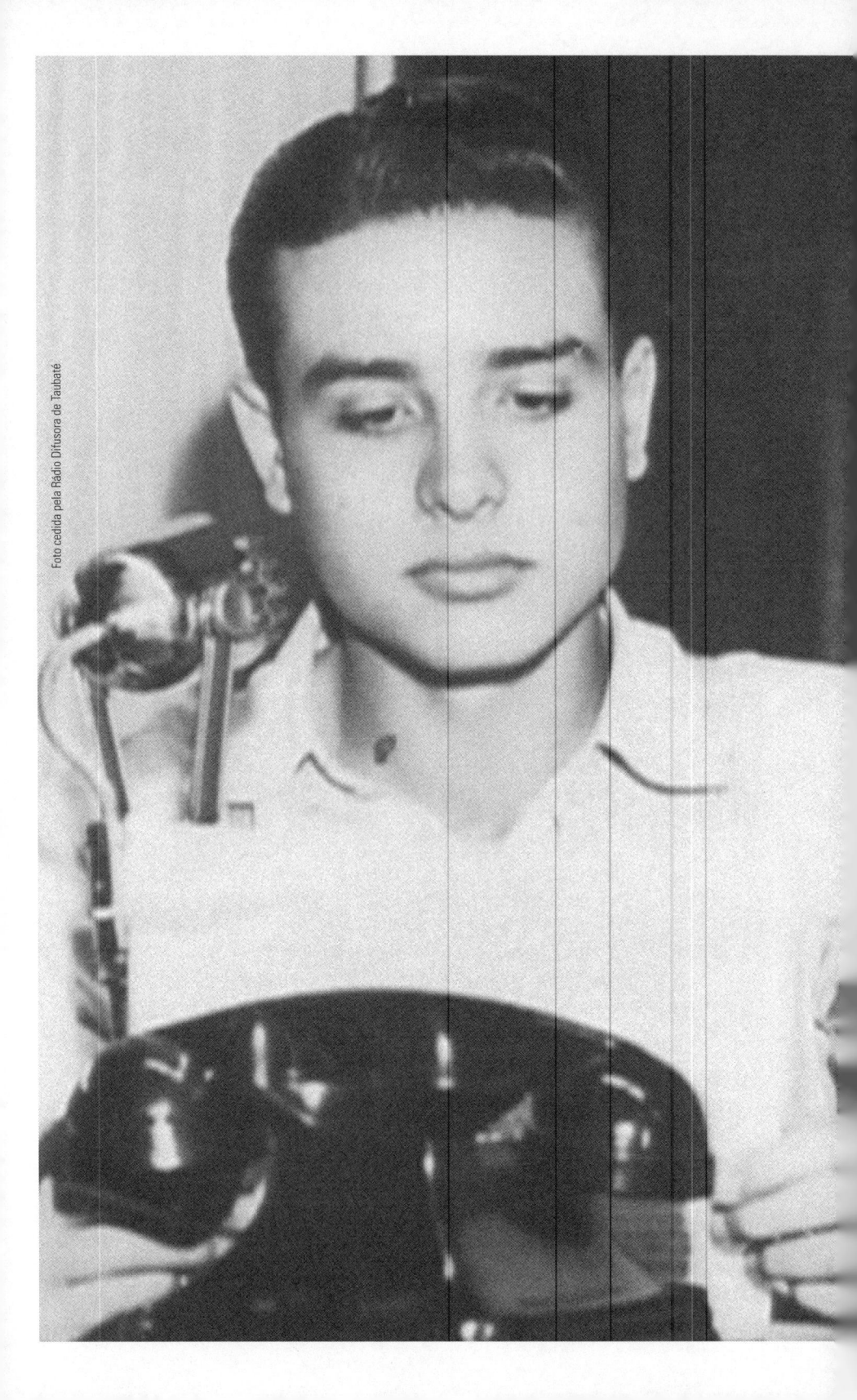

Capítulo 2

O futuro começa agora

O início da carreira 48
Vai começar o espetáculo 51
Talentos para admirar 55
A saúde e a profissão em risco 62
O segredo da jovialidade 65
Amigos dentro e fora do saibro 67
Ao conhecer Maysa 74
Somos os cantores do rádio 77
Os profissionais da dublagem 82
A Era de Ouro do rádio 84
No meio da comunicação 87
A chegada da televisão 92
A mudança para o Rio de Janeiro 95
O auge da tevê e seus protagonistas 97
O ingresso na TV Globo 100
O contato com Roberto Marinho 102
O convívio com a fama 103
O assédio do público 108
Virou notícia 112
Pesquisa sobre jornalistas 114

Boa noite

O INÍCIO DA CARREIRA

Eu tentei argumentar que queria praticar contabilidade, mas ele nem me ouviu e já foi me empurrando e dizendo que já havia ligado o microfone e que não tinha muito tempo para me atender, e foi um sufoco. Gaguejei, tropecei nas palavras, foi uma gafe.

Adolescente, Cid começava a se preocupar com seu futuro profissional. Naquela ocasião, em 1944, as profissões mais concorridas eram engenheiro, médico, aeronauta, fiscal da Receita Federal e funcionário do Banco do Brasil. Sem falar no próprio rádio, que também se destacava com as radionovelas, os programas de auditório, em que cantores e humoristas se apresentavam ao vivo, e o jornalismo. Quando o assunto era radiojornalismo, o *Repórter Esso* era imbatível.

Aliás, o *Repórter Esso* era considerado sinônimo de notícia. Foi uma febre brasileira durante muitos anos. Quando se andava pelas ruas, em quase todas as casas era possível ouvir, como um eco, a voz do repórter Heron Domingues narrando as notícias de destaque. Criado por profissionais da Rádio Nacional, instalada na praça Mauá, no Rio de Janeiro, seu objetivo era basicamente informar sobre a guerra.

Em 1945, quando a guerra acabou, a população só foi realmente acreditar que os japoneses haviam se rendido depois que foi noticiado no *Repórter Esso*, tão grande era a credibilidade do noticiário.

Mesmo com toda a bossa que era trabalhar em rádio como locutor ou apresentador, isso nem passava pela cabeça do nosso personagem. Ele ainda não se dava conta de que sua voz estava se transformando e ficando cada vez mais grave. Nessa ocasião, acabou seguindo um caminho profissional bem diferente. Foi assim que aquele menino suado e sujo de poeira com o tempo deu lugar a um jovem bonito e elegante que não chamava a atenção somente pelos coletes, ternos e gravatas que usava, iguais aos dos personagens do cinema que tanto admirava, mas também pelo timbre grave da voz.

O futuro começa agora

Com a ideia de que seria um bancário, lá foi ele frequentar o curso de contabilidade. Logo no primeiro ano procurou um estágio para se aprofundar na profissão e pensou em se preparar para o concurso público, visando ingressar no Banco do Brasil. Durante a festa de aniversário de um amigo e vizinho, ele, sem se dar conta, deu os primeiros passos para outra carreira, que foi sua grande revelação como um dos mais reconhecidos profissionais brasileiros na área de locução, narração e apresentação.

Tudo ocorreu *meio* por acaso. A festa foi na casa de um dos diretores da Rádio Difusora de Taubaté. Por causa disso, cantores, humoristas e um conjunto regional estavam lá para divertir os convidados. Pouco antes de começar a festa, no período da tarde, um dos técnicos fazia a instalação dos amplificadores, dos alto-falantes e microfones. "*Quando terminou a ligação de toda aquela parafernália, eu estava lá, junto com meu amigo. Começamos, então, a brincar com o microfone. Eu tinha uns 16 anos e gostava de imitar alguns locutores famosos, como o Carlos Frias, que ganhou muita fama no tempo da guerra com a crônica 'Boa noite para você'. Nessa altura da minha vida, eu nem poderia imaginar que me tornaria conhecido também com o meu 'boa noite'*", relembra. "*Pois bem, eu peguei o microfone e mandei ver. Impostei a voz e disse: Boa noite para vocês! Entrevistei meu amigo etc. O radialista, pai do meu amigo, observava tudo de longe.*"

Cid estava no final do curso e não se entusiasmava muito com os números e todo o universo que cercava a vida de um contabilista. "*Eu confesso que essa área não me atraía muito, mas meus pais haviam sugerido.*" Ele pediu ao amigo, que era filho de um dos diretores da rádio, para fazer um estágio no escritório de contabilidade da emissora. Alguns dias depois da festa, Emilio Amadei Beringhs, diretor-chefe da rádio, o recebeu na hora do almoço, porque das 13h às 15h a emissora saía do ar e só o escritório funcionava. "*Animado, cheguei no horário marcado para a entrevista. Um dos diretores da rádio me aguardava no escritório. Em seguida me encaminhou ao estúdio, onde estava tudo preparado para eu fazer um teste. Quando cheguei, levei um*

Boa noite

susto. Disse quase balbuciando que o lugar do teste era no escritório de contabilidade!" Na hora, a voz sumiu e a garganta ficou seca. Os pigarros e a emoção não deixaram que ele respondesse, levando alguns minutos para se restabelecer. "*Não, você está enganado. É aqui mesmo*", insistiu. "*O senhor tem boa voz e é aqui que estamos precisando de gente*", argumentou. "*Eu quero te ouvir! Os textos estão lá, do lado do microfone!*". "*Quando ouvi aquilo, meu coração disparou. Fiquei tão nervoso que as minhas mãos suaram muito e meu coração pareceu uma bateria de escola de samba no meio da avenida! Disparando! Tum! Tum! Tum! Pensei que teria um ataque cardíaco!*", Cid descreveu a cena ansioso, como se tivesse voltado àquele momento.

"*Ainda titubeando, aceitei fazer um teste de locução. E, mesmo com muitos erros de entonação e a voz ainda muito insegura, fui contratado para meu primeiro emprego de locutor com quase 17 anos de idade*". Nem por isso ele abandonou o curso de contabilidade, no qual se formou três anos mais tarde.

Como a cidade era pequena, logo quase todo mundo já estava sabendo da novidade. "*Eu demorei muito para relaxar*", conta, todo envergonhado, parece até que voltando a ser aquele menino tímido. O texto era datilografado em uma cartolina na parte de cima. No restante do papel ficavam as colunas com os espaços para o locutor marcar a data e horário da transmissão do texto. Tudo era escrito na máquina de escrever manual (a criançada de hoje já nem conhece mais), as cópias eram feitas em papel carbono. "*Eu era muito tímido, quer dizer, confesso que ainda hoje sou um pouco. Mas, quando comecei, era muito pior. Eu não tinha o controle vocal que tenho hoje. Tinha ataque de pigarro, e, com isso, a voz ia perdendo o brilho*". Que isso sirva de consolo para os tímidos de plantão", brinca, com um sorriso largo no rosto.

O futuro começa agora

Vai começar o espetáculo

Vai começar o espetáculo... – ZZZZZZYYYYYAAAAAAAA – 8. A mais poderosa emissora do Vale do Paraíba... apresenta... mais uma grande atração...

Tudo isso faz parte dos temores dos iniciantes em todas as profissões, acredita o profissional, mas o que não pode faltar, em sua opinião, *"é o jeito para o negócio. Tem que ser um prazer, apesar das barreiras que se têm para enfrentar! A timidez aprendemos a controlar. Se eu tive oportunidade, acredito que para todos, de alguma maneira, o caminho aparecerá. É preciso estar em condições de perceber isso. Eu fui quase jogado em minha profissão, acredito que talvez isso estivesse predestinado".*

Mesmo todo desajeitado e envergonhado, já no início da carreira começou a fazer sucesso na cidade, principalmente entre as ouvintes. Por causa disso, meses depois já foi convidado para apresentar um programa de auditório. Os *shows* de cantores e humoristas eram muito comuns naquela época. Tudo era transmitido ao vivo pelo rádio e virava um acontecimento na cidade. Como os ingressos eram muito disputados, o teatro ficava lotado e as pessoas vestiam suas melhores roupas.

Os homens se preparavam com esmero, escolhendo seus melhores ternos de casimira ou linho, combinando com a gravata. Os sapatos da moda eram de verniz, e uma flor ou lenço eram aplicados na lapela para completar o visual.

Os relógios de correntes e os suspensórios deixavam o cavalheiro na moda. Já as mulheres, com lindos boleros sobrepondo-se aos vestidos românticos, cheios de babadinhos, rendinhas e laços de fita, ziguezagueavam pelos corredores do teatro, marcando presença com o farfalhar das sedas.

Os topetes, armados, as luvas, os chapéus e pequenos véus cobrindo a face completavam o visual, dando charme à produção. Elas carregavam ainda pequenas bolsas e, às vezes, sombrinhas para se proteger do sol das tardes de sábado. Tudo em grande estilo. As atrizes de Hollywood ditavam a moda. *Glamour* era a palavra de ordem

Boa noite

e as cinturas, marcadas pelas calças, saias, cintos e faixas, eram uma tendência daquela época.

Nesse período, Carmem Miranda começou a aparecer com seu estilo muito particular. E, segundo Cid, grande parte das brasileiras a achava exagerada. *"Exótica demais. A impressão dos gringos na época era de que iriam encontrar as mulheres por aqui carregando frutas e colares imensos a todo momento."*

A cantora dos balangandãs fez sucesso também nos Estados Unidos, deixando seu estilo. Não podemos esquecer que isso tudo estava acontecendo em meados da Segunda Guerra Mundial. Por causa disso, foram bloqueadas as importações de bens de consumo e a moda brasileira teve que se adaptar aos produtos nacionais. E foi o que aconteceu. As costureiras e o pessoal "chique" da época, passaram a usar em seus modelitos os tecidos brasileiros e assim começava uma nova e interessante fase para a moda nacional.

Mas vamos deixar esse assunto para especialistas e voltar ao farfalhar das sedas e ao cheiro de charutos e cigarros pelos espaços do Cineteatro Palas, onde Cid fez uma de suas primeiras apresentações, logo após uma sessão de cinema. As duplas caipiras estavam muito em alta, e as músicas sertanejas naquele tempo eram diferentes das que fazem sucesso hoje em dia. Chamavam a atenção as músicas rurais que preservavam e prestigiavam os temas que homenageassem os caipiras e suas vidas, seu trabalho e suas tradições. Canções feitas por Cornélio Pires, João Pacífico, Tonico e Tinoco, Alvarenga e Ranchinho, Pena Branca e Xavantinho, Zé Fortuna e Pitangueira, entre outros, chamadas, então, de *músicas de raiz*, querendo dizer, com isso, que estariam ligadas verdadeiramente às suas raízes rurais, à moda de viola, à terra e ao sertão.

Nomes como Raul Torres e Florêncio, Serrinha e Caboclinho, Irmãs Castro, Zé Fortuna, Pitangueira e Coqueirinho enlouqueciam os fãs quando se apresentavam.

Em um dia de auditório lotado, por exemplo, os sussurros e conversinhas dos fãs e os comentários eram sobre a dupla caipira,

O futuro começa agora

muito famosa, Alvarenga e Ranchinho, que ia se apresentar. Cid estava muito nervoso, afinal, não se esqueçam de que ele era extremamente tímido e estava saindo da adolescência. Suas pernas tremiam como varas verdes. Os cantores, muito experientes em palcos por todo o Brasil, sabiam que ele era novato. Para divertir a multidão, começaram a brincar com o microfone dizendo assim para o público: "Olha só, vejam como ele treme!"

De repente, de surpresa, levantaram, cada um de um lado, as pernas da calça do locutor. Na mesma hora, a timidez tomou conta de Cid, que não sabia o que fazer.

A plateia ria muito e se divertia com tudo aquilo. Por esses e outros motivos, os jovens da época disputavam, de forma acirrada, um ingresso para assistir ao programa. Não era para menos; afinal, em pouquíssimas oportunidades se podia conhecer de perto cantores, humoristas e atores de expressão nacional.

Os políticos também passavam pelas cidades do interior apresentando suas propostas e já usavam as rádios para se comunicar com os eleitores. em uma dessas oportunidades, o líder integralista Plínio Salgado, jornalista muito conhecido e respeitado na época, esteve no pequeno auditório da rádio. O jovem locutor foi incumbido de apresentá-lo. Nervoso e mais uma vez se sentindo testado pela importância do evento, Cid acabou criando uma boa confusão. Sem perceber que um copo com água estava à frente do político, o locutor impostou a voz e abriu os braços para anunciá-lo. E já podem adivinhar o que aconteceu. Acertou em cheio o copo. Em poucos segundos o sujeito ficou com o paletó e as calças molhadas diante do público. "*Foi tão rápido que, em casa, os ouvintes não puderam perceber nada. Mas o grande número de pessoas que assistia no local caiu na gargalhada. Plínio não perdeu a pose e continuou em frente ao microfone como se nada tivesse acontecido. Do jeito que estava, mandou o seu recado*", relembra o locutor, em meio a uma gargalhada.

Foi um tempo em que não existiam as FMs, só ondas médias, curtas e tropicais. E não eram mais de 120 emissoras em todo o País.

Boa noite

A Difusora AM-Taubaté foi a 26ª criada no Brasil. A empresa ficou marcada pelo editorial *Notas da Redação*, em que os assuntos de interesse da comunidade eram sempre levados em conta, como campanhas de solidariedade. A ZYA–8 realizou as primeiras transmissões, entre as 9h e as 13h, fechando para o almoço e voltando a transmitir a programação das 15h às 23h. Uma das maiores emoções da época foi a transmissão do barulho provocado pela bomba atômica lançada sobre Hiroshima, no dia 6 de agosto de 1945.

Não era só a tragédia que atraía os ouvintes: o programa *Clube do Guri*, animado pelo radialista Silva Neto, por exemplo, era campeão de audiência. *Soltem a imaginação! Vamos lá! Não é difícil.* Auditório cheio, os leques indo de um lado para outro ansiosamente, o perfume no ar e os olhos atentos no locutor. Na hora exata ele começa o programa e a multidão se cala: *"ZZZZZZYYYYYAAAAAAAA-8. A mais poderosa emissora do vale do Paraíba... apresenta... mais uma grande atração...".*

Quase tudo era ao vivo; só os comerciais eram gravados. Era o tempo dos gravadores de fios metálicos e discos de acetato. E essa passou a ser a rotina de Cid Moreira. Os programas de notícias todos os dias e a apresentação de auditório à noite e nos finais de semana. De casa para o trabalho e para a escola e, quase sempre, em uma sessão de cinema. Além de começar a trabalhar em sua profissão, ganhar um salário, em vez de pequenas quantias como antes, Cid ganhou também uma carteirinha permanente para ir ao cinema, já que era radialista e fazia comentários sobre os filmes. *"Aquilo caiu do céu. Era tudo que eu queria. Nem acreditei"*, relembra, cheio de satisfação. Uma das providências que tomou logo no primeiro pagamento foi consertar todas as janelas de vidro de sua casa. *"Com as minhas brincadeiras no quintal, trinquei ou quebrei quase todos os vidros das janelas, então me senti na obrigação de repará-las. No segundo mês comprei um rádio novo para meu pai".*

O futuro começa agora

TALENTOS PARA ADMIRAR

Você será uns dos homens mais conhecidos do Brasil. Ouça o que eu estou dizendo... É, a rádio Taubaté vai aumentar a potência e alcançar mais distâncias e crescer muito, e nós dois vamos ficar muito famosos.

Ele fazia o caminho de casa até a rádio várias vezes no mesmo dia, mas isso não o incomodava. O trajeto era apenas de alguns quarteirões. O caminho de volta, à noite, era sempre na companhia do amigo locutor Hilton Aguiar. Ele tinha um programa que encerrava a transmissão da rádio, onde lia, junto com Cid, algumas poesias de diferentes autores, incentivando-o na interpretação. No final da noite, saíam para beber juntos. Lá contavam uns "causos", falavam sobre planos e sobre a vida de maneira geral. Certa noite, na hora de se despedir e entrar em casa, o amigo, apesar de embriagado, olhou sério para ele, pegou em sua orelha e disse algumas palavras que o marcariam para a vida toda.

"*Você será uns dos homens mais conhecidos do Brasil. Ouça o que eu estou dizendo*", reforçava Aguiar, com ares de quem estava fazendo uma predestinação. Na hora, Cid brincou com ele, retrucando:

"*É, a rádio Taubaté vai aumentar a potência e alcançar mais distâncias e crescer muito, e nós dois vamos ficar muito famosos.*" Disse isso e entrou em casa, sem pensar mais no assunto, pelo menos por um tempo.

Para tristeza de Cid, alguns anos mais tarde esse grande amigo morreria de desilusão amorosa. "*Sabe aquelas histórias de amor não correspondido? Foi alguma coisa assim que tirou o ânimo de viver do meu amigo, que caiu de vez no alcoolismo. Era um profissional de primeira linha. Uma voz sensacional. Foi uma pena o seu fim tão triste e abandonado*", relembra. "*Ele não chegou a ouvir o meu 'boa noite' na televisão e nem chegou a saber que sua previsão realmente dera certo. Eu sinto muito por isso.*"

Seu amigo tinha razão quanto ao futuro e à fama, mas, naquela época, só uma coisa era certa: seu coração nunca deixaria de acelerar quando entrasse no estúdio para gravar ou mesmo fazer alguma locução ao vivo.

Boa noite

Mas não era somente a timidez o problema que ele enfrentava; quando começou, existiam poucos recursos técnicos e os equipamentos ainda eram muito rudimentares onde trabalhava. Os primeiros passos para as gravações, por exemplo, eram feitos em acetato. Quer dizer, parecia um disco, com uma agulha abrindo um sulco, e com um operador de som, com uma escovinha, afastando uma *espécie* de fio, tão fino quanto um fio de cabelo, produzido pelo corte da agulha. Nesse sistema já existia um aperfeiçoamento, que era um aspirador acoplado a esse aparelho que sugava o fio. Logo depois vieram as fitas de rolo largas. Para editar um programa era uma trabalheira danada, bem complicado e demorado.

As propagandas ainda eram ao vivo, lidas na cartolina, nos programas de auditório. Para garantir um bom resultado, havia ensaio antes, mesmo assim *"o negócio era muito no sufoco"*, lembra...

Ele se recorda também de que seu irmão, Célio, não só o acompanhara nas peraltices da infância como também começava a fazer, como ele, carreira na área de locução. *"Ele começou no alto-falante da praça principal da cidade e agradou."* Mais tarde passou a fazer um programa de variedades na própria Difusora de Taubaté. Uns anos antes disso, os dois resolveram conhecer *Sampa*, quando Cid foi em busca de oportunidade em uma rádio maior. O percurso de ônibus levou quase quatro horas. Naquele tempo nem se pensava em uma estrada como a Dutra, que liga hoje as cidades da região do vale do Paraíba à capital paulista. Asfalto? Nem pensar! O trajeto era todo na poeira do chão batido. Os dois chegaram à estação do Brás, seguiram pela avenida Rangel Pestana e se alojaram em um hotel no largo Paissandu. Tudo isso a pé. Cansados e com fome, quando atravessaram o parque Dom Pedro foram barrados por dois policiais a cavalo. Na mesma hora, as *autoridades* pediram os documentos dos dois. Quando viu a identidade, o policial começou a rir e perguntou qual dos dois era Elza Moreira. E Cid, sem graça, lamentou estar com o documento errado: sem querer, havia trocado com o de sua mãe. O policial, percebendo que os dois eram caipiras, alertou sobre os perigos que corriam naquela área de São Paulo e que podiam ser assaltados, liberando-os em seguida sem

O futuro começa agora

maiores problemas. Ainda na caminhada, chegaram à Rádio Cultura, na avenida São João. *"Era bem maior e mais bem equipada que a Rádio Difusora de Taubaté, onde eu trabalhava".*

Não passou muito tempo e Cid voltou para São Paulo. Desta vez para ingressar na equipe de profissionais da Rádio Bandeirantes. Isso ocorreu porque ele substituiu o correspondente da emissora para o Vale do Paraíba, o colega Archimedes Rizzoli, por um dia, e profissionais da emissora paulista gostaram de sua voz. Essa mudança foi por volta de 1947, quando assumia a empresa o então governador Ademar de Barros.

Na direção geral, um grande profissional da locução esportiva: Rebello Júnior. Nessa época, a Bandeirantes contratou também Gilberto Martins, famoso diretor que lançou a primeira novela do rádio brasileiro: *Em busca da felicidade.*

Cid permaneceu na emissora por dois anos, e lá conheceu o escritor Dias Gomes e a novelista Janete Clair. Ele os encontraria mais tarde, novamente, em um ambiente de trabalho diferente: a televisão. Mas, naquele momento, em 1949, apesar de já muito respeitados, ainda não era possível prever o sucesso que fariam na telinha brasileira. Ele, então, apesar da perseguição e da censura militar, driblou esse terrível período com o uso de muita figura de linguagem. Falava sobre o poder devastador e de personagens truculentos que dominavam cidades imaginárias, críticas severas ao estado de coisas que o Brasil viveu da década de 1960 em diante. Homem inteiro do teatro, Dias Gomes levou, magistralmente, sua imaginação para o grande público por meio do rádio e da televisão. Quem nunca ouviu falar em *O pagador de promessas, A revolução dos beatos, Meu reino por um cavalo, O bem-amado, Assim na terra como no céu, Bandeira 2, Saramandaia, Roque Santeiro?* "*É impossível não cometer injustiça ao dimensionar esse gênio. Não é fácil falar dele em poucas palavras. Aqui estou abrindo um espaço para aguçar a curiosidade dos jovens e de quem deseja saber mais."* Ao pesquisar sobre sua obra vasta e rica, abrimos a mente para quão infinita é a capacidade da imaginação humana. *"Algumas vezes suas obras sofriam intervenção da censura para irem ao ar. Eu mesmo li um editorial*

Boa noite

para justificar ao telespectador que a novela Roque Santeiro *deixava de estrear porque havia sido vetada pelos interventores do governo, durante o regime militar. Ele ficava indignado, mas não desistia, encontrava outro meio de dizer o mesmo em outras palavras e ações, e assim mandava sua mensagem contra aquele estado de coisas."*

E foi assim que o rapaz simples do interior foi aos poucos aprendendo com grandes homens o exercício da sua profissão e da própria vida. Não demorou muito e lá estava ele se tornando um deles. Também em São Paulo usufruiu da companhia do grande poeta, compositor, escritor e ator: Mário Lago. "*Eu sou uns dez anos mais moço que ele. Naquela época isso não fazia diferença alguma, a não ser pelo fato de que ele já era muito querido e reconhecido pelo público por causa de suas crônicas e dos sambas e marchinhas que compôs. Além do mais, era muito respeitado no meio profissional, por ser um excelente ator. Saíamos, depois do trabalho na rádio, para restaurantes e shows juntos. Aprendi muito com ele e o admirava também. Sempre elegante e vestido em ternos bem cortados, Mário Lago era muito charmoso, uma grande voz e uma excelente companhia na noite paulistana*", enfatiza o locutor, que nesse período começou a ganhar corpo, aumentou uns oito quilos, deixando para trás a imagem do menino franzino que fora na infância.

Da Terra da Garoa para a Rádio Mayrink Veiga, no Rio de Janeiro, em 1951, foi um pulo. "*Gilberto Martins, que era um produtor de jingles, contratou o locutor Carlos Henrique Gonçalves, o Nélson de Oliveira e eu. Éramos os locutores que mais gravavam em São Paulo.*" Ele conheceu o trabalho do trio também em um estúdio de gravação e o convidou para morar na Cidade Maravilhosa. "*Carlos Henrique foi um dos meus grandes amigos por toda a vida. Esse homem da comunicação sempre foi muito respeitado e um trabalhador como poucos. Ele teve um papel importante na minha vida. Um amigo para sempre, daqueles raros, que se podem contar nos dedos. Além disso, um obstinado profissional. Fazia de tudo em nossa área: tocava, cantava, escrevia crônicas, narrava, criava letras de música e o que se pedisse para fazer. Teve um tempo em que não nos desgrudávamos. Alguns colegas nos apelidaram de Cosme e Damião. Onde*

O futuro começa agora

um ia trabalhar, lá estava o outro. Lembro-me quando saíamos juntos e as pessoas cumprimentavam o Carlos Henrique por causa daquela propaganda, da Sendas, em que ele dizia: "Duvidamos!" Todo lado para onde ele olhava era reconhecido. Éramos tão próximos que até moramos sempre próximos. Em Vila Isabel, por exemplo, fomos vizinhos. Nos finais de semana, lá estamos nós, juntos, com a nossa família nos passeios e atividades, como vôlei de praia, piqueniques, cinemas, aniversários... Gravamos muitos comerciais para as mesmas agências e estúdios. Realmente, ele foi um grande amigo que viveu junto comigo bons e difíceis momentos", resume Cid. *"Para recordar tantas aventuras com o Carlos Henrique, precisaria fazer um livro só sobre o assunto. Ele já se foi, mas guardo, com gratidão, sua memória"*, conclui. Enquanto recorda o tempo junto com o amigo, Cid embarga a voz. Ele reforça que, apesar de ser muito conhecido por onde passa, tem poucos amigos fiéis. *"A gente conta nos dedos as pessoas com quem realmente pode contar na vida. Carlos Henrique foi, sem sombra de dúvida, uma dessas poucas pessoas por quem realmente sinto que houve uma verdadeira, desinteressada e recíproca amizade"*. Até galãs de novela os dois foram juntos, pelo menos em radionovela.

Na verdade, a voz dos dois tocou o coração de muita gente naqueles dramalhões sem fim. Um exemplo clássico, em que os personagens ganharam um álbum de fotografias disputadíssimo, foi *Os amores de George Sand*. A novela de Júlio Atlas, transmitida pela Rádio Mayrink Veiga, em 1954, tinha estrelas de primeira grandeza como Zezé Fonseca, cantora e atriz muito famosa na época e uma das maiores intérpretes de radionovelas brasileiras. Foi um dos grandes sucessos da PRA-9 nesse campo. *"Zezé era linda e muito cobiçada. Na época, ela e o sortudo do Orlando Silva tiveram um quente romance, envolvido em escândalos, mas já é outro folhetim que não importa mais. Hoje é somente uma boa lembrança"*, rememora Cid. Além de Zezé, outros nomes famosos davam vida aos personagens tão esperados nas casas dos brasileiros todas as terças, quintas e sábados, às 21 horas. *"Ninguém perdia um capítulo"*, conta o locutor, que, mais uma vez, fazia dupla com o amigo Carlos Henrique. *"As pessoas já começavam a nos reconhecer na rua pela voz"*.

Boa noite

Falando em amizade, Cid Moreira não é uma pessoa do tipo sociável. Não gosta de frequentar festas, nem mesmo de promover reuniões em sua casa. É um sujeito quieto, que gosta de viver em seu estúdio desenvolvendo narrações, envolvido com seus livros e discos. É de falar pouco e ouvir muito. Um jeito que encontrou para conversar mais e se relacionar foi o tênis. Sempre gostou de incentivar as pessoas que ia conhecendo a praticar esse esporte. *"Pode parecer contraditório, mas eu sou assim mesmo. Tenho uma dificuldade imensa de me comunicar. Nem combina isso com o locutor que a multidão reconhece. Mas é muito mais simples para eu estar em uma bancada, em um estúdio e falar para milhares de pessoas do que conversar com elas pessoalmente. Simplesmente não sei o que dizer. Fico sem graça, não sei puxar assunto. Acho complicado festa. Aquela barulheira toda. É difícil ouvir o que as pessoas estão dizendo. É quase impossível travar um diálogo. Dar atenção a todos que te cumprimentam. Não sei dizer, mas festa, badalações e reuniões sociais têm algo de insano para mim. Em minha casa, gosto de encontrar, no máximo, mais dois casais. Todos íntimos e que possam tornar a noite agradabilíssima, falando e ouvindo uns aos outros"*, resume. Alguns podem pensar que isso se deve às centenas de convites que recebe para participar de tudo quanto é evento que acontece por aí. Um pouco está ligado a isso mesmo. Mas uma boa parte dessa aversão a ambientes cheios é de fato parte de sua personalidade. *"Sou muito caseiro. Gosto de programas simples, como ir ao cinema, teatro ou a um concerto. Gosto também de viajar dirigindo pelas serras e cidadezinhas interessantes que temos em nosso país. Gosto de aprender coisas com pessoas simples, despretensiosas, despidas de vaidades e afetações."*

Uma cena que lhe marcou muito, certa vez, foi quando seu caseiro da casa de Itaipava o convidou para conhecer o sítio em que o pai dele trabalhava. Ele aceitou o convite e ficou muito emocionado ao chegar lá. *"Um senhor muito simples, com chapéu e roupa próprios de quem chegou da lida do campo, me recebeu com um sorriso largo. Aquele jeito que os caipiras, gente boa, têm. Sentamos em frente a uma mesinha. Ficamos apreciando um visual incrível da serra. Mas o que mais me emocionou*

O futuro começa agora

foi que ele arrumou a mesa com uns bolinhos, uns doces, queijos e umas cervejas bem geladas e me ofereceu. Eu sabia que aquilo era o melhor que ele podia fazer e ele ofereceu o melhor dele para mim. Um desprendimento que me tocou profundamente. Foi um dia especial." Conversaram um pouco sobre a vida de ambos. *"Fizemos algumas piadas e fui embora satisfeito, com o dia ganho. Ele não queria nada de mim. Nem pedir favor para alguém, nada! Só desfrutamos da presença um do outro. E ele ficou em minha memória de boas recordações para sempre."* Ele considera esse momento uma joia finíssima, que guarda em seu bolso. *"Quando estou estressado, desapontado e triste, é a esses tipos de joia que recorro para lembrar que existe muita gente que ainda vale a pena"*, desabafa.

Outra pessoa que faz parte da lista de amigos pelos quais Cid tem grande consideração, e que vai além da relação profissional, é Jair de Carvalho. *"É inevitável que a gente se torne amigo dos médicos que nos atendem, já que partilhamos com eles a intimidade de nosso corpo, nossas fragilidades. Com o Jair, que é otorrino, não é diferente. Tenho um respeito muito grande por ele. Sempre me orienta em momentos difíceis, já que minha voz é meu instrumento de trabalho. Sempre foi atencioso e gentil, atendendo várias vezes meus chamados, em horários nada oportunos. Muitas vezes, recorri a ele para ajudar pessoas com poucos recursos e ele prontamente me atendeu. Tudo isso faz com que eu sinta muita gratidão e consideração que vai além da amizade corriqueira".*

E olha que ele aprendeu a duras penas, sofrendo muito até acertar no jeito de cuidar da voz. *"Eu sempre tive muitos problemas de garganta. Passei anos sofrendo com uma gengivite, sem falar nas tosses sem fim, obstruções nasais, pigarros e outros problemas que enfrentei durante toda a minha vida"*, enumera. Para se ter uma ideia, antes de conhecer Jair, que passou a cuidar de sua garganta, Cid usou várias técnicas que lhe ensinavam ou sugeriam. Ele constantemente recorria ao sal grosso ou ao cravo-da-índia, ou ainda ao gengibre, que eram parte desse *"arsenal"* que usava para ajudar a manter a voz límpida. *"Na verdade, acho que nada daquilo adiantava. Depois que comecei a ter cuidados médicos, minha saúde nessa área passou a ser bem melhor".*

Boa noite

A SAÚDE E A PROFISSÃO EM RISCO

Por insistência de amigos que trabalhavam na área de publicidade, decidi injetar silicone líquido na parte acima do nariz, entre os olhos. Se existem algumas coisas das quais me arrependi na vida, essa foi uma delas. Mas as nossas escolhas têm preço. E em algumas o preço é muito alto.

Quando o assunto é saúde, não foi só a garganta do mestre da voz que deu trabalho. Ele teve quatro problemas que poderiam ter comprometido sua profissão e a qualidade de vida para sempre, mas felizmente nada disso aconteceu. O primeiro apuro foi durante uma viagem para o Rio, na volta de Taubaté, da casa de seus pais. Sentiu que estava com febre e procurou uma farmácia. Na época, na década de 1950, era muito comum a aplicação de uma injeção de eucaliptina, substância usada contra gripes e suas complicações. "*Acontece que naquele período não existiam agulhas descartáveis, e com isso fui infectado por hepatite B. Entretanto, naquele momento eu ainda não sabia. Durante a viagem de volta para casa, comecei a sentir uns calafrios, dores de cabeça, entre outros sintomas que não conseguia identificar. Mas não tomei medida alguma, achando que a injeção me ajudaria a ficar bem. Quando cheguei ao Rio, não tive forças e fiquei na cama de vez. Procurei um clínico geral e, depois de alguns exames, fui diagnosticado. Fiquei com o corpo dolorido por vários dias, tive que parar minhas atividades, mas sobrevivi. Fiquei com as marcas da doença e hoje não posso ser doador de sangue*", lamenta.

O segundo susto foi um problema grave que atingiu um de seus olhos. Cid levou uma bolada muito forte no olho esquerdo durante o aquecimento para uma partida de tênis, seu esporte favorito. "*Estava me movimentando para começar uma partida, em uma disputa em dupla. As trocas de bola eram fortes e rápidas com o meu adversário, nem lembro o nome dele agora. Subitamente veio em um pulo só uma bola dura em minha direção, sem que eu esperasse, atingindo o meu olho esquerdo em cheio. Na hora, apesar da bolada agressiva que recebi, continuei na quadra, jogando ainda por mais dois sets, calculo que em torno de uma*

O futuro começa agora

hora e meia. Saí de lá direto para o hospital. Graças a Deus não ocorreu o descolamento da retina, conforme a médica me disse que o acidente poderia ter ocasionado. Mas a pupila abriu e ficou dilatada e não voltou mais ao normal. Por causa do impacto, fui operado para retirar uma catarata. O maravilhoso trabalho da doutora Marize Marques, grande especialista que organizou uma equipe rapidamente e realizou a cirurgia com competência, me ajudou a ter uma visão normal. O único inconveniente é que não consigo controlar a luminosidade que entra pela pupila e tenho que estar grande parte do tempo de óculos escuros, mesmo em ambientes fechados e sem luz natural. Fica chato; como as pessoas não sabem do problema que tenho na visão, pensam que é um jeito esnobe de me manter distanciado. Isso já faz mais de 20 anos e até hoje essa médica cuida dos meus olhos".

Na terceira vez o susto foi maior ainda, pois contraiu tuberculose. Isso foi há 15 anos, mas lhe deu bastante trabalho. Ele só soube que havia adquirido a doença quando começou a se sentir fraco e a tossir muito. Em uma semana, depois que se sentiu mal, foi diagnosticado. Como nesses casos é preciso receber medicamento e acompanhamento durante, no mínimo, seis meses, sua cunhada, Lourdinha Moreira, buscava os remédios no nome dela mesma, para evitar comentários. "*Nessa época eu estava no auge da minha fama e isso poderia ter muita repercussão. Fiquei o primeiro mês em completo repouso, de férias no meu trabalho, já no JN. No restante do tratamento pude desenvolver minhas atividades normalmente, pois estava fora de perigo, até mesmo de contaminar outras pessoas.*" Esses momentos foram cruciais na vida de Cid.

No entanto, o quarto episódio envolvendo sua saúde talvez tenha sido o mais grave conforme suas próprias palavras. Se arrependimento matasse, Cid estaria morto há 42 anos. Ele confessa: "*por insistência de amigos que trabalhavam na área de publicidade, decidi injetar silicone líquido na parte acima do nariz, entre os olhos. Todos me diziam que eu franzia muito essa região do rosto e deixava um vinco muito forte, como se estivesse zangado*". Para aliviar tal expressão, foi procurar um cirurgião que reduzisse a marca. "*Na época eu trabalhava na TV Rio e tinha em torno de 38 anos, não precisava de nada daquilo. Caí na conversa dos amigos.*" O silicone líquido para uso estético ainda não era proibido.

Boa noite

Ao contrário, era muito comum essa prática na década de 1960, para rejuvenescimento facial. O problema é que o produto injetado sofria efeito com a força da gravidade, e com o tempo migrava para outras partes do corpo. Com isso, o rosto de Cid ficou alterado e ele sofreu sérios riscos de até ter de deixar a profissão, pelo menos em televisão. *"A aplicação foi entre as sobrancelhas e surtiu um belo efeito de imediato, mas depois de uns meses foi descendo pelo rosto, se alojou um pouco nas pálpebras e nos cantos dos olhos, formando calombos horríveis"*, conta. *"Naqueles dias não me conformava com o que havia ocorrido. Sofri infecções, e as áreas atingidas ficaram sensíveis, nem podia tocar. Qualquer raspão de leve doía".* Para encontrar uma solução, o locutor foi em busca de cirurgiões que pudessem ajudá-lo. *"Passei pelas mãos de quatro cirurgiões em diferentes ocasiões da minha vida por causa desse trauma e cada um retirou um pouco do líquido."* Cid não nega que aproveitou uma das internações e deu *"uma rejuvenescida"* em 1989, aos 61 anos. Durante umas férias do *JN*, foi parar nas mãos do ilustre cirurgião plástico Ivo Pitanguy. *"Tenho pânico de anestesia geral, mas enfrentei e me submeti à cirurgia plástica. Fiquei feliz com o resultado. Reduzi a papada e as bolsas abaixo dos olhos. Mas levei anos para amenizar o problema e retirar o silicone do meu rosto. Teve época que complicou até minha visão. Fiquei com medo de perder a vista e ter de conviver com o rosto deformado".* Não é simples a retirada desse produto do corpo, porque ele se infiltra nos tecidos e não existe garantia de que possa ser totalmente extraído. Exatamente por causa disso, na década de 1980, o uso do produto foi proibido pela medicina. Cid admite que na década de 1990 fez a última tentativa de resolver de vez o problema. *"O cirurgião mineiro Sérgio Lisboa fez um excelente trabalho e aceitou o desafio de retirar o restante do produto de minha face, por causa da formação de muito tecido fibroso em volta do silicone infiltrado. Apesar da dificuldade do trabalho, ele conseguiu um grande resultado, melhorando muito a aparência e acabando com as dores.* "Se existem algumas coisas das quais me arrependi na vida, essa foi uma delas. As nossas escolhas têm um preço, e, em algumas delas, esse preço é muito alto", concluiu.

O futuro começa agora

O SEGREDO DA JOVIALIDADE

As pessoas não aprenderam ainda que o melhor tesouro que temos é a saúde. Sem ela nada fica bem. Pratico uma atividade física todos os dias. Faço trabalho muscular alternando um dia braço e outro perna, jogo tênis no mínimo duas vezes por semana.

O bom preparo físico do narrador mais conhecido do País o ajudou a enfrentar esses inesperados acontecimentos que o pegaram pelo caminho de sua vida. Alguns cuidados aprendeu, desde novo, quando lia o manual da saúde da Casa Publicadora. *"Por causa desse livro aprendi bem cedo o valor das frutas, verduras e sementes em nossa vida. Sempre gostei de saladas, de comer maçã, manga, banana, mamão e laranja e de saborear os sucos dessas frutas"*, conta. Entre os motivos que o fizeram desistir de ser carnívoro estão também os problemas de saúde que teve na infância por causa da carne de porco.

Mas um fato muito interessante contribuiu para que isso se tornasse definitivo em sua vida. *"Certa Sexta-feira da Paixão, em que no meu tempo nem se ouvia música em volume alto por respeito ao dia, minha família queria comprar peixe e estava difícil encontrar. Eu queria entender por que só naquele dia não se podia comer carne. Na minha cabeça eu pensava o seguinte: se era um desrespeito a Jesus, por causa de sua morte, então deveria valer para o ano inteiro. Depois desse dia, decidi então que não comeria mais carne. E sabe que não sinto falta? É tão variado o cardápio vegetariano que não vejo necessidade de comer pratos elaborados com a vida de outros animais"*, explica. Além da pizza, de que gosta muito, também é fã de shitake, arroz integral com brócolis, torta de palmito e queijo e quiche de tomate seco, além dos cremes de aspargo, abóbora, ervilha e lentilha. Cid gosta muito de lasanha de berinjela e de pratos preparados com o sabor agridoce do *mango chutney*. *"Tem muita coisa boa para se apreciar. Um purê de batata, inglesa ou baroa, salada caprese, couve ou abobrinha bem refogadas no alho e óleo, folhas verdes de todos os tipos, aipo, sopa de cebolas, quem resiste? Sem*

Boa noite

contar todas as sobremesas e entradas, que também dão muito prazer. Os pães e broas, feitinhos na hora, cheios de grãos e sementes saudáveis como as castanhas-de-caju e do pará, linhaça, aveia e nozes. Por que precisamos sacrificar outras vidas para o nosso deleite?".

Outro segredo da jovialidade de nosso personagem é um suco especial que toma toda manhã, logo após a meditação. Dentro de uma jarra coloca três maçãs, meia manga, uma beterraba, uma cenoura e um pedaço de inhame cru. Em seguida vêm as folhas de alface, couve-manteiga, hortelã, erva-doce ou funcho. Tudo isso é passado pelo processador e tem de ser bebido em seguida. "*Às vezes pode variar, colocando berinjela, chuchu ou outras folhas, mas a maçã é essencial*", afirma ele, que já faz esse ritual há muitos anos. "*Antes mesmo desse modismo naturalista eu me preocupava com a qualidade de vida e a ingestão certa de alimentos*". Além de comer com qualidade, uma boa noite de sono é fundamental. "*As pessoas não aprenderam ainda que o melhor tesouro que temos é a saúde. Sem ela nada fica bem. Pratico uma atividade física todos os dias, de domingo a domingo. Pedalo cerca de 50 minutos, faço um trabalho alternando os grupamentos musculares dos braços e das pernas. Jogo tênis no mínimo duas vezes por semana. Antigamente jogava todos os dias, várias horas, como forma de relaxar. Também considero importantíssimo o alongamento. O corpo precisa desse cuidado. Afinal, as articulações vão ficando com os espaços reduzidos com o tempo, então precisam de ajuda para voltar ao lugar. Para não perder a forma, se viajo, só fico em hotel que tenha academia*", explica, dando a dica de como viver bem já na casa dos 80, sem dor muscular e com muita disposição. "*Para exercitar a mente, trabalho e leio todos os dias. Gosto de bons filmes, acompanho os programas de notícias na televisão. Sem falar das viagens que faço para as pequenas cidades próximas da minha casa ou nas regiões serranas. Também viajo para fora do País pelo menos duas vezes por ano. Gosto muito dos shows e peças da Broadway, em Nova York, ou dos teatros de Londres.*"

O futuro começa agora

OS AMIGOS DENTRO E FORA DO SAIBRO

É nesse nível que se encontra Paulo Tapajós. Nos muitos anos em que trabalhei na Rádio MEC, não conheci ninguém, desde o mais humilde funcionário, que não o admirasse. Eu aprendi muito com ele durante os anos em que trabalhamos juntos.

Os amigos aprenderam a entender esse jeitão nada comum de se relacionar do nosso personagem. É o caso, por exemplo, do ortopedista Décio Aguiar. Eles têm mais de 30 anos de cumplicidade. Vizinhos inúmeras vezes, já se casaram e se separaram outras *tantas* e a amizade entre eles continua a mesma. Quando se veem parece que o tempo não passou. "*O Décio gosta de cantar e tocar no violão música popular brasileira e até gravou um CD com as canções que mais aprecia. Eu fiquei feliz por ele. Ele leva jeito, mas eu prefiro o grande médico de ossos em ação, que me atendeu inúmeras vezes depois das torções e contusões que sofri no tênis. Além de nos divertimos muito juntos, enquanto saíamos para jantar ou simplesmente bater um papo, também fomos grandes guerreiros no frescobol*". "*Pensando bem, já passei por muitas lesões na minha vida. Quando era criança, por causa das traquinagens, vivia arrebentado. Depois de adulto, por causa da intensa prática esportiva, apesar de não apresentar nenhum problema sério, como quebrar os ossos, por exemplo, tive muito desconforto depois de algumas torções. Nessas horas, quem me socorria era o Décio Souza Aguiar. Ele foi meu vizinho algumas vezes e depois disso não nos separamos mais, para minha sorte*", conta, divertindo-se. "*Se Décio não fosse ortopedista seria um famoso cantor de música popular brasileira.*"

Outra figura que Cid considera carimbada em sua vida, por coincidência, também é medico: Otávio Bastos. "*Nossa amizade estava muito ligada às partidas de tênis na serra de Itaipava, pois ele é um craque que vive ganhando campeonatos por onde joga. Com ele, também viajei algumas vezes e jogamos boas partidas de baralho. É muito divertido*". A lista de profissionais que se tornaram especiais em seu círculo de relacionamentos vai ficando extensa e o locutor faz questão de

Boa noite

aumentá-la ainda mais. Ele nos conta também dos problemas que teve, provocados pelo intenso sol carioca, ao qual costumava se expor quase todos os dias e que o faz lembrar-se de mais uma pessoa. *"Ela é uma profissional de primeiro time, que cuida da minha pele contra o sol causticante que peguei a vida toda; não posso deixar de mencioná-la. Sempre fui muito imprudente e não tinha consciência da seriedade da capacidade acumulativa dos raios solares. Pegava sol do meio-dia sem me proteger, sem nenhum critério. Jogava vôlei de praia e tênis nesses piores horários. Agora, tenho que ficar sempre atento, pagar o preço da minha falta de cuidado. Por isso, não esqueço minha amiga dermatologista, Sheila Goldemberg. É quem me orienta, me faz um check-up semestral para evitar problemas maiores".*

Já que o assunto é sol, partidas de tênis ao meio-dia foi uma prática de muitos anos na vida desse incansável profissional. E o fato de ser uma pessoa de poucas palavras nas conversas informais não impediu Cidão de fazer grandes e sinceras amizades, como a chamada "turma da máfia". O professor de educação física Raimundo de Azevedo, que foi diretor da seleção nacional de basquete e supervisor da seleção de futebol feminino, é uma joia rara desse círculo de amizades. *"O Raimundo é daqueles com quem sei que posso contar para o que der e vier."* Às vezes os dois ficam juntos, jogando tênis na AABB (Associação Atlética Banco do Brasil) do Rio. Em outras ocasiões, os bravos companheiros tomam chá de sumiço e ficam sem se ver por longos períodos. Cada um cuidando de sua vida, viagens, trabalho etc. Mas, mesmo a distância, um sabe que pode contar com o outro. Os dois são de falar pouco, mas partilham de uma língua invisível, feita de sinais como consideração, apreço e admiração. Eles partilham dessa amizade há mais de três décadas, desde que Raimundo se casou. *"Eu o conheci por meio de sua esposa. Apaixonada pela prática do tênis, Ute, uma alemã recém-chegada ao Rio, ia para as quadras do clube da AABB do Leblon com sua filha ainda bebê. Deixava a criança no carrinho, no fundo da quadra, e jogava umas boas partidas. Isso era frequente. Certa vez, eu estava com muita vontade de jogar e esperando um amigo que*

O futuro começa agora

havia combinado comigo. Como ele se atrasou e não havia outra pessoa disponível, joguei com a Ute, que também estava sem adversário. Depois disso fizemos grande amizade, conheci o Raimundo e somos companheiros até hoje, para minha alegria e satisfação", comemora.

Com as frequentes partidas com o amigo, outros parceiros foram se aproximando e a turma ganhou até apelido: "a máfia" do tênis da AABB. *"A gente era fominha de bola, fazia de tudo para pegar o máximo de horários disponíveis".*

Cid Moreira e sua "máfia" não saíam das quadras. Isso virou tradição na década de 1980. Ele chegava pontualmente às 12 horas, no endereço em frente à lagoa Rodrigo de Freitas. Fazia parte da "máfia" Célio Moreira, irmão de Cid e famoso locutor conhecido como "Sombrinha". O neurologista Sérgio Carneiro também batia ponto todos os dias no saibro da AABB. Cirurgião respeitadíssimo e muito querido pela sociedade carioca, Carneiro virava uma criança brigando a cada ponto que fazia. Parecia um menino grandão e forte. Já Raimundo não perdia seu jeito sério e introspectivo. Era pura concentração. Quando matava os pontos com suas "bolas esquisitas", ninguém o segurava. O sorriso farto e descontraído se abria a cada comemoração. Para completar a "máfia", Edízio Meschke, comissário da Varig, juntamente com o comandante Cruz, piloto que trabalhava para o Banco do Brasil, não perdiam a festa por nada.

Eventualmente, alguns outros amigos participavam dos jogos. Como eram apaixonados pelas quadras, as sessões de tênis invariavelmente eram muito longas. Às vezes se estendiam até as quatro da tarde, ocorrendo rodízio entre os tenistas. *"Todos diziam que eu era o mais fominha das duplas. Eu era osso duro de roer. Corria em todas as bolas e devolvia tudo. Para determinar quem jogava com quem, todos iam para o meio da quadra e jogavam a bola. Quem mandasse a 'amarelinha' mais longe e sem se encostar ao alambrado determinava a regra das partidas daquela tarde."* Cid sempre jogava todas as rodadas. Nunca era substituído, sabe por quê? Porque sua força física era grande, ele suportava longo tempo correndo para lá e para cá. Mais que isso, sua

Boa noite

vontade assustadora de jogar sem parar, embaixo do sol escaldante do meio-dia e início da tarde, impressionava até os curiosos de plantão. Mesmo sendo os jogos durante a semana, a presença de Cid, no auge de sua carreira como apresentador da Globo, fazia daquelas partidas despretensiosas motivo de juntar pessoas para torcer e, quem sabe, no final, ainda ganhar um autógrafo.

Imagine, jogos cuja atração maior era a presença de Cid Moreira! Ele, por sua vez, sempre esteve muito concentrado nessa brincadeira, mas mesmo nesses momentos lúdicos demonstrava o talento e disciplina que são as características básicas de sua carreira e o seu modo de vida de maneira geral.

Bem, vamos voltar às partidas, que o melhor ainda está por vir. Essa celebração da vida não parava no saibro. Depois vinha uma bela compensação para o vencedor. Após o tênis, rotineiramente havia um "banquete". É claro que todos participavam, mas o campeão da vez não pagava nada.

O excelente neurocirurgião vestido de tenista dava lugar a um "chefe" como poucos. O *gourmet* elaborava pratos sofisticados para a turma. Sem esquecer que Cid era vegetariano, Sérgio criava receitas à base de legumes, folhas e muitas especiarias para o "fominha" do tênis matar a fome depois de perder cerca de dois quilos em cada partida. Esse ritual se repetiu por quase uma década.

Raimundo e Ute ainda participam da vida de Cid. Até hoje jogam juntos, agora na sede do Clube Adolpho Bloch, no Recreio. Também se divertiram por algum tempo nas quadras do Floresta Country Clube, em Jacarepaguá, outro espaço muito utilizado pelo locutor para dar suas raquetadas. Todos os saibros do Rio conhecem o estilo de Cid Moreira.

Nesse campo da amizade, que nos desculpem os que porventura não forem mencionados. É que tantas pessoas, em um tempo ou outro, estiveram presentes na vida de *mister* Cid que se torna difícil citar todas. O jornalista Siloé de Almeida, por exemplo, está na vida de Cid Moreira há bem menos tempo que muita gente que poderíamos citar aqui. Mas eles parecem se conhecer a vida inteira, tamanha a afinidade que um tem pelo outro. Viajando juntos por esse Brasil para divulgar o trabalho sobre a Bíblia, esse pastor evangélico da Igreja Adventista do Sétimo Dia impressiona o locutor pela sua firmeza de caráter e grandeza de espírito. *"Ele confiou nos meus propósitos desde o início, quando eu o procurei e disse que gostaria de gravar o livro sagrado de capa a capa. Além de me dar sincera atenção sobre o assunto, começou a viabilizar meios para que isso ocorresse".*

Outros nomes vão aparecendo na estrada da vida e se engajando na árvore de amigos valorosos de Cid Moreira. Mário Provedel, Roberto Conrad, Paulo Bergman, Hélio Albano, Mauro Teixeira e Rossardi fazem parte dessa nova safra de pessoas que têm objetivos em comum, que são a narração e interpretação da Bíblia na íntegra. Pessoas disponíveis e de boa vontade que não mediram esforços e passaram horas no estúdio, como voluntários, dando vida aos personagens bíblicos. *"O clima é sempre de confraternização. Todos aceitavam, com muita humildade, as dicas que dou na hora da interpretação. E, o que é melhor, quando estava dirigindo faziam com a mesma satisfação e carinho as vozes de personagens, sejam eles anjos, demônios, fariseus, escribas, famosos ou desconhecidos. A tarefa foi árdua pelo grande número de livros, mas já chegou ao fim."* Falaremos sobre esse projeto com detalhes mais à frente.

A vida tem proporcionado a nosso personagem a oportunidade de conhecer pessoas que, por razões diversas, ficam por pouco tempo em sua convivência, porém deixam um perfume que alegra a alma. *"A família Parisotto faz parte de um desses momentos preciosos. Um final de ano juntos, celebrado nas areias de Florianópolis, e outros pequenos encontros, nada de etiqueta ou obrigação social, nada de interesses, a não ser ganhar uma partida de tranca e rir muito da cara um do outro ao som do mar. Precisa mais do que isso para se guardar uma amizade? Não! Tem momentos especiais que valem por uma vida"*, respira fundo o caipira de Taubaté, deliciando-se em suas reminiscências. *"O curto tempo e os compromissos são os grandes responsáveis por algumas pessoas*

Boa noite

estarem mais tempo e intimamente em nossas vidas do que outras", acredita o locutor, que aproveita essa oportunidade para externar, por meio das memórias aqui escritas, seu agradecimento a todos que, de alguma maneira, fizeram parte de sua história, enriquecendo-a e fazendo com que todo esse trajeto valha a pena.

O profissional Cid Moreira pode ser considerado privilegiado pelo tom de voz grave e bem colocado, que tantas compensações e reconhecimentos lhe trouxe pela vida afora. Bem mais que isso, a locução trouxe a oportunidade do convívio com verdadeiros símbolos de brasilidade. Cidadãos com os quais grande parte dos brasileiros gostaria de ter trocado umas palavrinhas. *"É nesse nível que se encontra Paulo Tapajós. Nos mais de 20 anos em que trabalhei na Rádio MEC, não conheci ninguém, desde o mais humilde funcionário, que não o admirasse. Eu aprendi muito com ele durante os anos em que trabalhamos juntos. Para o programa* Domingo Musical, *por exemplo, ele pesquisava, escrevia e produzia, juntamente com outros trabalhos do Projeto Minerva, sobre música brasileira. Tapajós pode ser considerado um dos maiores conhecedores dos ritmos da nossa terra"*, ressalta. De um carisma ímpar, esse pai (de três bons frutos de muito sucesso na música – Maurício como compositor, Paulinho, como produtor fonográfico, e Dorinha, que foi do Quarteto em Cy), artista e grande ser humano dedicou mais de 60 anos de sua vida ao trabalho em rádio, sendo que, desses mais de 40 esteve na Nacional. *"Qualquer coisa que eu diga aqui vai ser pouco para homenagear esse grande talento. Só na Rádio do Ministério da Educação e Cultura, onde nós dois formamos uma dupla na locução, ele fez centenas de programas. Todos os finais de semana ele ia para uma cidadezinha no interior do Rio de Janeiro – Conservatória – e me convidou várias vezes"*, conta Cid, saudoso. *"Esse homem imenso começou sua vida em rádio em 1928, com os três irmãos, o trio Tapajós, e criou, ao longo de sua vida profissional, milhares de programas. Ele trabalhou muito, inclusive nos seus últimos meses de vida na Rádio MEC."* Incansável na divulgação das modinhas de viola, esse amante do cancioneiro nacional participava de

O futuro começa agora

encontros dos pesquisadores da MPB, seminários e palestras sobre esse tema, estimulando os festivais nativistas. Grande amigo de Altamiro Carrilho e grande intérprete da obra de Catulo da Paixão Cearense, Paulo Tapajós participou de encontros antológicos com seu violão e toda a sua emoção, marcando uma época. *"Ele era um homem de atitude e deu o melhor de si para divulgar no Rio de Janeiro músicas com o toque do baião, da toada, do xote e dos batuques. Lembro-me certa vez de um encontro importante entre Tapajós e Humberto Teixeira, quando eles planejaram e conseguiram reunir grandes nomes, como Jackson do Pandeiro, Dominguinhos, Zedantas e outros artistas desse gênero, para divulgar a música nordestina no Sudeste. Deu muito certo e ocorreu um estrondoso sucesso, marcando uma nova etapa no mundo do baião"*, relembra o locutor, que teve o prazer de conviver com esses grandes nomes da música brasileira, que se apresentavam, muitas vezes com arranjos e regência de Severino Araújo, outro grande amigo de nosso personagem.

Boa noite

AO CONHECER MAYSA

Maysa era uma mulher bem ousada para o seu tempo de juventude. Como cantora, era afinada e rapidamente conseguiu enorme sucesso. Suas magníficas interpretações falaram mais alto do que suas loucuras.

É interessante como um assunto puxa outro, como se a vida fosse uma rede que nos conecta. Essa grande rede vai se tornando extensa. Então, é preciso voltar um pouco e pegar o fio da meada para continuar contando o trajeto de como nosso personagem chegou aqui. Quer dizer, vamos voltar para a chegada de Cid ao Rio, há mais de 50 anos. Esse foi um período muito fértil na consolidação de sua carreira. A efervescência, em termos de criatividade, e o aparecimento de grandes talentos também dão *"pano para a manga"* e conseguem reunir muitas histórias para contar. Foi nesse tempo que Cid fez amizade com um humorista iniciante chamado Chico Anysio, que por muitos anos dominou a audiência da Mayrink. Imortalizado na televisão por personagens como o Professor Raimundo, Alberto Roberto e Seu Gastão, esse humorista e escritor cearense começou na rádio como radioator e comentarista de futebol e participou do programa *Papel Carbono*, de Renato Murce. *"Eu e Chico nos esbarrávamos muito nos corredores da emissora e tivemos muitos amigos em comum."* Essa amizade dura até hoje, e os dois sempre mantiveram um relacionamento de muito respeito.

O novato caipira de Taubaté chegou para trabalhar nessa rádio carioca, instalada na rua do mesmo nome, perto da praça Mauá, e que sempre foi uma campeã de audiência. A emissora continuou muito movimentada enquanto durou, até os idos de 1964. Entre as suas principais atrações esteve o programa humorístico *PRK 30*, estrelado por dois grandes nomes do humor do rádio brasileiro: era escrito por Lauro Borges e apresentado por ele e Castro Barbosa. *"Era incrível como os dois conseguiam fazer todas as vozes dos personagens"*, lembra Cid, achando graça de como os ouvintes ficavam encantados com esse mundo mágico e criativo que o rádio propiciava.

O futuro começa agora

A rádio proporcionava também a chance aos próprios locutores de conviver com os mitos que a maioria da população sonhava ver, tocar, ou pelo menos uma vez estar por perto. Com Cid isso não era diferente. No canto do palco, quase que hipnotizado, envolto no clima da canção "Meu mundo caiu", ele apreciava a deslumbrante cantora Maysa, de vinte e poucos anos, que, acompanhada de uma boa orquestra, solidificava sua fama como diva da música popular brasileira. Em seguida vinha "Ouça" e outras pérolas interpretadas por alguém que amou demais. Até hoje se vê esse estilo, mas na década de 1950 era moda: a dor de cotovelo pelo amor perdido ou nunca esquecido ou, ainda, nunca encontrado. A plateia lotava o auditório da emissora, que tinha nome da família de *socialites* carioca. Os aplausos eram intensos e longos. E não é que o radialista teve o grande privilégio de apresentar por quase um ano, todas as quintas-feiras à noite, a cantora Maysa, em um programa feito especialmente para ela? "*Aqueles olhos profundos, cor do mar, mexiam comigo*", confessa o amadurecido homem. Quando jovem, com cerca de 30 anos, sentia o delicioso perfume que a exuberante cantora, de personalidade forte, riso e choro fáceis, deixava ao passar pelos corredores até o palco.

A elegante mulher jogava de lado os sapatos, quando se entregava ao deleite de suas reminiscências e personificava sua suave e intensa voz. "*Ela segurava firme o microfone, muito próximo de sua boca, e quase sussurrava. Não sei se era por tristeza imensa ou pura timidez ao enfrentar a plateia que ela precisava estar, todas as vezes, com aquele coquetel nas mãos. Eu cheguei a pegar o copo, e o cheiro era tão forte que ficava difícil distinguir quais bebidas faziam parte daquela mistura. Quando eu inalava, o cheiro entrava no meu nariz, ardendo, incomodando até a garganta. Isso já era costume. Maysa ia bebericando durante o tempo em que cantava*", conta Cid, monossilábico, enquanto dá a profunda sensação de que volta no tempo. "*Eu me lembro que Maysa veio de uma família do Espírito Santo, mas seu espírito era muito inquieto*", reflete, fazendo um trocadilho com o temperamento da mulher que revolucionou o seu tempo. Ela era afinada e rapidamente

Boa noite

conseguiu enorme sucesso. Suas magníficas interpretações falaram mais alto que os preconceitos. Nem mesmo a barreira, que na época era enorme, por ser uma mulher *largada* (nome que se dava a uma pessoa que se separava), foi mais forte que seu talento. Coisa antiga para os jovens de hoje, mas imensamente bruta para quem viveu enfrentando esse drama. Na época não havia divórcio.

O mais bonito para o locutor era que ela não interpretava somente canções de outros compositores. Culto e muito viajado, aquele par de olhos que encantara o poeta Manoel Bandeira também encantou o mundo. Algumas canções vieram de sua alma, e sua voz de veludo se aproveitara delas. Ela não era conhecida só no Brasil. A bossa nova, com seu tom nada vulgar, ganhou mais vigor. Junto com o amigo Roberto Menescal, ou com uma de suas grandes paixões, Ronaldo Bôscoli, também levou sua criatividade e talento para a Europa e Américas. Entre as mais conhecidas canções, já nos anos 1960, estão "Ah! Se eu pudesse", "O barquinho", e "Nós e o mar". Sem dúvida alguma, a francesa "Ne me quitte pas", de Jacques Brel, nunca mais foi a mesma depois de passar pelas emoções de Maysa. *"Eu vou te oferecer pérolas de chuva que vêm dos países onde não chove. Eu vou cavar a terra até a minha morte para cobrir teu corpo de ouro e luzes. Eu farei uma terra onde o amor será rei. Onde o amor será lei. Onde tu serás rainha! Não me deixe!"* Com certeza essa poesia, que faz parte da letra da música francesa, traduz muito quem é Maysa!

Para Cid Moreira, encontrar o fruto de Maysa, Jaime Monjardim, anos mais tarde, homem de sucesso, diretor de novelas e cinema, de beleza parecida com a da mãe, é *"no mínimo prazeroso"*. E, recentemente, poder celebrar a vida dessa mulher única é um resgate para todos nós. *"Um revival que fala de um tempo que também foi meu."* A minissérie que o respeitado diretor preparou sobre a vida dessa diva, e que foi ao ar em janeiro de 2009, mereceu aplausos do experiente Moreira. *"A sua morte tão cedo, aos 40 anos, foi uma perda, com certeza, para a música, que ficou mais pobre sem ela."*

O futuro começa agora

SOMOS OS CANTORES DO RÁDIO

Eu me sentia como um fã que, de repente, começa a fazer parte daquela realidade que era para poucos: conviver com seus ídolos. E esse foi um dos maiores presentes da minha vida.

Grandes nomes como o de Maysa faziam a audiência da Mayrink Veiga se manter no topo, entre as melhores rádios da época. E foi com muita tristeza que o *casting* da emissora acompanhou o seu fechamento, repentinamente, após o golpe militar. A cassação se deveu ao fato de a emissora ter entre seus sócios o ex-governador Leonel Brizola, cunhado do presidente deposto João Goulart. Os profissionais foram absorvidos por outras rádios, e alguns programas só mudaram de estação, continuando com o mesmo nome. A Rádio Nacional recebeu muitos artistas e profissionais que vieram da Mayrink. Enquanto durou, a disputa pela audiência era acirrada. E a grande isca para atrair o público foram, sem dúvida, as radionovelas. *Em busca da felicidade*, que durou três anos, pela PRE-8 – frequência da Rádio Nacional –, e o *Direito de nascer*, do cubano Félix Caignet, estavam entre os maiores sucessos, sem dúvida.

Essa mesma rádio criou o memorável programa *Piadas do Manduca*, que se manteve na programação durante 20 anos, imortalizado pelos grandes radioatores Renato Murce, Brandão Filho e Castro Barbosa. Fazer parte da Era de Ouro do Rádio e transitar entre profissionais do porte de Iara Sales, Dayse Lúcide, Floriano e Roberto Faissal, Celso Guimarães, César Ladeira, Abigail Maia, Sônia Maria, Nélio Pinheiro, Vida Alves, Lima Duarte, Lolita Rodrigues e Mário Lago dava para Cid a dimensão do universo em que estava ingressando. *"Eu me sentia como um fã que, de repente, começa a fazer parte daquela realidade que era para poucos: conviver com seus ídolos. E esse foi um dos maiores presentes da minha vida"*. Aquele menino que ouvia as músicas nas pontas dos pés, de orelha grudada no aparelho, agora podia apreciar pessoalmente no palco as declamações de poesias,

Boa noite

ouvir as músicas sertanejas cantadas por Luís Vieira, Catulo da Paixão Cearense, Manezinho Araújo ou se deliciar com a voz de Emilinha Borba, Marlene e Elizeth Cardoso. De Luís Gonzaga, Cid tem na memória especiais lembranças. *"Seu Lua era contagiante em sua simplicidade e amor pela música. Sempre bem-humorado, Gonzagão não deixava nada tirar seu jeitão bondoso e paciente. Sua fala mansa, de sotaque forte, e seu baião podiam ser escutados de longe, por quem passasse aos arredores da rádio. E eu tive o privilégio de apresentá-lo algumas vezes em seu programa."* É impossível rememorar *Seu Lua* sem tocar em seu grande parceiro musical, imortalizado em versos como *"Tu que tanto anda no mundo sabiá, [diga] onde anda meu amor?"* O grande mestre Zedantas, famoso médico, mais conhecido entre as pessoas pelos versos que curavam mais gente com mal de amor do que suas consultas poderiam ter feito. *"Sabiá"*, mais tarde cantada também por Elba Ramalho e Geraldo Azevedo, traduz bem a alma nordestina provocativa desse nobre artista. Falar de Gonzagão sem mencionar Zedantas é pecado mortal. Mas não é só o homem do baião que traduz bem esse pernambucano. O também colega de Cid Ivon Cury não foi famoso só por causa da brincadeira de Renato Aragão (Se lembra desta: "Pelas perucas de Ivon Cury"?), não! Ivon interpretou grandes sucessos de Zedantas. "Farinhada", "Xote das meninas" e "Cintura fina" alucinaram as gerações entre as décadas de 1950 e 1960, definitivamente consagrando José de Souza Dantas como compositor célebre no cenário da música popular brasileira.

É um trabalho árduo e ao mesmo tempo gratificante garimpar na busca de vidas sensacionais que estão guardadas na memória de nosso locutor. Essa busca vai ganhando corpo, e, enfim, outros grandes ídolos como Ary Barroso, Ângela Maria, Claudete Soares, Ademilde Fonseca e a namoradinha do Brasil daquela época, Eliana Macedo, foram colocadas na ponta da caneta porque se tornaram colegas de trabalho.

E, por falar em ponta da caneta, Ivany Ribeiro (que já redigia novelas de grande sucesso) e o apresentador Otávio Gabus Mendes

O futuro começa agora

(do programa *Palmolive no palco*), estrelas de primeira grandeza da Rádio Record, também não podem ser esquecidos. *"Fica até difícil listar todo mundo que fez sucesso e passou pelas mesmas rádios que eu"*, diz Cid, lembrando que convivia nos bastidores com figuras carimbadas como Silvio Caldas, Francisco Alves, Heriveto Martins, Dircinha Batista, Orlando Silva, Dorival Caymmi, Cauby Peixoto e um desfile interminável de personalidades. Das mais extravagantes até as mais discretas e sensíveis que fazem, ou fizeram, parte desse universo particular de artistas, redatores e jornalistas do mundo das ondas curtas e médias. *"O inesquecível Manoel da Nóbrega é uma pessoa de primeiro time, que faço questão de ressaltar. Não só pelas suas qualidades profissionais indiscutíveis, como pelo seu bondoso caráter. Entre as inúmeras passagens que tenho para recordar dessa figura de inestimável valor, posso lembrar um fato como se fosse agora. Ele, com sua voz mansa e sorriso contagiante, chegou para mim com uma roupinha de lã, muito bonita e pequena, e me entregou em um embrulho, presenteando minha filha Jacyara, que acabara de nascer. É interessante como tem coisas que ficam gravadas com muita intensidade em nossa memória"*.

Outra figura de valor extraordinário para o locutor foi o humorista Antônio Carlos Pires. Ele trabalhou com Cid por muitos anos na Mayrink Veiga. Muitas vezes Cid foi buscar o irmão na casa de Antônio Carlos. É que o humorista recebia a todos muito bem. *"E, quando Célio sofria de tristeza por algum romance rompido, era lá que ia se consolar. Fui buscá-lo na casa do nosso grande amigo, que sempre nos recebia de braços abertos, cuidou dele até que se curou totalmente dos males de amor"*, brinca Cid. *"Muito mais que nos receber com imenso carinho em sua casa, esse profissional nos dava lições de vida e humanidade. Ele e sua esposa, Elza, que na época cuidava de uma escola infantil, eram pessoas de uma humanidade como poucos têm, e estavam sempre ajudando alguém das maneiras mais diferentes possíveis. Por esse motivo, não ficamos surpresos quando o casal resolveu criar, muitos anos depois, o Instituto Casa Azul, que hoje fica a cargo das duas filhas. Apesar da fama e do pioneirismo da comédia no rádio na década de 1940,*

Boa noite

o pai da Linda e da Glória não se destacou apenas pelo profissional que foi", elogia o amigo locutor. E olha que foram inúmeras participações de Pires em cinema, onde começou atuando nas chanchadas, ao lado de Oscarito e Grande Otelo. Daí em diante, não parou mais. Mais tarde, chegou à televisão pela extinta TV Excelsior e recheou sua vida fazendo uma série de novelas e minisséries na TV Globo. Mas seu grande sucesso na televisão nos últimos anos foi o personagem Joselino Barbacena, o mineirinho, um dos alunos do programa humorístico *Escolinha do Professor Raimundo*. Pensando no amigo, Cid não se recordava mais se havia carregado Linda ou Glória Pires, recém-nascida, no colo. Só se lembrou de que ficou meio sem jeito, todo deslocado, que "segurou o pequeno embrulhinho que chorava muito", para a alegria do amigo. *"Nas ocasiões do nascimento das duas filhas, a turma que foi visitar Elza era grande, pois o casal Pires era mestre em fazer amigos. Eu me lembro de que nessas ocasiões Antônio Carlos, muito coruja, não se continha de alegria e orgulho"*, revela Cid, sentindo um misto de saudades e tristeza. *"Conheço poucas pessoas tão desapegadas das coisas materiais e tão dedicadas a ajudar o próximo como meu querido amigo e sua esposa. Rogo a Deus que leve em consideração a minha amizade por Antônio Carlos quando eu tiver que fazer minhas contas ao me despedir daqui da terra"*.

Cada lembrança estimula outra; Cid fecha os olhos e passa a mão no rosto. Como que em um esforço para não esquecer um só detalhe, abre as pálpebras e comenta o quanto gostava de Geraldo Casé. *"Não se esqueça de anotar tudo direitinho. Esse eu trago no coração"*, pede, enquanto as lembranças vão chegando. Eles se conheceram também na Rádio Mayrink Veiga, mas Cid trabalhou para a agência de propaganda de Casé, onde gravou diversos bem-humorados e criativos *jingles* e *spots* comerciais. O produtor, diretor de televisão e escritor Geraldo Casé tinha uma intimidade grande com o mundo do rádio. Não era para menos: além de diretor de programa, aos 16 anos já operava áudio. Daí para se tornar um dos mais célebres profissionais no meio artístico não faltou muito. Fazia de tudo um pouco.

O futuro começa agora

Foi radioator, locutor e escritor. Geraldo Casé trabalhou criando e organizando a programação de diversas emissoras de televisão. Seu talento passou pela TV Rio, Excelsior, Bandeirantes, Continental, Educativa, TV Tupi, Paulista (no período de transição para se transformar em TV Globo). Um dos seus maiores desafios e o mais reconhecido trabalho foi a adaptação da obra de Monteiro Lobato *O sítio do pica-pau amarelo* para a telinha da tevê. O sucesso foi tão grande que foi exibido pela Globo de 1977 até 1986. Ele também dirigiu a divisão internacional da Globo, comercializando para o resto do mundo as novelas e programas da emissora, o que durou cerca de 30 anos. *"Um excelente amigo e colega de trabalho. Era exigente, mas muito humano, e tratava a todos com o mesmo valor e atenção".*

Boa noite

OS PROFISSIONAIS DA DUBLAGEM

Acho que é isso que levamos da vida: como tocamos e como somos tocados. Isso, afinal de contas, somos nós. Uma colcha de retalhos feita de impressões que envolvem a alma nos mais diferentes níveis.

Nem começou ainda e vai ser difícil colocar todo mundo na ponta do lápis. Se for para continuar a falar de gente boa na vida de Cid, o ator Castro Gonzaga não pode ser esquecido. O amigo, grande dublador e narrador começou a se relacionar com nosso personagem ainda na época em que, ator completo, trabalhava na Rádio Bandeirantes de São Paulo. *"Tanto ele quanto o filho, Reinaldo, são profissionais de lindo timbre de voz. Quando ouço qualquer trabalho deles, imediatamente identifico"*, elogia Cid, que teve o prazer de conviver com o pai em uma grande e duradoura amizade. *"Não sou de frequentar a casa de ninguém, mas sei apreciar uma pessoa bacana, de caráter. Como grande ator que foi, Castro soube aproveitar bem os personagens que teve oportunidade de viver, como o Zico Rosado, na novela Saramandaia, que o tornou conhecido nacionalmente. E tem mais: ele doou sua voz para centenas de comerciais. Suas narrações eram sóbrias e pausadas, na hora certa, eram sinônimo de credibilidade. Sua voz era sempre requerida para fortalecer marcas e instituições".*

Ele reconhece também o valor de outra grande referência da elite da dublagem no Brasil. *"O Orlando Drummond é um brinde em minha vida. O comediante é inigualável em bom humor e engraçado na frente e atrás das cortinas. Nos palcos onde nos apresentávamos, estava sempre bem alinhado, como mandava o figurino. Lembro-me muito bem como eu ficava ansioso. Não sabia ainda controlar minha voz direito. A orquestra complicava minha vida com o som muito alto atrás da gente. O retorno era péssimo. Às vezes, eu falava quase gritando. Estourava a minha voz. Chegava a ficar afônico. Sabe o que o Drummond fazia? Ficava fazendo gracinha, soltava piadas, me provocava. Ele quebrava minha seriedade. Eu acabava cedendo e rindo junto com ele. Uma vez,*

O futuro começa agora

ele ficou acendendo fósforos para o meu lado e não se continha de tanto dar risada. Eu fugia, com medo de que ele me queimasse de verdade. Isso aconteceu muitas vezes", recorda, com ares de quem sente muita saudade daquelas brincadeiras, que tornam a vida um tanto mais leve. Orlando Drummond é tão divertido quanto os personagens que dublou (e ainda dubla) em sua vitoriosa carreira, com mais de 63 anos de estrada. Quem não se lembra do *Alf, o ETeimoso*? Ou dos impagáveis *Três patetas*, ou de *O gordo e o magro*? Ou ainda do animado *Scooby Doo*? Aliás, é a sua dublagem mais famosa e a voz que faz há mais de 30 anos. Também existem trabalhos sérios, como *Jornada nas estrelas, Casal 20* e *Zorro*. *"O comediante é um cara excepcional. Começamos no rádio mais ou menos na mesma época. Ele como contrarregra, sendo logo chamado para trabalhar como radioator. Já dublou centenas de personagens nos cinemas e até participou de dois filmes nacionais. Na Escolinha do Professor Raimundo deu vazão, de vez, ao seu lado humorístico com a atuação inconfundível do Seu Peru. Não nos vemos mais com a frequência daquela época. Nossas vidas tomaram outros rumos. Às vezes nos encontramos em consequência de compromissos profissionais, ou por acaso, mas é sempre aquela grande alegria quando isso acontece."*

Cid vai desenrolando o filme de seu trajeto profissional, como uma colcha de retalhos, unindo uma peça a outra. Um fato, acontecimento ou sentimento vai aparecendo como uma costura, uma linha imaginária, na qual as pessoas vão devolvendo a ele certa nostalgia. O seu maior prazer é saber que todas as pessoas que se conectaram com ele, de uma maneira ou de outra, são responsáveis pelo desenho que sua vida foi tomando. *"Acho que é isso que levamos da vida: como tocamos e como somos tocados. Isso, afinal de contas, somos nós. Uma colcha de retalhos feita de impressões que envolvem a alma nos mais diferentes níveis".*

Boa noite

A Era de Ouro do rádio

Não quero parecer saudosista, mas, quando eu ainda trabalhava em rádio, os símbolos nacionais pareciam que eram mais respeitados. A gente se sentia engrandecido quando se deparava com a nossa bandeira.

Epa! Parece final de capítulo, mas não é. Temos ainda muitos "*causos*" para incluir nesta história. A cada página isso vai fluindo. À medida que nosso personagem vai dando asas a sua memória e imaginação, vão brotando novas lembranças. Por enquanto, vamos voltar a sua incessante luta profissional. Sua jornada de trabalho chegava, às vezes, a 20 horas por dia. Ele fazia um pouco de tudo na área de comunicação. Tudo mesmo! Para quem não sabe, até atuação em filme ele carrega em seu currículo. No cinema, fez uma pontinha na produção *Angu com caroço*, em 1958. "*Tinha uma cena em que a cantora do filme ia se apresentar em uma rádio e lá estava eu*". Outra vez, fez uma narração no filme *Traficantes do crime*. Daí em diante, sua participação na telona foi somente por meio de sua voz, em eloquentes narrativas. Na época áurea do cinema, foi narrador dos jornais de cinema da maior parte dos estados brasileiros. Documentários produzidos por Jean Manzon, I. Rosemberg, Pantha Filmes (Belo Horizonte), Iglu Filmes (Bahia), Porto Alegre, Pará, Espírito Santo, Petrópolis, entre outros – a memória lhe prega uma peça e não lhe deixa lembrar. Alguns documentários emoldurados por sua voz, como *Brasil, bom de bola*; *Futebol total*; *João e sinuca brasileira*, receberam grandes elogios. E, recentemente, sua imagem voltou a reaparecer nos telões, quase como uma homenagem, em *Dois filhos de Francisco*, desta vez para relembrar os bons momentos no *JN*. Naquela época, quando não estava nos palcos das rádios ou na apresentação de cantores ou humoristas, Cid peregrinava pelas agências de publicidade e estúdios gravando *spots* ou *jingles* comerciais. Valia tudo, desde anúncios da pasta de dentes Kolinos até os postos de gasolina Esso e Texaco, dos refrigerantes Pepsi e Coca-Cola ao cigarro

O futuro começa agora

Marlboro, ou dos supermercados Casas da Banha até os remédios e produtos de higiene pessoal, como as Pílulas Dr. Ross, Alka Seltzer, sabonetes Lifebuoy, Eucalol e Gessy Lever, passando pela loja de roupas masculinas Ducal até lançamentos imobiliários, entre centenas de outros produtos que passaram pela voz de Cid nas décadas de 1950 a 1980. Depois disso começaram as restrições da emissora para o uso da voz e imagem dos jornalistas em propagandas. A justificativa era de que eles, como formadores de opinião, não poderiam emprestar sua credibilidade para vender produtos. Mas isso é outra história que veremos mais tarde. Agora vamos dar um pouco de atenção à Era de Ouro do Rádio, para que os mais jovens, que não viveram a fase especial desse importante veículo, possam entender o valor daquele período para os artistas e o pessoal da comunicação brasileira.

Para se ter uma ideia da importância das ondas AM e tropical na vida das pessoas, até meados da década de 1950 o radioteatro da Nacional irradiou 861 novelas, de acordo com pesquisas. Outra grande atração, que conquistou o público em todo o Brasil, foi a realização de concursos como A Rainha do Rádio. Nomes como Linda Batista, Emilinha Borba, Marlene, Dalva de Oliveira e Ângela Maria surgiram e se consagraram lá. Cauby Peixoto também enchia o auditório em suas apresentações naqueles áureos tempos. Tal era o valor da Rádio Nacional, por exemplo, que foi decretada, pelo então presidente Getúlio Vargas, como patrimônio brasileiro. Dois de seus mais famosos programas, *Curiosidades musicais* e *Caixa de perguntas*, estavam entre as atrações preferidas pela família. *"Instantâneos sonoros brasileiros"*, produzido por José Mauro e sob a direção musical de Radamés Gnattali, regente da orquestra, *"fortalecia cada vez mais a nossa música, que começava a ganhar espaço na difícil competição com as produções americanas"*.

Bem, voltemos a vida de Cid Moreira. E aqui o pegamos emocionado, ouvindo o Hino Nacional Brasileiro, executado pela Orquestra Sinfônica Brasileira, sob a regência do maestro Heitor Villa-Lobos. *"Não quero parecer saudosista, mas, quando eu ainda trabalhava em rádio,*

Boa noite

os símbolos nacionais pareciam que eram mais respeitados. A gente se sentia engrandecido quando se deparava com a nossa bandeira. Até hoje, sempre que ouço 'Aquarela do Brasil', de Ari Barroso, posso recordar precisamente como eu apreciava essa música com a Orquestra Fon-Fon e o cantor Cândido Botelho. É impossível contar as inúmeras vezes em que apresentei a Orquestra Tabajara de Severino Araújo no auditório da Mayrink. Essa orquestra faz sucesso por todo o Brasil ainda hoje, na animação de bailes. A guerreira orquestra se mantém fazendo eventos há mais de cinco décadas. Temos muito do que nos orgulhar".

"Era tanta gente boa naquela época que posso até cometer o erro de não mencionar um ou outro", assume o locutor, quando se dispõe a rememorar esse tempo bom que não volta mais. Lamartine Babo, que, entre inúmeras atividades, apresentava o programa *Vida pitoresca e musical dos compositores*, é outra figura que não pode deixar de ser homenageada. *"Ele era simplesmente genial".*

Para ilustrar o quanto o Brasil é cheio de talentos comparáveis aos nomes conhecidos mundialmente ou até melhores, Cid põe na ponta do lápis uma lista de astros que apresentou, em ocasiões diferentes. Nelson Gonçalves, Carlos Galhardo, Elizeth Cardoso, Ângela Maria, Ciro Monteiro, Jacó do Bandolim, Silvio Caldas, Maysa e Ataulfo Alves estão entre tantos outros nomes. *"Tenho condições de comparar a qualidade de nossa música, pois recebi em outras ocasiões nomes internacionais em nossa terra. Tive a oportunidade de anunciar nos palcos da vida pessoas da tarimba de Edith Piaf, Pedro Vargas, Carlos Ramírez, Augustín Lara, Amália Rodrigues, José Mojica, Tito Guizar, todos, cada um com seu charme, seu estilo, mas também com suas manias e esnobismos."*

O futuro começa agora

NO MEIO DA COMUNICAÇÃO

Os apresentadores desses programas eram nomes famosos como Luís Jatobá e César Ladeira. Quando um deles faltava, ou mesmo o próprio cronista Antônio Maria, eu era convocado para substituir um ou outro. E assim foram aparecendo as minhas chances.

É tão rica a história da comunicação no Brasil quanto a participação de Cid Moreira nesse meio tão caudaloso. Assim, vão aparecendo nomes e fatos que não podem ser deixados de lado, com o perigo de se cometer tremenda injustiça. Existem momentos que até podem ser reproduzidos com muita fidelidade. Outros, somente a geração que viveu pode entender sem precisar de muita explicação. Como palavras podem traduzir momentos com suas cores, cheiros, teores e emoções? São intraduzíveis, por exemplo, os programas que foram tornando Cid Moreira tão conhecido quanto os artistas e locutores que ele tanto admirava. Naquela época não havia o costume de fazer arquivo.

Para começar a ser respeitado e reconhecido pelo público e por seus pares, o jovem iniciante emprestou sua voz e interpretação para craques das crônicas e das maltraçadas linhas. Agora, feche os olhos e volte ao tempo em que se ouviam as impagáveis crônicas de Antônio Maria. Esse pernambucano, responsável pela criação de programas como *Alegria da rua,* dava cancha para o iniciante que veio do interior paulista. *"Os apresentadores desses programas eram nomes famosos como Luís Jatobá e César Ladeira. Quando um deles faltava, ou mesmo o próprio cronista Antônio Maria, eu era convocado para substituir um ou outro. E assim foram aparecendo as minhas chances".*

Foi no final da década de 1950 que Antônio Maria trabalhou na Rádio Mayrink Veiga e conheceu Cid. O exímio cronista era um dos mais altos cachês da época. Seus textos tinham personagens urbanos baseados nos moradores dos bairros mais conhecidos do Rio de Janeiro. Era o dia a dia das mulheres assanhadas, dos maridos traídos, dos frequentadores de bares, dos caipiras, enfim, personagens

Boa noite

que davam motivos para boas e inocentes piadas e gargalhadas. "Antônio Maria era magistral. Chegou a redigir três programas por semana e convivemos juntos muitos anos na rádio. Tive uma boa escola profissional com esse grande radialista. Eu ficava ansioso cada vez que era convocado para substituí-lo. Olha só a responsabilidade! Mas era muito legal quando ele vinha com os comentários, me elogiando, dando aquela força. Eu ficava flutuando. Além de amigo, continuei seu grande fã." Quando se trata de escola e bons professores, Cid teve um time muito especial, que dificilmente se repetirá.

Só quem já ouviu falar das *Certinhas do Lalau* saberá, com certeza, com um sorriso nos lábios, de quem se está falando. Cético, de humor bem peculiar, Sérgio Porto foi um dos melhores textos de seu tempo. "Dificilmente vamos encontrar alguém que não elogie esse camarada. Eu tive o privilégio de fazer parte de sua turma de amigos." Ele era muito elegante e, indiscutivelmente, o Pelé nas tiradas de humor e *insights* que seu *alterego*, Stanislaw Ponte Preta, destilava nas crônicas que Cid apresentava na Rádio Mayrink e eram publicadas em jornais e revistas da época. Não se pode citar o Lalau sem explicar quem eram suas certinhas. Eram mulheres lindas, bem resolvidas, sem "frescura" e que mexiam com a cabeça dos homens. Mas Sérgio Porto é muito mais que tudo isso. Era inquieto, extremamente trabalhador. Pensava rápido. Escreveu pérolas como o *Febeapá – Festival de besteiras que assola o país, Garoto linha dura* e *Na terra do crioulo doido*. "Não tenho outro caminho para falar de meu trabalho, se não der os créditos às pessoas responsáveis por ele. Eu, simplesmente, emprestei minha voz para textos sensacionais. E isso me tornou conhecido, mas craques mesmo são as pessoas que pensavam e colocavam no papel sua criatividade e talento", reflete. "Eu trabalhei com Sérgio no programa Levertimentos, que ele produzia. Ele não parava um momento, sempre estava criando algo engraçado. Sua mente trabalhava acelerada. Tudo virava uma piada, um jogo, uma figura de linguagem, um comentário."

O encontro diário com esses intelectuais foi abrindo cada vez mais a cabeça do jovem que se tornara homem e começara a crescer como profissional. Cid aprendia rápido e trabalhava duro também, por isso era sempre convocado para apresentar programas. O programa *Vai da valsa* e *A cidade se diverte*, do produtor Haroldo Barbosa, também estão no currículo do nosso locutor, que os apresentou durante longo tempo. *"Quando se trata de guardar nomes ou fisionomias sou uma pessoa muito distraída. Por causa disso, eu tenho que confessar que passo, até hoje, por situações embaraçosas. Eu não reconheço, às vezes, as pessoas de imediato e fico em um sufoco danado"*, diz. *"Estou me lembrando disso porque foi terrível a primeira vez que estive com Barbosa. Ele já era muito famoso, mas eu nunca o tinha visto pessoalmente. Quando ele veio da Nacional para estrear na Mayrink, ninguém tinha me apresentado a ele. Não se esqueçam que eu era o locutor do programa. Nessa ocasião, ele estava todo elegante. Eu vi aquele sujeito para lá e para cá no palco, dando sinais, dirigindo. De vez em quando ele se encostava a mim e perguntava se eu estava gostando. Eu olhava estranho para ele e respondia que os quadros eram mais ou menos, sem nenhuma novidade. Entrava outra cena, era um programa de humor, e lá vinha de novo aquele contrarregra me pedir opinião. Não aguentei e critiquei o programa.*

No final, todo mundo foi em sua direção, abraçando-o, e daí me liguei que o sujeito era o produtor. Nessa época, era um nome muito respeitado no meio. Por causa disso, que até acho com razão, Haroldo ficou longo tempo sem falar comigo. Depois nos tornamos grandes amigos e ele não perdia tempo e se divertia com a minha cara por causa daquele dia." Além de Haroldo Barbosa, outra figura imponente na área de comunicação era o Vítor Costa. *"Com ele, também tenho um furo desses para contar. Esse big boss contratava artistas e locutores para uma rede de rádios comandada por ele, em São Paulo e no Rio. Eu trabalhava para es organização. Certa vez, em uma época de crise, ele estava renegocia os valores pagos para cada profissional e renovando a contratação metade do salário. Eu fiquei inconformado quando chegou a min! Chateado mesmo! Vítor Costa veio com essa conversa de que nã aumentando ninguém, ao contrário, precisava diminuir custos. disse que não ia continuar na empresa e nenhum argumen'*

Boa noite

mudar de ideia. Ele acabou cedendo e disse, depois de uma baforada no charuto, que manteria o valor do meu contrato, me daria um bônus extra e não deixou que eu saísse do emprego."

Nesse mesmo *pool* das rádios trabalhava outro amigo, Gilberto Martins. *"Essa pessoa extraordinária criou um personagem que fez grande sucesso por um longo período: o Zé Trindade, que protagonizava situações engraçadíssimas do dia a dia do brasileiro. Martins, além de escritor, era produtor e diretor. Ele ficou famoso entre os colegas pela mania que tinha de dar tapinhas no rosto dos amigos. E olha que ninguém gostava dessa brincadeira, mas ele era muito forte, então, ninguém o desafiava. Eu, que tenho o pavio curto e, quando era mais moço, era pior ainda, na primeira tentativa que ele fez de me dar os tais tapinhas, dei uma chave de braço nele, dei uma joelhada e um pé no traseiro dele que ele foi parar longe. Ele ficou tão surpreso que não brincou mais comigo desse jeito, passou a me respeitar."*

Todos nessa área acabam se entrelaçando feito uma teia. Não é para menos: animadores, locutores, compositores, cantores, versistas, discotecários, dramaturgos, redatores, atores e humoristas se encontravam sempre nos corredores das rádios, nos bares, clubes e estúdios da redondeza. *"Como trabalham em áreas muito correlatas, uns indicam trabalhos para os outros; se encontram, formam um círculo de amizade, trocam informações, e assim vai se formando uma rede"*, conta Cid. Nessa época, seu irmão Célio chegou também para trabalhar no Rio de Janeiro e se enturmou com aquela gama de intelectuais e cabeças pensantes do Brasil das décadas de 1950 e 1960. Na mesma ocasião, os dois conheceram Max Nunes (já era craque, dominava como ninguém o texto!), César Ladeira, Fernando Barbosa Lima e tantas outras grandes feras da comunicação no Brasil.

Esses profissionais formavam o grande time que deu vida à programação da televisão brasileira, assunto de que já trataremos com detalhes. Afinal, foi na televisão que nosso Cid se consagrou e passou a ser reconhecido nacionalmente. Com um pezinho na televisão, nosso personagem foi para a TV Rio, onde apresentava um seriado

O futuro começa agora

de grande sucesso: *Além da imaginação*. Mas ainda continuava trabalhando alguns dias na rádio. Então, o produtor da emissora solicitou que ele apresentasse o programa de Cauby Peixoto. O problema é que era no mesmo horário do outro compromisso com a telinha. Por não cumprir a ordem, foi advertido e depois suspenso. "*Como fui colocado, meio que forçosamente, para descansar por uns dias, acabei encontrando o que fazer. Fui convidado e aceitei, imediatamente, ser o narrador de uma peça de teatro que fez muito sucesso na Broadway. Como vencer na vida sem fazer força foi apresentada em um dos teatros da praça Tiradentes. Se não me falha a memória, foi no João Caetano.*"

Foi naquele período que ele conheceu o cantor e compositor Moacyr Franco e a atriz Marília Pêra. Isso lhe rendeu, em uma curta temporada, a narração de um musical estrelado pelos dois e adaptado pelo polêmico Carlos Lacerda, ex-governador do Rio de Janeiro e ferrenho adversário do então presidente da República, Getúlio Vargas. "*Foi uma experiência única. Afinal, pela primeira vez me envolvia com o teatro daquela maneira. Todos éramos muito jovens. O Moacyr, um mocinho, dez anos mais novo que eu. A querida Marília ainda era uma adolescente, mas já se mostrava muito talentosa e profissional. Foi uma experiência curta, mas muito interessante, outra linguagem que aprendi. Posso dizer que já fiz um pouquinho de tudo em minha profissão*". Depois dessa experiência, Cid deixou de vez a rádio que o havia suspendido, apesar dos insistentes pedidos da direção para que retomasse seu trabalho.

Boa noite

A CHEGADA DA TELEVISÃO

Apesar da pouca qualidade técnica e dos poucos recursos, a programação era muito criativa. Era uma novidade muito grande para todos. Outra linguagem à qual nem nós nem os telespectadores estávamos acostumados.

No início da década de 1960, a televisão ainda estava engatinhando e os profissionais se ajustavam a esse novo meio de comunicação. Mesmo com essa novidade às portas, o rádio se manteve ainda por muito tempo campeão de audiência. Para começar a ganhar a atenção dos ouvintes, o jeito foi colocar os locutores para trabalhar também na tevê; assim, grandes profissionais como Fernando Garcia, Célio Moreira, Luís Jatobá, João Saldanha, Sérgio Porto e Gilda Müller levaram sua fama para a telinha. Boa parte era de profissionais migrados da Rádio Mayrink Veiga (Rrrrráaaaddddddddiiioooooooo... Mmmaaayyyrrrriinnnkkkk... Veeeeeeeiggggaaaa – PRA-9). Era assim que se falava, pronunciando os erres e esses e impostando a voz. Esse padrão de leitura prevaleceu por muitos anos e ainda hoje deixa sua marca. Nomes como o próprio Cid Moreira e outros como Luís Jatobá, Gontijo Teodoro, Carlos Frias, Correa de Araújo, Oswaldo Sargentelli, Américo Vilhena, Reinaldo Costa, Heron Domingues, entre tantos que fizeram a história do jornalismo da televisão brasileira, levando o conhecimento e a credibilidade do que faziam nas ondas curtas e médias para a telinha.

Enquanto o rádio vivia, na década de 1950, seu apogeu, a televisão começava a despertar, timidamente, o interesse do grande público. É que não foi tudo maravilhoso no começo, em um passe de mágica, como podem pensar alguns. Tudo era ainda muito experimental, e a área de cobertura, muito pequena. Para se ter uma ideia, o alcance da TV Tupi era de apenas 37 quilômetros, praticamente só a cidade de São Paulo. Um dos trabalhos de expansão era o de saber onde conseguir imagem e som, além de batalhar para que isso acontecesse. Ronaldo Lembo, respeitável profissional pioneiro dessa

O futuro começa agora

fase, declarou em uma entrevista para um *site* na Internet: *"Um dos meus trabalhos principais foi descobrir locais para a retransmissão. Junto com a pequena equipe de técnicos da TV Tupi fui montar no Pico do Itapeva, e no morro do Japi, antenas de transmissão"*. Era o começo da expansão. Com equipamentos muito precários e em preto e branco, os programas eram, em sua maioria, criados, dirigidos e apresentados por profissionais que trabalhavam nas rádios e levavam para a telinha todas as características das ondas curtas e médias.

Foi nessa transição que Cid Moreira começou a crescer e aparecer. *"Apesar da pouca qualidade técnica e dos poucos recursos, a programação era muito criativa. Era uma novidade muito grande para todos. Outra linguagem à qual nem nós nem os telespectadores estávamos acostumados"*, resume o locutor.

Nem dá para os jovens, de modo geral, imaginarem hoje, com as telas de alta definição e cristal líquido, como foram as *avós* dos televisores, com suas válvulas e transistores. Pois é, mesmo assim era o máximo toda aquela novidade. Em São Paulo, onde a primeira televisão brasileira foi instalada – a TV Tupi, no bairro do Sumaré –, funcionava tudo na base do improviso. Mas isso era só um pequeno detalhe em uma época em que não havia mais que uma centena de televisores em cada cidade. *"Tudo ainda era muito novo, e o que não faltavam eram histórias hilariantes em preto e branco para contar. Quantas vezes, durante um comercial, o televisor da marca Telefunken não funcionava ou a moça da propaganda esquecia as falas? Sem contar quando o contrarregra não colocava no lugar certo algum objeto usado em cena. Não se esqueçam que não existia videoteipe e as novelas eram teleteatro."*

Aliás, Fernanda Montenegro, que já havia sido radioatriz e locutora, foi uma grande estrela da Tupi, participando do primeiro teleteatro, onde ficou por dois anos, retornando mais tarde na mesma emissora.

Ela e o marido, Fernando Torres, e uma turma boa de vanguarda, como Cacilda Becker, Maria Della Costa e Gianfrancesco Guarnieri, apesar do amor incondicional pelo teatro, colaboraram, e muito, para a evolução da televisão. O programa *Câmera 1*, de Jacy Campos, foi

Boa noite

um marco de qualidade nesses tempos de improvisação. Já em uma versão mais para o estilo policial, o teleteatro na TV Rio era apresentado por Tônia Carreiro e Paulo Autran.

"*Esses primeiros anos trouxeram uma televisão bem diferente da de hoje. E isso não é coisa de gente saudosista, não!*", garante Cid. "*Não sei se existia mais criatividade pela falta de recursos técnicos ou por maior liberdade e licença poética daquela época. Só sei dizer que os modelos de programas eram mais originais. Agora copiamos tudo. Licenciamos tudo*".

O futuro começa agora

A MUDANÇA PARA O RIO DE JANEIRO

Eu estava com aproximadamente 28 anos. Não tenho como descrever a alegria e a sensação que tive ao dirigir meu primeiro carro. Fiquei muito eufórico. Comprei de segunda mão, a direção e os bancos eram duros. Pulava que nem cavalo selvagem, mas eu estava todo alegre.

Enquanto a televisão se estruturava pelas capitais brasileiras, Cid estava começando a conhecer e a se ajustar às areias cariocas. O primeiro lugar em que morou foi um quarto alugado em um espaçoso apartamento com quatro quartos. *"Foi apenas por dois meses, até encontrar uma casa, em Vila Isabel, para onde levei minha esposa. Era simples, de três cômodos. Eu estava começando. Não era conhecido, mas vim com um bom contrato. Tinha que trabalhar duro, em vários lugares diferentes. Esse romantismo que dão para a profissão é muito bom de ler em livros, não de viver"*, reconhece o locutor, que precisou economizar muito até comprar seu primeiro apartamento. *"Sou um andarilho do Rio; já morei nos bairros de Vila Isabel, Riachuelo, Botafogo, Leblon, Ipanema, Copacabana, Lagoa, Jacarepaguá e Itanhangá. Foram tantos que agora eu já nem me lembro se esqueci algum canto"*, brinca. *"Pelas contas, sou mais carioca que paulista. Saí de lá com 20 e poucos e já passo da casa dos 80. Quando vim para cá, taxistas não gostavam de levar passageiros à Barra da Tijuca. Aqui não existia nada. Eles teriam que voltar sem ganhar outra corrida. Então, não compensava. Cheguei a apreciar conchas enormes na areia e a andar com os meus pais a pé, para exercitar, do Leblon até São Conrado"*, exemplifica, para dar uma ideia de como os bairros cariocas passaram por devastadoras transformações.

Transformações semelhantes também passaram pela vida de Cid. Quando veio morar no Rio, usou muitos bondes, micro-ônibus(lotações, como eram chamados) e trens para ir trabalhar. Era sempre a mesma rotina; ele seguia caminhando, algumas vezes acompanhado do colega e amigo Hilton Gomes (parceiro no *JN*), até a Central do Brasil, onde pegava o trem até o bairro do Riachuelo

Boa noite

e de lá seguia para casa. Mas, em alguns momentos dessa rotina, experimentou situações bem engraçadas. Certa vez, quando saiu da rádio onde trabalhava para fazer o caminho de volta para casa, decidiu parar na rua Visconde de Inhaúma e comprar uma bandeja de ovos caipiras. Quando o trem chegou, rapidamente o vagão lotou, e, como podem imaginar, naquele minúsculo espaço e, para piorar, bem apertado, a cada balanço que a composição fazia para abrir e fechar as portas nas estações em que parava o rapaz se desequilibrava e derrubava os ovos da bandeja. Só quem andou de trem lotado é que sabe o drama e ao mesmo tempo a comédia que está sendo narrada. Ele e os demais passageiros ficaram com as roupas manchadas de ovos, sem falar do cheiro nada agradável que levaram pelo caminho até chegar aos seus destinos.

Para não criar mais acidentes do gênero, nosso personagem conseguiu comprar seu primeiro carro. A viagem experimental com o seu *possante*, o Ford Inglês 56, foi com destino a Petrópolis. *"Eu estava com aproximadamente 28 anos. Não tenho como descrever a alegria e a sensação que tive ao dirigir meu primeiro carro. Fiquei muito eufórico. Comprei de segunda mão, a direção e os bancos eram duros. Pulava que nem cavalo selvagem, mas eu estava todo alegre. Graças a Deus não tive problema algum nessa primeira viagem, mas dá um livro o número de vezes que alguém empurrou esse carro para que eu conseguisse sair dirigindo. Desde meu irmão, amigos, até a minha primeira sogra deu duro na estrada"*, relata divertido. Mas para comprar seu primeiro carro Cid precisou trabalhar bastante.

O futuro começa agora

O AUGE DA TEVÊ E SEUS PROTAGONISTAS

O *Vanguarda* entrava no ar às 22h30. Aquele grande time de primeira linha dava muito movimento e vida às notícias. O modelo virou escola, e os novos jornais que foram surgindo copiavam um ou outro quadro. Teve tanta repercussão que foi premiado até internacionalmente.

O começo de Cid Moreira na televisão não foi fácil. Se na rádio tinha dificuldade por ser tímido, imagine em um trabalho em que sua imagem apareceria para milhões de pessoas. Ele precisou de algum tempo para se acostumar à nova ideia. Sem contar que a linguagem era outra. Tudo o preocupava: a postura, a aparência, as roupas... Para começar na televisão, Cid contou muito com a ajuda de seu irmão, Célio Moreira, que já estava engrenado com a turma de Fernando Barbosa Lima – FBL.

Antes de dar mais detalhes sobre o efetivo ingresso de Cid na televisão, é preciso primeiro fazer um pequeno panorama de quem eram esses intelectuais.

Para contextualizar, esse pessoal, começando por Barbosa Lima, era a nata da criação dentro das televisões brasileiras. Eles inventavam e colocavam no ar o que existia de mais moderno, original e inesperado. Rapaz de fino trato e educação esmerada, Fernando está, sem dúvida, entre os profissionais mais criativos da comunicação do país. Seu namoro com a tevê começou com a criação de uma releitura do programa *Cruzeiro musical*, na TV Rio. A partir de então não parou mais. Foram centenas de programas que mesclavam quadros com musicais, humor e entrevistas de interesse geral.

Entre os mais destacados estão *Preto no branco, Em poucas palavras, Depois do sol, Os 10 mais, A voz do Trovão* e *A noite é da Guanabara*. "O sucesso desse grande homem está muito ligado a sua extraordinária capacidade de criar e de trabalhar em equipe", resume Cid. Um dos primeiros parceiros de FBL, Carlos Alberto Lofller, era "*simplesmente genial*", declara nosso personagem. Sargentelli, o cara

Boa noite

que valorizou as lindas mulatas brasileiras, foi outro que se tornou grande amigo de Barbosa. Estiveram juntos em inúmeras criações em que o *Trovão* fazia um pouco de tudo: locutor e apresentador, além de garoto-propaganda. Nessa trupe tinha ainda Ronaldo Bôscoli, Carlos Reis, Sérgio Porto, Appel, Don José Cavacas, Jorge Sampaio, Célio Moreira, Luís Jatobá, Mauro Borja Lopes (Borjalo) e Millôr Fernandes. Gilda Müller sempre trazia assuntos de interesse feminino. Havia ainda os comentaristas internacionais e cronistas como Ricardo Amaral, Ibrahim Sued, João Saldanha, José Lewgoy, Reinaldo Jardim, Newton Carlos...

Com a participação desse grupo, entrava no ar, na novata TV Excelsior, em 1962, a mais famosa das criações de Fernando: o *Jornal de Vanguarda*. Era um *mix* de cultura e lazer, política e assuntos gerais. O programa reunia bons textos que misturavam humor e informação em dose certa. Um verdadeiro *show* de notícias. *"Frases curtas e de impacto, bem direcionadas. Os telespectadores não tinham visto nada parecido antes. Até mesmo os profissionais da área, na concorrência, admitiam a completa novidade do programa de jornalismo".*

Para entrar na equipe como locutor e apresentador do *Jornal de Vanguarda*, Cid contou com a ajuda de seu irmão, Célio, que convenceu FBL a contratá-lo. *"Mais uma vez meu irmão foi meu parceiro, meu amigo. Ele, que sempre torceu por mim e que me acompanhou nas brincadeiras infantis e depois na adolescência, continuava me apoiando também na fase adulta. O Vanguarda entrava no ar às 22h30. Aquele grande time de primeira linha dava muito movimento e vida às notícias. O modelo virou escola, e os novos jornais que foram surgindo copiavam um ou outro quadro. Teve tanta repercussão que foi premiado até internacionalmente"*, conta. *"A turma era muito afinada. Eu apresentava um resumo das principais notícias do dia e meu irmão, muito conhecido como o 'Sombra', ficava escondido atrás de um painel que marcava a sua silhueta."* Com a voz impostada, Célio narrava notícias misteriosas dos políticos. *"Era impagável".* Essa fórmula foi se aperfeiçoando e o jornal durou cerca de sete anos.

O futuro começa agora

Literalmente, o jornal mudava muito. A equipe do *Vanguarda* começou as apresentações na TV Excelsior. Passou pela Tupi, Globo e Continental. *"Ele terminou na TV Rio com o Ato Institucional número Cinco, o AI-5, que decretou a censura de todos os meios de comunicação."* A era da ditadura militar fez com que chegasse ao fim esse grande espaço da notícia na televisão. *"Toda a equipe se reuniu e decidiu que o jornal sairia do ar. Depois de trabalhar com tanta dignidade e criatividade, não poderíamos nos submeter à censura total imposta pelo golpe militar"*, revelou Fernando Barbosa Lima em seu livro *Nossas câmeras são seus olhos*, lançado pela Ediouro em 2007.

Boa noite

O INGRESSO NA TV GLOBO

Houve tempo em que Célio era muito mais famoso e eu um mero desconhecido. Tinha orgulho de contar que ele era meu irmão. Ele era genial em suas criações. Intelectual, com raciocínio rápido e uma capacidade pouco comum para literatura e música.

A ditadura militar não só foi o motivo principal de o *Jornal de Vanguarda* sair do ar como também interferiu completamente na programação de todos os veículos de comunicação. "*Era um trabalho tenso, triste, sem ânimo. Para dizer a verdade, nosso trabalho passou a ser somente um meio de sobrevivermos, pagarmos as nossas contas. Chegava a ser ridículo o tipo de notícia que os redatores produziam para a gente narrar*", lembra Cid. "*Todos perderam a alegria e espontaneidade. Era um clima pesado mesmo! A cada movimento do jornalista, estava lá um censor escolhido pelo governo para controlar o que ia ser divulgado. A televisão foi muito usada pelos interesses dos militares. Era o meio de manobrar a opinião pública e colocar a população a favor do governo e esconder as mortes, perseguições e torturas que ocorriam em todos os cantos do país. Eu, como todos os outros, vivia ansioso para que tudo aquilo acabasse. Quantos amigos nós perdemos e choramos a morte injusta e lamentável! Período negro em que não sabíamos se voltaríamos para casa*".

Um pouco antes desse quadro devastador, quando veio o fim do *Jornal de Vanguarda*, a turma de Fernando Barbosa Lima se espalhou. Cada um foi buscando espaço e trabalho em lugares diferentes. O próprio Fernando transformou seu estúdio Esquire em uma agência de publicidade, mas sempre deixava claro que sua paixão era fazer programas para a televisão. Aliás, Cid se tornou um de seus sócios nessa agência por curto período, cerca de dois anos. FBL voltou alguns anos depois a fazer o que mais gostava, contribuindo para um novo momento na política no País. Seu primeiro programa foi justamente o *Abertura*, com formato de revista, que estreou na TV Tupi.

O futuro começa agora

Grandes brasileiros na luta por democracia e justiça passaram por lá, dando seus depoimentos em entrevistas fantásticas e em corajosas informações. Ele produziu, ainda, dezenas de outros trabalhos especiais para a TV Cultura, onde foi diretor por longos anos. Voltando a esses anos difíceis, cada profissional da turma de Fernando Barbosa foi buscar um caminho alternativo para sobreviver na época em que o País era controlado pela ditadura militar. E mais uma vez Célio, o *"Sombra"*, que foi trabalhar na Globo logo que a emissora iniciou a programação, ajudou o irmão a conseguir um emprego de locutor por lá. Nessa época, a emissora de Roberto Marinho estava lutando para consolidar sua imagem no mercado.

O locutor caipira de Taubaté, que já estava perdendo seu sotaque interiorano, entrou para substituir Luís Jatobá, que, famoso e respeitado, deixava a empresa. Para ser aprovado, Cid passou pelo crivo de Armando Nogueira, então diretor de jornalismo, e foi aprovado. Não demorou muito tempo e o *"Sombra"* deixou a TV Globo. *"Como são as coisas do destino! Ele esteve por lá para me apresentar à empresa que me tornou famoso em todo o País. Houve tempo em que Célio era muito mais famoso e eu um mero desconhecido. Tinha orgulho de contar que ele era meu irmão. Ele era genial em suas criações. Intelectual, com raciocínio rápido e uma capacidade fora de série para literatura e música".* Olhando agora, décadas depois de tudo isso, vemos dois grandes amigos, com admiração mútua e muitas histórias para contar. Quando começam a rememorar esse distante tempo, riem muito juntos. Falam de situações e pessoas com quem viveram, das alegrias e das angústias que passam somente as pessoas que têm coragem de mudar seus rumos e que acreditam em si mesmas.

Boa noite

O CONTATO COM ROBERTO MARINHO

Se existe algo com o qual eu mais me identifico e desejo também para mim é isso, trabalhar até o fim, como ele trabalhou.

Pode parecer estranho para alguns, mas foram poucas as ocasiões em que Cid Moreira esteve com Roberto Marinho. Em sua longa carreira de trabalho, que inclui uma boa parcela de tempo dentro da empresa desse jornalista, é possível contar as vezes em que partilharam a presença um do outro. *"Com certeza, eu era muito mais visto por ele do que ele por mim"*, brinca o locutor, que afirma terem sido poucas as ocasiões em que esteve lado a lado com essa figura que faz parte da história do jornalismo brasileiro. *"Como sou uma pessoa muito reservada e de vida social bem pacata, dificilmente participava de eventos. E não era nem mesmo por falta de convite não! É o meu jeito mesmo!*

Por causa disso, grande parte das pessoas com quem mantive contato foi por causa do meu trabalho", justifica. *"Nas comemorações da empresa ou solenidades de que participava era justamente por ser parte do meu trabalho. Como não sou muito de reuniões sociais, fica mais difícil encontrar as pessoas para conversas informais, não é mesmo?"* Diverte-se com a sua própria pergunta o encabulado profissional. *"É claro que nos deparamos, às vezes, nos corredores da Globo. Isso não quer dizer que não acompanhei parte de sua trajetória. Eu falei muito pouco com o Roberto Marinho, durante esses anos todos, mas sempre fui escutado e atendido rapidamente, por ele e por todos os seus filhos, por intermédio da direção da empresa. Sempre fui reconhecido e valorizado por todos"*, conta, com a satisfação de quem viu os filhos do fundador da Globo crescerem; hoje, executivos, seriam, com certeza, orgulho do pai e do avô jornalistas. *"O que posso falar desse homem da comunicação sem cair no lugar-comum, sem dizer o que já foi dito? É complicado, sabe?"*, busca Cid pela memória. *"Já sei. Para dizer a verdade, o que mais me fascinava e algo com que eu mais me identifico e desejo também para mim é isso, trabalhar até o fim, como ele trabalhou."*

O futuro começa agora

O CONVÍVIO COM A FAMA

Nelson Rodrigues vira para mim, bem baixinho, e diz, com aquela maneira bem peculiar, só dele, que eu aproveitasse muito aquela popularidade, que tudo aquilo ia passar. "Aproveita bem, meu filho, que isso vai passar." Pode deixar que eu estou aproveitando e sei que isso vai passar.

Falando em fama, para quem se diz tímido, e muito, em seu próprio mundo, Cid é uma verdadeira contradição. O que sua vida causou de burburinhos e fofocas é possível verificar dando uma olhada na mídia das últimas décadas para entender. Pelo menos uma vez por semana, seu nome e fotos estavam nas principais revistas, como a *Fon-Fon, Ilusão, Cinelândia, Filmelândia, O Cruzeiro, Sétimo Céu, Fatos e Fotos, Manchete, Imprensa, Intervalo, Amiga, Caras, Quem* e *Contigo*.

Na *Revista do Rádio*, a coluna "Mexericos da Candinha" causava o maior furor entre as leitoras apaixonadas pelo seu ídolo. Claro que o texto mudou um pouco em relação às colunas de hoje, mas, basicamente, apresentava o mesmo perfil: falar sobre as particularidades de cada artista, seus vexames, suas conquistas, enfim, o que todos já sabem que é fórmula de sucesso. "*Eu me casei quatro vezes e todas as minhas separações e novos relacionamentos estiveram nas revistas. Tudo o que eu fazia era alvo de comentário. Quanto mais eu queria ser discreto, pior era*", relata.

Mas nem todos os comentários nas revistas e jornais eram ruins. Aliás, um comentário que merece passar por aqui foi publicado na coluna de Ronaldo Bôscoli, um craque jornalista e compositor, que também estava entre quem vê e é visto na mídia. Esse homem apaixonado pela bossa nova frequentou por um bom tempo a mesma sauna que nosso locutor. Ele escreveu em sua famosa coluna "Eles e Eu" comentários muito carinhosos a seu respeito. Bôscoli frisou a grande credibilidade da voz do *JN*, avaliou que Cid estava "*muito enxutão pela prática de hábitos saudáveis desde o esporte até a nutrição*". O texto, datado de agosto de 1980, incluía também a atenção do narrador com

Boa noite

os pais, que moravam em Taubaté. Em algumas linhas, o ex-marido de Elis Regina comentou sobre a simplicidade e a grande introversão que conheceu no profissional quando conviveram.

Afirmou ainda, para o leitor, que tímido Cid não era. Afinal, encarar aquele jornal feito para milhões não era para qualquer um. Sua segurança e poucos erros de locução o impressionavam muito. Para finalizar, Bôscoli disse que o apresentador do *JN* tem sua própria sintonia. Essas linhas, escritas por tão respeitável profissional, deixaram o locutor emocionado, e ele guarda como algo precioso o recorte de jornal com sua foto nessa coluna muito lida. Sua opinião tinha peso, já que o compositor transitava desde a alta sociedade até os cantores da noite carioca com maestria. Inclusive, a coluna "Eles e Eu", bem mais tarde, em 1994, transformou-se em livro, com uma coletânea feita por Luís Carlos Maciel e Ângela Chaves, pela Editora Nova Fronteira. Lá é possível ver um pouco a alma de Bôscoli e entender o orgulho de Cid em ter sido citado por ele. Afinal, no livro se vê a importância no movimento da bossa nova com tudo a que tem direito, desde o namoro de Bôscoli com Nara Leão até o desenrolar da grande parceria para a composição de músicas que se tornaram verdadeiros clássicos como "*O barquinho*" (em parceria com Roberto Menescal). Mas o forte do livro são as hilárias e comoventes histórias envolvendo nomes como Maysa, Tom Jobim, Elis Regina e Nelson Motta. Ainda, de quebra, um texto de Nelson Rodrigues ilustra uma das 265 páginas desse compêndio, que pode ser chamado de um delicioso prato para quem saboreia a bossa nova.

A propósito, Nelson Rodrigues foi outro grande nome quando se tratava das crônicas da comédia e dos dramas humanos. Esse respeitável jornalista esteve presente algumas vezes na vida de Cid Moreira, em festas e eventos ligados à profissão comum aos dois. O narrador se recorda nitidamente de uma dessas celebrações, quando já se tornara âncora do *JN*, no qual fazia grande sucesso e tinha tremenda popularidade entre as mulheres. *"Nós dois tomávamos uma dose de qualquer bebida juntos. Em certa altura, não se sabe por quê,*

O futuro começa agora

quase todas as mulheres da festa vieram me cumprimentar. Daí, o Nelson vira para mim, bem baixinho e diz, com aquela maneira bem peculiar, só dele, que eu aproveitasse muito aquela popularidade, que tudo aquilo ia passar. 'Aproveita bem, meu filho', frisou ele", Cid respondeu na mesma hora, com um tremendo sorriso: "Pode deixar que eu estou aproveitando e sei que isso vai passar".

Na coluna de Hildegard Angel, Cid também já teve seu nome citado algumas vezes, e existiu uma passagem muito engraçada. Uma fã ardorosa chamada Leila, aparentemente uma *socialite*, mandou uma cartinha para a colunista perguntando onde era possível encontrar Cid Moreira. Ela afirmava que frequentava lugares em que possivelmente poderia encontrá-lo, como restaurantes e *points* visitados pelos famosos. A leitora segredou, que fazia cinco anos que era vidrada nele, mas nunca tinha tido uma chance de vê-lo.

Em resumo, Hidelgard aconselhou que a fã procurasse outro para paquerar, pois o locutor do *JN* era comprometido e, além disso, a própria Angel, que na época escrevia sobre artistas há pelo menos oito anos, o havia encontrado somente uma vez, em um hotel em Salvador, onde tinha passado alguns dias de férias. Poucos dias depois, Angel publicou em sua coluna um bilhete da leitora *"Ely Silva"* que era quase um complemento da carta de Leila, dando todas as dicas para quem quisesse encontrar Cid Moreira: *"Achei muita graça na cartinha de Leila, desesperada por tentar encontrar o locutor. A graça está, minha querida, no fato de eu mesma ter passado pelo mesmo desespero, afinal... eita homem desgraçado de lindo!! Só que tive mais sorte que vocês duas, pois eu o vejo tantas vezes que já até me acostumei. Vi-o pela primeira vez na porta do edifício onde morava, na avenida Rui Barbosa, e nesse dia quase desmaiei no ônibus: ele estava simplesmente lindo, de roupinha para jogar tênis e, como se não bastasse, com uma fitinha amarrada à testa. Vi-o depois, em um Dodge Dart vinho, na avenida Graça Aranha. Como se não bastasse, ele era vizinho de minha prima, quando se mudou para uma cobertura em Botafogo. Aí é que pude curti-lo uma ou duas vezes no elevador. Por aí, minha querida, você e sua*

Boa noite

leitora Leila hão de convir que não é preciso frequentar lugares considerados colunáveis, ter amigos atores, escritores ou músicos. É o fator sorte, você não acha? E, como estou realmente com muita pena dela, vou dar uma dica. Ele joga tênis na AABB. Os dias, não sei. Mas é fácil, é só ligar para lá e perguntar. Peça a ela, no entanto, para deixá-lo jogar tranquilo. Admirá-lo de longe, porque, na verdade, é só o que ela poderá fazer e se dar por satisfeita". Hidelgard complementa, brincando. "Está aí, Leila, este é ou não é um serviço de utilidade pública?".

Cid Moreira não foi apenas comentado em colunas sociais ou de rádio e tevê. Foi questionado por quase todo tipo de assunto que se possa imaginar, além das centenas de vezes em que revelou seu estilo de vida. Quase todas as mudanças pelas quais o *JN* passou, ou sobre os gráficos de audiência, ou ainda sobre a posição política da emissora na qual trabalha, foram assuntos pelos quais foi questionado. "*Sei que represento, como os outros funcionários, a linha de trabalho da Globo, mas no contrato está bem claro o que devo e o que posso ou não fazer. Sou apenas um locutor, amo o que faço e faço tudo por amor, por prazer. A linha editorial não está em minhas mãos. O mesmo empenho às narrativas de cinema e aos comerciais era o que eu dedicava ao Jornal Nacional e ao Fantástico*", confessa. "*Pode parecer irônico, mas funciona mais ou menos como o Garrincha com os dribles, não importa se é um jogo internacional ou uma pelada, a vontade de fazer o melhor é a mesma, como um prazer lúdico de colocar em prática um dom, em que vibro, sinto prazer. E o melhor é que chamam isso de profissão e ainda ganho meu pão enquanto faço o que gosto". Isso não tem nada a ver com grau de cultura, conhecimento, intelectualidade, é muito mais profundo, inconsciente*", reflete. "*É interessante o fato de que aparecer todos os dias na vida das pessoas as faz quererem a minha opinião em tudo.*" Cid sorri ao lembrar-se da entrevista para o jornal *O Dia*, em setembro de 1993, no "Caderno Ciência e Saúde", em uma reportagem sobre menopausa do homem. "*Eu sou como todos os outros homens, tenho medo e desconhecimento dessa fase, no meu caso a quarta idade. Na época da reportagem, eu estava com 66 anos, na terceira idade. Hoje, com mais de 80, continuo com a mesma disposição daqueles tempos. Menos ansioso, mais realizado, sentindo o prazer mais prolongado. Ser vegetariano ou praticar exercícios físicos até hoje pode ser o motivo da minha disposição, mas isso é sabido por muita gente que também está nesse ritmo. Pelos interiores, pelos sertões, se veem muitos homens idosos com famílias numerosas e força física impressionante"*, acredita.

Quanto ao fato de pedirem sua opinião sobre tudo quanto é assunto, ele entende que é uma fantasia que as pessoas têm sobre seu elevado grau de conhecimento e intelectualidade. *"Mais comum que eu impossível. Muitas pessoas ligam o fato de estar interpretando uma notícia com essa questão. Mas não é verdade. Nem elaboro os textos, nunca fui editor. Aos redatores, sim, devo os textos. E a eles cabe o discernimento e a capacidade intelectual. A mim cabe apenas colocar em prática o que mais gosto de fazer, que é dar vida, humanidade e emoção às palavras".*

Boa noite

O ASSÉDIO DO PÚBLICO

Na hora de sair do estacionamento do trabalho, eu ficava atento para ir bem rapidinho, porque não tinha sossego. Muitos pensavam que era só mulher tentando me seduzir, mas não era verdade. Era gente pedindo todo tipo de coisa que se possa imaginar, desde estágio, dinheiro, materiais dos mais diferentes possíveis, viagens e tantas outras coisas que nem me lembro agora.

Apesar de conviver com o mundo do jornalismo, como podemos observar, e trabalhar a vida toda nessa área, *El Cid* não acha justo ser considerado um dos maiores jornalistas do País. Esse homem de televisão afirma, enfaticamente, que ganhou o título porque é de um tempo em que não havia universidade de jornalismo. *"Não escrevo, não faço reportagens. Sou, sim, locutor, narrador e apresentador, profissões que eu considero minhas especialidades. Sou diplomado técnico de comunicação social pelo MEC – Ministério da Educação e Cultura."*

Dá até para entender tanta popularidade e a confusão que os leigos fazem. Houve um período em que os telefones da redação não paravam de tocar antes, durante e no final do *JN*. *"O pessoal do trabalho não perdia tempo! Eu tinha que aguentar gracinhas na redação por causa daquilo. Na hora de sair do estacionamento do trabalho, eu ficava atento para ir bem rapidinho, porque não tinha sossego. Muitos pensavam que era só mulher tentando me seduzir, mas não era verdade. Era gente pedindo todo tipo de coisa que se possa imaginar, desde estágio de jornalismo, dinheiro, materiais dos mais diferentes possíveis, viagens, até outras coisas que nem me lembro agora. É difícil atender a todo mundo, e, mais que isso, não é minha área. A gente até se sensibiliza com alguns casos, mas nem tudo é possível resolver."* Durante um longo período, as cartas que ele recebia com pedidos, desde os mais estranhos até os razoáveis, eram encaminhadas ao departamento social da Globo.

Nos áureos tempos, nosso personagem chegou a ser considerado pela revista *Contigo*, na década de 1970, um galã entre os 10 mais

O futuro começa agora

votados pelas leitoras no Brasil. "*Acho tudo isso engraçado. Eu ficava protegido pela bancada do jornal e pelos estúdios de rádio e publicidade, e me sentia muito sem graça, sem jeito mesmo, como fico até hoje, quando as pessoas vêm me cumprimentar. Na verdade, existem muitos bons locutores e narradores. Vozes mais bonitas e mais graves que a minha. Eu mesmo gosto de muitos e os considero ótimos. Como fiquei muito tempo em evidência na tela, criou-se essa fantasia em torno do meu nome*", diz, tentando justificar por quê as pessoas guardaram a sua imagem com tanta força na memória. Não podemos esquecer que ele esteve no *Jornal Nacional* durante três décadas e em um período em que as famílias não tinham muitas opções na televisão. Eram poucos canais. TV a cabo, nem pensar! Tudo isso colaborou e muito para o assédio do público.

Cid até hoje é premiado como jornalista por várias instituições. Ocorre que ele vem de um tempo em que os profissionais obtinham o registro de jornalista pela prática do trabalho. Há vários jornalistas com mais de 30 anos de profissão que não têm formação acadêmica, mas possuem o título. Com ele, não é diferente, embora sempre tenha atuado como locutor, narrador e apresentador. Por isso, quando recebe homenagens pela categoria de jornalismo, há quem o critique, mas ele já recebeu três troféus Imprensa.

Foi convidado por Armando Nogueira a participar da produção do *Jornal Nacional*, a permanecer na emissora 10 horas por dia e a se envolver como editor desde a criação da pauta, pesquisa, edição final até a apresentação do jornal na bancada, como fazem hoje os jornalistas, Fátima Bernardes e William Bonner. "*Naquela época eu não tinha contrato de exclusividade com a Globo e passava o dia todo gravando comerciais e documentários que me rendiam muito mais do que se assumisse a função de editor. Então, não aceitei a proposta e continuei somente como apresentador. Mas, a cada contrato que eu renovava com a empresa, eram restringidas minhas atuações fora e, é claro, meu salário aumentava também, compatível com isso. Até que não foi mais permitido gravar comerciais, pois consideravam que não combinava com o exercício da profissão.*"

Boa noite

Isso se tornou extensivo a todos os jornalistas da emissora. A mudança aconteceu nas últimas décadas. *"Sempre dei muita sorte. Trabalharam comigo ótimos profissionais da redação, com textos incríveis, que valorizaram a minha voz. Então, minha função ficava mais fácil. Ter dado vida e interpretação aos textos maravilhosos de Armando Nogueira, Alice-Maria, Frederico Neves, Bruno Bernardes, Rogério Marques, Ronan, Luiz Nascimento ou Luís Petry, entre dezenas de outros craques das letras, me deixa lisonjeado".*

Ele aproveita e esclarece o quanto é agradecido aos grandes profissionais com os quais trabalhou. O pessoal da redação, da reportagem, os editores, fotógrafos, cinegrafistas, redatores, enfim, essa gama de pessoas que colocam um programa no ar, seja na tevê ou no rádio, seja o pessoal das revistas ou de jornais. *"Eles sim merecem aplausos! Afinal, eu estou trabalhando com o resultado do suor deles. Eu apresento um material que vem da dedicação de muita gente. Quantas noites sem dormir de plantão? Quantos trabalham sem as mínimas condições? Quantas festas de fim de ano e feriados prolongados muitos colegas perdem, à espera de algum fato importante? Essa gente merece o reconhecimento de todos nós. Eles sim são grandes jornalistas!"* Para o locutor, esses devem ser reconhecidos pelos seus pares e pela empresa em que trabalham. *"Quantos precisam ter vários empregos para sobreviver?"* Escrever bem é um dom para poucos. É como ser cantor. Muita gente pode cantar, mas não é para todos a afinação, interpretação e sensibilidade.

"Vocês não têm ideia de como é gostoso narrar um bom texto. Um texto bem escrito. Cheio de emoções, de humanidade. As poesias, então, me deleito. Amo J.G. de Araújo Jorge. Não existe mais 'pessoa' que Fernando Pessoa. Machado de Assis, Graciliano Ramos, Érico Veríssimo, Carlos Heitor Cony, Otto Lara Resende e Millôr Fernandes são pratos saborosos que vou degustando frase por frase. Dos mais novos, sou apaixonado por Luis Fernando Verissimo. Leio suas crônicas e vou alternando entre as gargalhadas e as reflexões. Ele é um mestre. Jabor também é imperdível. Meu Deus, devo estar esquecendo outros nomes! Gravo todos eles e fico curtindo depois. Epa! Lembrei-me de Cecília

O futuro começa agora

Meirelles, Rubem Braga, Carlos Drummond de Andrade, Dinah Silveira de Queiroz, Paulo Mendes Campos, Manuel Bandeira, Fernando Sabino e Raquel de Queiroz. Tive a chance de interpretar as crônicas de todo esse time de primeira grandeza quando trabalhei na Rádio MEC. Atualmente, dependendo do meu estado de espírito e do meu tempo disponível, fico brincando com as letras dessa gente que tem o domínio do universo tão particular do léxico", comenta. *"De manhã, juntamente com minhas orações, gosto de ler as mensagens de Alejandro Bullón. Ele, como poucos, sabe pôr nas linhas de um livro o dia a dia das pessoas comuns e seus sofrimentos, expectativas, enfim, são bons os seus livros de meditações diárias que me ajudam a traçar o dia."*

Boa noite

VIROU NOTÍCIA

A idade é algo muito, mas muito relativo. O vigor físico também é algo muito particular que independe da idade. Existem pessoas de todas as idades muito frágeis fisicamente e também o contrário acontece. Existem homens na terceira idade, trabalhadores, pais de dúzias de filhos por este país afora, em plena atividade, cuidando de suas famílias.

Como ocorre aos homens bonitos e galãs de novela atualmente, Cid Moreira, no auge da fama, também já teve seus dias em que qualquer coisa que fizesse virava notícia. Ou seja, também havia – e muito – o assédio da imprensa. Ele ficou entre os mais bemvestidos da televisão, eleito pelo *Correio do Planalto* em 1972. No jornal baiano *A Tarde*, em um certo dezembro, virou manchete quando, por conta de suas férias, foi conhecer os pontos turísticos de Salvador. Não por sua admiração pela cidade soteropolitana, mas sim porque isso sugeria seu afastamento da telinha. Era só descanso, não tinha nada a ver com aposentadoria, até porque parar não estava em seus planos. Mas não tinha jeito: todas as vezes que tirava férias surgiam boatos na imprensa de que iria sair do *Jornal Nacional*. Em dezembro de 1986, por exemplo, não foi diferente. O caderno "Ilustrada" da *Folha de S. Paulo* trazia uma reportagem que abordava seus hábitos, um pouco de sua carreira e os cuidados com a aparência. *"Cid Moreira de férias da tela da Globo diz que só se aposenta quando a emissora afastá-lo"*, anunciava o texto.

Como é possível perceber, realmente a imprensa queria a opinião de nosso personagem em diversos assuntos. Ou, ainda, tudo o que se referisse a ele virava notícia. Em uma edição da revista *Amiga* de julho de 1981, uma manchete chamou a atenção: "Cid não anuncia motéis". *"Eu me divirto com o fato de a imprensa perder tempo com uma matéria desse tipo, com tantos assuntos importantes para serem abordados. É claro que, quando eu fazia as gravações, de uma infinidade de produtos, eu tinha um critério para decidir se aceitava ou não o*

O futuro começa agora

trabalho. Afinal, minha credibilidade estava em jogo. Houve um tempo em que eu era muito solicitado. A cada 10 comerciais anunciados na televisão, entre a transmissão do jornal, oito tinham a minha voz. Sempre evitei comerciais que pudessem parecer ou que davam a ideia de serem notas jornalísticas, confundindo o telespectador. A responsabilidade era grande. Imaginem, 43 pontos no ibope equivalem a 31 milhões de espectadores, no mínimo, prestando atenção ao que o narrador fala. Certa vez, há mais de 30 anos, gravei um anúncio da antiga Casas da Banha e os profissionais adaptaram minha voz na boca do desenho de um porquinho. Nessa época fiquei muito indignado e discuti com a produtora que me contratou. Eles fizeram o anúncio sem me falar para onde ia a locução que eu havia feito. Nunca mais trabalhei para eles. Tive que aguentar por um tempão brincadeiras de mau gosto dos colegas. Hoje acho graça, mas na época não foi nada engraçado". Ele admite que a situação foi divertida para os amigos, não para ele, que poderia ficar estigmatizado por isso. Hoje é tudo história. Quanto à manchete de que Cid não anunciava motéis, o texto, entre outros detalhes, destacava que o "locutor ainda fica posando de galã, aos 53 anos". Cid considera que um homem de 53 anos é bem novo e cheio de vitalidade. *"O suficiente para ser bonito e atraente, por que não?"*, questiona. Afinal, hoje, com mais de 80 anos, o grisalho se sente feliz, atuante, vivendo e realizando como em todos os tempos, sem restrição alguma. *"A idade é algo muito, mas muito relativo. O vigor físico também é algo muito particular que independe da idade. Existem pessoas de todas as idades muito frágeis fisicamente e também o contrário acontece. Existem homens na terceira idade, trabalhadores, pais de dúzias de filhos por este país afora, em plena atividade, cuidando de suas famílias"*, argumenta. *"É estranho ter que justificar por que sou saudável e produtivo. Em nosso país, os velhos se envergonham de sua idade, como se fosse errado ser saudável e conseguir viver bem nessa fase da vida. Eu quero realizar e sonhar até o último dia de minha vida."*

Boa noite

Pesquisa sobre jornalistas

O mais estranho é que fiquei entre os primeiros colocados na pesquisa como jornalista e como apresentador. E, na verdade, nunca fiz reportagem na minha vida.

Se fosse possível contabilizar quantos *"boa noite"* esse ininterrupto locutor do *Jornal Nacional* deu aos brasileiros durante sua longa jornada de trabalho, esse número passaria da casa dos dez mil. Essa frase, que se repetiria ao longo de sua carreira, acabou se tornando uma de suas referências. Com certeza esse é um dos motivos pelos quais, nas pesquisas de opinião, ele sempre aparece entre os jornalistas mais respeitados. A *Revista Imprensa*, por exemplo, em 1991, publicou uma matéria, a primeira de uma série, sobre a "imagem dos jornalistas". E não é que o resultado da pesquisa, utilizada como base para o texto, desenvolvida pelo Instituto Vox Populi, apontou *"aquele senhor de cabelos brancos que nos dá* boa noite *todos os dias, no* Jornal Nacional *da Rede Globo"*, como o jornalista mais admirado pelos brasileiros? A pesquisa foi publicada como parte das comemorações do Dia do Jornalista, no mês de abril.

Mesmo sendo considerado o jornalista mais admirado do País, o redator da matéria da *Revista Imprensa* fez questão de frisar que Cid não era propriamente um jornalista, embora tivesse a carteira profissional desde 1950, com registro no Ministério do Trabalho. *"Já disse isso várias vezes e não me importo de repetir. Sou locutor e narrador. E faço o melhor que posso. Se isso fere a sensibilidade de alguns profissionais do jornalismo, infelizmente não posso fazer nada. O que não posso é impedir que um grande número de pessoas de pensar que sou jornalista, como de fato sou, a considerar pelo meu registro, se é que elas se importam com o título, se sou acadêmico ou não. Nem tenho como explicar para todo mundo, o tempo todo, que uma equipe formada por editores, redatores e repórteres é que trabalhava e eu apresentava somente o resultado final daquele trabalho".*

O futuro começa agora

A pesquisa Vox Populi apresentava dados interessantes, para que se pudesse entender como o público pensava e como era grande o poder e a influência da televisão na vida das pessoas, fato que prevalece até hoje. Os resultados indicavam que, para 46,4% dos entrevistados, a televisão era o lugar onde trabalhavam os melhores jornalistas do Brasil. Os jornais apareciam em segundo lugar, com 29,2%. Outros dados mostravam que eram 22 os jornalistas mais admirados na tevê, e entre eles estava Cid Moreira. *"Estar entre os primeiros não me envaidece"*, diz Cid. Afinal, grande parte do público não sabe distinguir jornalistas de locutores.

A reportagem tratava da grande força da televisão e trazia nomes importantes como Boris Casoy, âncora de telejornal que fazia outro estilo, entre a liderança. *"O mais estranho é que fiquei entre os primeiros colocados na pesquisa como jornalista e como apresentador. E, na verdade, nunca fiz reportagem na minha vida."* Na época da pesquisa, com 63 anos, Cid argumentou que não era melhor do que ninguém, que acreditava estar no lugar certo na hora certa, e que esse lugar poderia ser de centenas de outros profissionais tão qualificados ou melhores do que ele.

O fato de aparecer tanto, gravar muito e trabalhar feito um *doido* acabou fazendo com que as pessoas gostassem de sua voz e imagem. A televisão de alta qualidade técnica e o grande esforço pela audiência foram os maiores responsáveis.

Na mesma matéria da *Revista Imprensa*, o jornalista publicou que tanto Cid quanto Sérgio Chapelin não gostavam muito dessa história de âncoras. *"No meu caso isso não era verdade. Trabalhei no* Jornal de Vanguarda, *um jornal opinativo, comentado por não sei quantos âncoras e que foi um sucesso estrondoso. Acho, sim, que cada um devia ficar na sua praia. Eu não era âncora, era locutor e narrador. Nunca fiz apologia em cima do fato de ser jornalista reconhecido pelo Ministério do Trabalho e não acadêmico. Venho de um tempo muito anterior à faculdade de jornalismo. Não tenho culpa disso"*, explica. *"Na minha opinião, faculdade não faz ninguém. O que a instituição faz de melhor é organizar grupos *de pessoas que acreditam ter um dom ou talento para essa finalidade. Agrega e estimula o conhecimento em assuntos imprescindíveis a um bom jornalista. Mas o desempenho e a profundidade com que cada um vai estudar e depois exercer a profissão é pessoal e intransferível."*

Ele entende que o sindicato tem um valor incrível na procura de meios para estabelecer as regras que valorizam e protegem o profissional no mercado. *"O que faz um bom jornalista é o dom para a profissão, o interesse e a pesquisa, um bom português e clareza de ideias e facilidade de expressão, além de vontade de contribuir de alguma forma para a redução da desigualdade social e a cidadania".*

Ainda sobre a pesquisa Vox Populi, foram abordados, na ocasião, 13 itens com as mais diferentes perguntas, como: *"Dentre os repórteres de rua que você conhece, independentemente da emissora, de qual você mais gosta?".* A maior porcentagem, 15,8%, votou em Glória Maria. Para Cid foi justíssimo o resultado. Ele, que acompanha o trabalho da jornalista e a conhece há quarenta e poucos anos, achou merecido o reconhecimento. Mas, em contrapartida, diverte-se pelo fato de estar entre os nomes apontados com 0,8% dos votos. *"Veja como as pessoas são. Como puderam me colocar entre os repórteres se nunca fui um? Esse é o poder da engrenagem da televisão. O pior ainda foi quando votaram em meu nome entre os jornalistas em noticiário internacional. Achei bem pertinente o comentário sobre a escolha absurda do meu nome neste caso. Muita gente confunde o noticiarista, que faz as chamadas internacionais, com o jornalista ou o pessoal da redação que suou a camisa para trazer o texto e as imagens ao público."*

O futuro começa agora

1 – Cid com Archimedes Rizzoli e Alfredo Fernandes, 1947, na ZYA 8 nos primeiros passos da profissão; 2 – Gravando comerciais em São Paulo, 1950

Boa noite

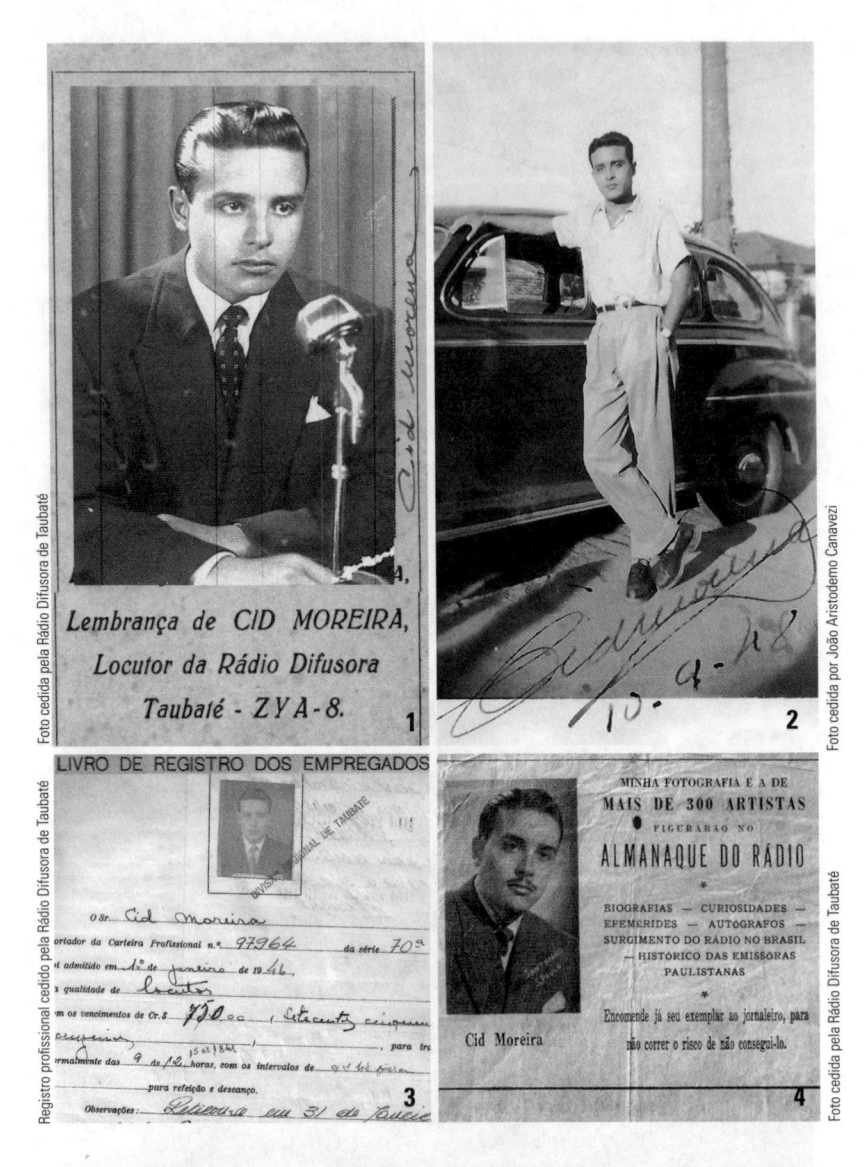

1 e 2 – Como de costume na época, Cid Moreira também distribuía fotos autografadas aos fãs; 2 – Cid faz pose para o clique do amigo Canavezi, sonhando um dia ter um carro como aquele; 3 – Livro de registro dos empregados da Rádio Difusora de Taubaté, ZYA 8, em 1948; 4 – Milhares de fãs colecionavam as fotos de seus artistas prediletos através de almanaques como esse

O futuro começa agora

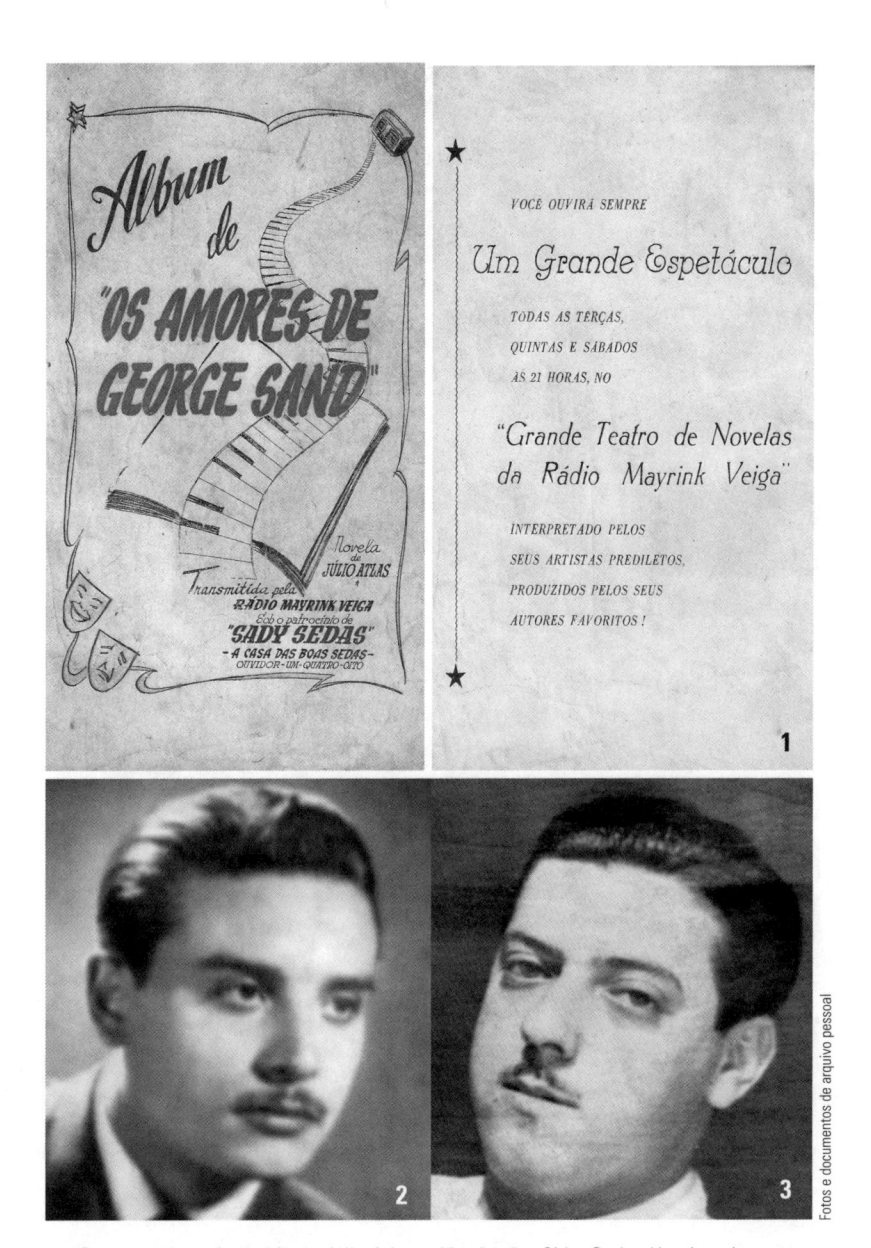

1 — Capa do álbum da novela de Júlio Atlas, 1954; 2 e 3 — Cid e Carlos Henrique juntos na rádionovela pela primeira vez

Boa noite

1 – Cid sempre visitava a irmã e a mãe, mesmo morando em São Paulo; 2 – Tênis com o irmão em Petropólis, 1953; 3 – A prática do judô por um curto período

O futuro começa agora

1 – Raimundo espera o resultado da "bolinha na parede"; 2 – Antes, Cid, Edízio e Souza disputam quem dará as regras; 3 – Cid se prepara antes de iniciar a partida; 4 – Mais tarde, depois do jogo, Sérgio e Raimundo aguardam o "banquete"

Boa noite

IMPRENSA
Ano IV Nº 43   JORNALISMO E COMUNICAÇÃO   Cr$ 540,00

Pesquisa nacional IMPRENSA-VOX POPULI, entre outros dados surpreendentes, revela o jornalista mais admirado do Brasil: Cid Moreira.

O namoradinho do Brasil

ONIO ATHAYDE
LITO MAIA
LOS LEONAM
IS CASOY
LOS BRICKMAN
AS MENDES
ACIR JAPIASSU

Foto: Sérgio Moraes, capa cedida pela revista Imprensa

O futuro começa agora

Do primeiro registro, em 1944, somam-se mais de 65 anos de profissão

Caricatura cedida por Chico Caruso

Capítulo 3

Jornal Nacional

Como tudo aconteceu 126
O comando do *JN* 129
Os festivais de ouro 134
Os problemas do *JN* 137
A dor da gente sai no jornal 140
Os riscos de estar na tela 144
Velhos e novos tempos do *JN* 146
A experiência na telona 150
A chegada da tevê em cores 152
Agora, é *Fantástico!* 155
Mister M, o mágico mascarado 157
A perda do *JN* 159
A repercussão do último dia 163

Boa noite

COMO TUDO ACONTECEU

Na minha cabeça, eu ficava maravilhado em saber que famílias de diferentes estados estariam recebendo notícias ao mesmo instante que seus compatriotas. E cada um conhecendo a cultura do outro. Como era uma experiência muito nova, a gente torcia para que desse tudo certo.

Depois desse passeio pelos textos preferidos de Cid, nós o encontramos no ano de 1969, onde começava a engrenar na emissora de televisão para apresentar o jornal em rede nacional, mudando seu endereço de trabalho. E o que não falta na vida de Cid são mudanças. Mudanças que vão dando um rumo novo a sua vida. Neste caso, mal sabia ele que estava a um passo de se tornar um dos locutores mais conhecidos do País. Junto com Valter Clark, Armando Nogueira, José Bonifácio Sobrinho e dezenas de outros profissionais, iniciou uma nova etapa participando da criação de uma televisão de alta qualidade técnica. E assim, em pouco tempo, estava trabalhando no *Jornal da Globo*, que ia diariamente ao ar às 19h45, entre duas novelas. Foi nesse horário exato, quatro meses depois, que aconteceu o lançamento do *Jornal Nacional*, o primeiro jornal do País a ser transmitido em rede nacional. Ele estreou no dia 1º de setembro de 1969.

"*Na bancada estávamos eu e o Hilton Gomes, grande companheiro. Eu não podia imaginar a dimensão e o significado de estar em rede nacional. Na minha cabeça, eu ficava maravilhado em saber que famílias de diferentes estados estariam recebendo notícias ao mesmo instante que seus compatriotas. E cada um conhecendo a cultura do outro. Como era uma experiência muito nova, a gente torcia para que desse tudo certo.*"

O jornal foi lançado com propósito de competir com o *Repórter Esso*, na versão em vídeo, da extinta Tupi. Aquele telejornal fazia tanto sucesso que era sinônimo de notícia. "Tanto é que as pessoas chamavam todos os repórteres dessa maneira. As pessoas me aponta-

vam na rua e diziam: 'Olha lá o repórter Esso', mesmo trabalhando no JN! Mas isso não me aborrecia, afinal era sinal de que a população estava assistindo, apesar de ainda confundirem com o outro, que, é claro, era mais tradicional", conta, orgulhoso.

Depois de dois anos, o *JN* tornou-se campeão de audiência, transformando-se no maior destaque da programação jornalística da tevê brasileira. Na opinião do locutor, isso ocorreu devido a uma quebra de tradição do *Repórter Esso*, que sempre foi às 20h. A mudança do horário para às 19h45 e a colocação de uma novela às 20h confundiu a cabeça do povo. As pessoas confiavam tanto no horário do jornal que acertavam seus relógios quando ele começava. Essa alteração custou muito caro para a Tupi, que perdeu audiência e credibilidade.

Esse fato faz parte da história da comunicação no Brasil e da vida de Cid. *"Isso tudo é muito bom de lembrar"*, reflete, procurando na memória o primeiro dia na bancada do *JN*, quando estava com seus quarenta e poucos anos. Ele se lembra, por exemplo, da grande emoção que sentiu na estreia do programa. Após mostrar o gol de número 979 de Pelé, que garantia a classificação do Brasil para a Copa de 70, no México, ele se despediu do telespectador anunciando para breve a integração do circuito de Brasília e Belo Horizonte ao *JN*. *"É o Brasil ao vivo aí, na sua casa"*, narrou. *"Quando o jornal saiu do ar, dei um suspiro de alívio. Foi tudo muito bem, o estresse de todos baixou e comemoramos essa nova fase."*

Quem teve a oportunidade de ver de perto uma redação sabe muito bem o quanto é dinâmico esse espaço. O tempo parece que nunca é suficiente para atender a toda a demanda dos jornalistas. Isso é fato e é assim até hoje. Há todo um planejamento, desde as reuniões de pauta até o fechamento final da grade do jornal, é tudo cronometrado. *"Até hoje tenho mania dos segundos e sonho com os horários de entrada das matérias, dos comerciais, a volta depois das imagens, para a bancada. Tudo isso tem que ter precisão de segundos.*

Boa noite

Pode acontecer, como já passei por isso, de anunciar um tema e entrar outra matéria completamente diferente. Ou eu estar narrando um fato e o vídeo não condizer em nada com o texto. É de enlouquecer, mas faz parte também. Uma mínima porcentagem disso é aceitável, afinal, somos humanos. Passei por poucas e boas. O jeito foi o pessoal da redação criar o famoso 'desculpe a nossa falha' ".

Jornal Nacional

O COMANDO DO *JN*

Um dia o Armando me falou: "Você não tem noção da força e da influência que tem pelo seu trabalho". E sabe que ele tinha razão? Naquela época, como até hoje, o que desejo do meu trabalho é fazer o melhor, com alma.

Não é difícil entender por que o *JN* enraizou em suas veias. Não dá para esquecer fácil um hábito que se formou ao longo de 27 anos. Quase o mesmo trajeto, justamente na hora do *rush*. Até hoje ele sonha que está chegando atrasado ao *JN*. "*Eu sonho com o dia em que eu cheguei tão em cima da hora, porque ocorreu uma enxurrada, árvores derrubadas pelas ruas, que a minha chefe, Alice-Maria, já estava preparando o Léo Batista para fazer a apresentação no meu lugar. Consegui chegar faltando minutos. Fui chegando e trocando o paletó, alguém me entregando a gravata e eu a colocando desesperadamente, enquanto me dirigia para a bancada. Sentei e apertei o nó em questão de segundos, mal suspirei e o jornal entrou no ar. Deu tudo certo, mas eu sonho de vez em quando com isso.*" Se os sufocos aparecem em forma de sonho, de vez em quando, ou voltam à lembrança nas centenas de entrevistas que concede para todo o Brasil onde quer que esteja, as boas recordações dos amigos de equipe são como um brinde dessa sua carreira brilhante. Entre as figuras que o locutor coloca no pódio está o acreano apaixonado pela bola rolando no campo Armando Nogueira. Ele foi diretor da Central Globo de Jornalismo e editor do *JN* quando o jornal começou, e os dois caminharam por uma longa estrada juntos. "*Essa figura ímpar no meio jornalístico brasileiro, poeta dos gramados, é bom de vinho e de mesa. Fui um dos privilegiados em partilhar com ele aquelas conversas culturais, entre sorrisos, em bons bistrôs que ele coleciona. Não é para muitos a alegria de conviver com uma pessoa como ele.*"

Desportista nato, sempre gostou dos ares, literalmente. Armando Nogueira tem como *hobby* a prática de voos de asa-delta. Forte e elegante, de um humor bem particular, conheceu o âncora do *Jor-*

Boa noite

nal Nacional quando ainda trabalhava na produtora independente de Fernando Barbosa Lima, como produtor e redator. *"Ele e seu estilo modernizaram a linguagem do telejornal. Meu amigo hoje é um multimídia, um homem antenado com o seu tempo."* Mas isso não impediu que eles tivessem dias difíceis na época em que trabalharam juntos. *"Eu me lembro de um dia em que ele dava bronca em todo mundo. Dizia que estava cansado de colocar ordem naquela confusão de gente fazendo e pedindo coisas. Para não se desgastar nessa função, elegeu a Alice-Maria Tavares Reiniger para fazer isso em seu lugar. Era muito engraçado no começo, pois ela ficava toda vermelha e tímida para cumprir as ordens. Aos poucos, foi ganhando segurança e hoje é uma das pessoas mais respeitadas em todos os departamentos jornalísticos da Globo. Passou pela prova de fogo e é uma da grandes amigas do Armando e minha também."*

Cid faz questão de dizer que o grande profissional Armando Nogueira capitaneava o "Boeing" chamado *Jornal Nacional*, mas o sucesso daquele trabalhoso desafio tem muito a ver com a jornalista Alice-Maria. *"Quieta, de falar pouco e ouvir muito. É simples e clara. Tão despida de vaidade e afetações, muito comuns nas pessoas que detêm o poder de comando. Seu bom caráter fica bem demonstrado pelos seus traços na face sempre sem maquiagem alguma, como é bem de seu jeito"*, elogia o amigo de tantos anos. *"Não deve ter sido fácil enfrentar tudo aquilo, mas ela é uma vencedora."* Não só porque foi a primeira mulher no País a ocupar o cargo de diretora executiva de uma central de jornalismo, mas seu aprendizado, que começou em um estágio na emissora em 1966, foi o primeiro passo de uma carreira promissora na TV Globo. Por 23 anos passou por diversas fases, inclusive da criação do *Jornal Nacional*. O *Jornal Hoje*, o *Jornal da Globo*, o *Fantástico*, o *Globo Repórter*, o *Globo Rural* e o *Bom Dia Brasil*, todos tiveram uma pitada importante de tempero da Alice "Discreta" Maria. em uma fase independente, criou a No Ar Comunicação, uma produtora de vídeo voltada para a produção de documentários, programas de entretenimento e educativos.

Jornal Nacional

Voltando em 1996 para a casa onde cresceu, Alice implantou a Globo News, outra nave de peso: o primeiro canal por assinatura brasileiro de notícias 24 horas no ar, do qual é diretora geral. *"Como ainda é pouco, ela gasta seu tempo restante supervisionando aquele programa que é preciso acordar muito cedo aos domingos para assistir:* Pequenas empresas, grandes negócios", brinca Cid, que tira o chapéu para a capacidade, disposição e humildade de Alice, *"que não vive no país das maravilhas, mas contribui para torná-lo um lugar mais digno de se viver."* Ela, juntamente com Guaracy Vieira, o Guará, Orlando Moreira, Ademar Lopes, João Melo, Lúcia Scoralick, Célio Braga, Alfredo Marsillac, Amaury Monteiro e Audery Alencar, formava o time de primeira qualidade que transformou o jornalismo de televisão no Brasil. Essa equipe virou exemplo para os que vieram depois. *"Chega a me dar arrepios pelo corpo de tanta emoção ao falar desse pessoal. Eles não mediam esforços. Fossem movidos pela paixão, pela arte, pela técnica, eles davam um verdadeiro show de profissionalismo, misturado com entusiasmo, enfrentando as enormes dificuldades do novo e, principalmente, superando muitos obstáculos com estresse enorme (era quase uma bomba atômica prestes a explodir quase todos os dias, mas a precisão e o improviso, ao mesmo tempo, eram sensacionais). O pessoal que começou as reportagens internacionais, como a Sandra Passarinho e o Orlando Moreira, por exemplo, merecem toda minha homenagem e admiração."*

Essa fábrica de notícias que Armando e Alice organizavam era comandada por José Bonifácio Sobrinho, o famoso Boni. *"Era ele quem fazia o meio de campo funcionar para saírem os gols"*, brinca Cid, que se lembra das filas intermináveis de pessoas querendo marcar uma hora para conversar com o *Big Boss*. *"Na sala de Boni sempre chovia e tinha tempestade"*, brinca Cid referindo-se ao estilo do amigo. *"Não tenho do que reclamar, ele é um cara que não mede esforços para ajudar uma pessoa em situação difícil. Sabia dar broncas, mas também era muito humano e capaz naquilo que fazia. Imagine sua responsabilidade e estresse no meio de tudo aquilo em movimento".* Com Armando era a mesma coisa. *"Sempre fui atendido, desde que não pedisse para fazer comerciais em televisão. Ele me dizia para não insistir, que já era coisa decidida pela direção e não tinha como mudar. Olha que eu recebia ofertas com valores altíssimos, mas precisava recusar, e, para ser sincero, com dor de ver aquele cachê escorrendo pelas minhas mãos feito água",* fala, dando muitas gargalhadas. Nogueira também não gostou nada do clipe feito para o poema *Desiderata* e exibido no *Fantástico* na ausência dele, que descansava de férias. *"Ele ficou meses sem falar comigo, chateado mesmo",* conta Cid, achando tudo muito engraçado. Na época, Cid recebeu total apoio de Boni para a gravação, inclusive autorizando uma equipe que foi a região conhecida como Dedo de Deus para a filmagem. *"Armando argumentava que isso não ficava bem para o principal locutor do* JN. *Já Maurício Shermann, na época diretor do* Fantástico, *deu a maior força para esse meu trabalho que estava nascendo. Toda vez que a gente se encontra, acaba falando sobre isso... Realmente, sou muito grato a ele e ao Boni. Se hoje desenvolvo as mais diferentes interpretações admito que eles tiveram grande responsabilidade sobre isso. Cheguei a fazer participação no programa* Domingão do Faustão, *a convite do Sherman, o que me fez muito feliz."* E olha que de interpretação Maurício é professor da matéria. Ele esteve envolvido na criação e no comando dos principais programas da televisão brasileira se saindo muito bem em áreas completamente diferentes. *"Quem não se lembra do imbatível* Faça humor não faça a Guerra, Chico Anysio Show, Domingão do Faustão, Os trapalhões *até chegar no* Zorra Total?", enumera o locutor.

Brincadeiras à parte, sempre foi recebido pelo Boni e pelo Armando quando precisava reclamar de alguma coisa importante. *"Um dia o Armando me falou: 'Você não tem noção da força e da influência que tem pelo seu trabalho'. E sabe que ele tinha razão? Naquela época, como até hoje, o que desejo do meu trabalho é fazer o melhor, com alma, passar emoção, a entonação perfeita, o tempo exato que o conteúdo pede. É como se eu me transportasse para outra dimensão, entrasse em transe."*

Jornal Nacional

Com o ouvido apuradíssimo, ele sofre com as discografias disponíveis por aí. *"Não sei como as pessoas suportam tanta coisa ruim nas rádios e programas de música. São tantos arranjos pobres e uma repetição de refrões melosos de gente desafinada que eu sofro pelos músicos que os acompanham".* Para não ser indelicado com ninguém, prefere não citar os nomes de gente ruim e famosa. Mas, para não ser injusto, faz questão de elogiar Djavan, Tim Maia, Milton Nascimento e Emílio Santiago. Entre as cantoras que mais aprecia atualmente estão Rosa Maria, Gal Costa e Maria Bethânia. Claro que admira cantores mais antigos, como Cauby Peixoto e mulheres de lindas vozes, como Elza Soares, Elizeth Cardozo, Maysa e Elis Regina. *"Normalmente bons cantores são acompanhados de bons músicos, e as criações deles são riquíssimas em arranjos, as nuanças das vozes são afinadíssimas, próprio de quem domina essa arte"*, elogia Cid, que é também amante do *jazz*, *blues* e das batidas ritmadas.

Boa noite

OS FESTIVAIS DE OURO

Os festivais de música eram um bálsamo e uma explosão contra a letargia que queria apoderar-se da criatividade e afastar o "cálice de vinho de sangue"... Foi assim, a duras penas, que o cenário da música brasileira descobriu o melhor dessa época em termos de criação de letra e música.

Entre um ritmo e outro, é preciso pegar novamente o compasso do livro e não desafinar nos traços. Então, voltemos à movimentada redação do *Jornal Nacional* para encontrar nosso personagem arrumando a gravata mais uma vez. E não importava a cor dessa gravata, já que as imagens eram em preto e branco. Mas uma coisa era certa: os vestidos de seda, os chapéus e os véus encobrindo o rosto tinham ficado há muito para trás, lá no início de sua carreira. Nessas duas últimas décadas houve uma revolução nos trajes, na cultura e, principalmente, na cabeça dos jovens.

Estamos nos anos sessenta, e a história ficou completamente de cabeça para baixo. Os Beatles simbolizaram bem esse tempo com seu tesouro artístico e cultural. Nossa juventude, não poderia ser diferente, aderiu ao *"yeah, yeah, yeah"* e a suas roupas pouco comuns para a época. Roberto Carlos, Vanderléa, Wanderlei Cardoso, Vanusa e o Tremendão, Erasmo Carlos, faziam o estilo "iê-iê-iê" e conquistaram a juventude brasileira com suas músicas românticas e o seu jeito *"negro gato de arrepiar"*. Com roupas de couro e óculos escuros, essa trupe estava começando a vender seus vinis de 78 rotações e a explodir os corações das meninas em todo o País.

Na telinha, além do jornal, faziam grande sucesso os festivais da canção, principalmente na Record. *"Quem não se recorda de Geraldo Vandré? Em pleno sofrimento causado pela ditadura militar, os festivais de música eram um bálsamo e uma explosão contra a letargia que queria apoderar-se da criatividade e afastar o 'cálice de vinho de sangue'... Foi assim, a duras penas, que o cenário da música brasileira descobriu o melhor dessa época em termos de criação de letra e música. "A banda",*

Jornal Nacional

de Chico Buarque e Nara Leão, dividiu o prêmio com "Disparada", de Jair Rodrigues. Todos eles, desde Edu Lobo, a 'Tropicália' de Caetano Veloso e Gilberto Gil, passando pela World Music de Milton Nascimento e a completa novidade de Tom Zé, foram os grandes nomes que chegaram para ficar."

Então, com o surgimento das emissoras de São Paulo e do Rio de Janeiro, aos poucos foram tomando a audiência das rádios e, com a grande vantagem da imagem, acabando de vez com a Era de Ouro das ondas médias e curtas.

A Tupi tinha seu *Festival Cinzano da Canção Brasileira*, a Record, o *Festa da Música Popular Brasileira*, a Excelsior, a *Cancioníssima-63* e *Noites da Bossa Paulista*; a TV Rio tinha *A Mais Bela Canção de Amor, Um Cantor por um Milhão*, apresentado por Flávio Cavalcanti, com seu estilo bem peculiar, tirando e colocando os óculos repetidas vezes.

Parece que esquecemos o caminho do biografado, mas não é bem assim. Vamos voltar já para a vida dele. Mas ele também concorda que é difícil falar pouco dos festivais, pois eles se tornaram símbolo de um período importante de nossa história. *"Como poderíamos não falar da Pimentinha?"*, questiona o locutor, lembrando que Elis ganhou um prêmio com a música "Arrastão", de Edu Lobo. Elis Regina foi grandiosa também no comando do programa *O fino da bossa*, no qual dividiria o palco, mais tarde, com Jair Rodrigues. "Pra não dizer que não falei das flores" foi uma emoção só quando Geraldo Vandré, em um voo solo, arrancou aplausos da multidão de pé, no Maracanãzinho, em um grande espetáculo a que a própria Globo aderiu e transmitiu no *Festival Internacional da Canção*. Vieram outros festivais, mas não mais com essa força toda, já que grande parte dos talentosos que atraíam o público estava exilada em outros países, protegida contra a ação desumana dos militares, que ainda tomavam conta do governo brasileiro.

Depois dessa pequena parada, voltamos à vida do nosso personagem que ficou na espera, sem esquecer que ele fez parte disso tudo e viveu esse tempo maravilhoso, de grandes nomes para a MPB, e

Boa noite

ruim, pela falta de liberdade de expressão. Vamos reencontrá-lo, então, ajeitando novamente sua gravata para mais um dia de jornal. Jornal que tinha um cenário simples, formado por um *cromaqui* (fundo azul) com as letras *JN* em amarelo, que às vezes, caía, deixando o assistente de estúdio em maus lençóis. A câmera era uma TK 60, que representava uma fase de transição entre os equipamentos valvulares e os eletrônicos. No início o *JN* tinha apenas 15 minutos de duração e era apresentado de segunda a sábado. No último dia da semana o programa era apresentado por Heron Domingues, o famoso Repórter Esso do rádio, durante um curto período. *"Já em 1971, meu colega Hilton Gomes afastou-se, eu trabalhei sozinho uns dois meses e então chegou Sérgio Chapelin, que dividiu o espaço comigo até 1983. Nesses 12 anos temos muitas histórias juntos".*

Jornal Nacional

Os problemas do *JN*

> Uma vez não resisti, esqueci que estava no ar e... pla, bati uma mão contra a outra em pleno ar. Recebi uma bronca do Armando, mas também ele providenciou, através de circular, que fosse proibido comer ou manter alimentos nos estúdios, evitando assim formigas e mosquinhas nos incomodando

Foram muitos os desafios para manter o *JN* no ar com o alto padrão de qualidade. Os problemas não eram só a formação de pessoal ou as condições de transportes ou o tipo de equipamento usado. A manutenção das instalações também era um constante desafio. Sem falar em situações inusitadas que apareciam no dia a dia.

Certa vez a iluminação começou a pegar fogo no estúdio. *"Nós não sabíamos se era para continuar ou parar de falar, se a gente saía correndo ou dava uma explicação e se era visível ao telespectador o que se passava no estúdio. Enfim, a transmissão foi interrompida. Um aviso de problemas técnicos apareceu na tela e ficamos esperando que tudo se normalizasse."*

E não foi só dessa vez que os apresentadores passaram por dificuldades durante o jornal. Mosquinhas pertubadoras eram muito comuns. Imagine ele falando seriamente diante da câmera e elas lá, tentando entrar nos olhos ou nariz. *"Uma vez não resisti, esqueci que estava no ar e... pla, bati uma mão contra a outra em pleno ar. Recebi uma bronca do Armando, mas também ele providenciou, através de circular, que fosse proibido comer ou manter alimentos nos estúdios, evitando assim as formigas e as mosquinhas inconvenientes. Isso também rendeu uma reportagem de sete páginas na revista* Playboy. *Claro que foi abordado de tudo, mas a mosquinha serviu de pivô",* comenta, com um belo sorriso no rosto.

"Outra situação muito complicada e quando passamos um bom susto aconteceu em junho de 1976. Um curto-circuito no sistema de ar-condicionado provocou um incêndio no prédio da TV Globo, no Jardim Botânico. O incêndio começou durante a transmissão do Jornal Hoje, *que*

Boa noite

era feito no Rio, e tudo teve de ser improvisado rapidamente, para que a transmissão fosse transferida para São Paulo, enquanto se aguardava a recuperação do espaço. O locutor Berto Filho tinha acabado de ler uma notícia sobre a guerra no Líbano, no Jornal Hoje, quando foi dado o alarme e a emissora saiu subitamente do ar, mas foi apenas por alguns minutos. Para não interromper a programação, as imagens passaram a ser geradas de São Paulo. Uma minicentral improvisada começou a ser instalada no hall do prédio anexo da emissora e, duas horas depois do incêndio, Alice-Maria foi para a capital paulista disposta a garantir a exibição do JN. Ela foi munida com um rolo de filme com as imagens do próprio incêndio. Um pouco mais tarde fomos eu e o Sérgio, juntamente com os editores de imagem, também para Sampa."

Durante o tempo em que o JN era transmitido da "*terra do avesso, do avesso, do avesso*", praticamente todo o departamento de jornalismo se instalou na cidade, onde era feita a edição de todos os telejornais da rede. Enquanto isso, novos equipamentos foram importados e iam chegando para substituir aqueles destruídos pelo fogo. Essa operação, desde a chegada do material dos EUA até a instalação, levou mais de 90 dias.

"Eu e o Sérgio tínhamos que viajar de ponte área todos os dias, então passamos mais uma vez por poucas e boas. Além de ter de organizar todos os nossos compromissos particulares com antecedência para chegar em tempo hábil no estúdio, ainda era preciso contar com o aeroporto sem problema de neblina, que era o motivo que dificultava as chegadas e partidas." As longas esperas já tinham virado praxe. "Um temporal nos pegou certa vez e o avião foi chacoalhando daqui até pousar. Parecia que a viagem nunca terminava. Já estávamos começando a ficar zonzos, até que pousou, para nosso alívio. Mas a aventura estava ainda para começar. Atendeu-nos um taxista japonês que estava havia poucos meses em São Paulo e o carro parecia uma lancha, jogando água para todos os lados. Não dá para descrever a cena. Fizemos um esforço tremendo para que ele entendesse nosso atraso e a seriedade do compromisso. Ele balançou a cabeça e, repentinamente, fez uma manobra radical e foi *cortando tudo quanto é caminho possível, passando por cima de calçadas na enxurrada. Senti-me em um filme de ação"*, relata. "Depois de *socar muito para lá e para cá dentro do carro, sabe que deu certo? Sei lá como, o rapaz nos deixou em frente do prédio da emissora. Quando chegamos, caímos na gargalhada e seguimos para fazer o jornal"*, relembra Cid, para quem Sérgio foi um bom parceiro nessa jornada do *JN*. *"Ele é um pouco parecido comigo, meio 'caubói', de poucas palavras. Acho até que é mais fechado do que eu. Não é de muita farra. Se quer vê-lo feliz, fale de fazenda, gado, passarinho e coisas do campo. Esse é o estilo dele. É o que lhe dá prazer. Nós trabalhamos juntos em produtoras e agências de comerciais. Um cara de boa voz e boa aparência, reservado, muito correto e sério no que faz e diz. Não frequentávamos a casa um do outro, porque esse é o nosso jeito. Quase não vamos na casa de ninguém"*, conta, com uma boa gargalhada.

Boa noite

A DOR DA GENTE SAI NO JORNAL

E o pior ainda estava para acontecer, no dia seguinte, mais uma tragédia abalou de vez toda a redação. Numa terrível coincidência, o repórter Samuel Wainer Filho, o Samuca, filho do jornalista Samuel Wainer e de Danuza Leão e o cinegrafista Felipe Ruiz, ao retornarem da cobertura do acidente aéreo que vitimou seus colegas no dia anterior, também morreram num acidente de carro na rodovia RJ 124, entre o Rio Bonito e Araruama, no Rio de Janeiro.

Com humor bem peculiar e a inconfundível voz grave, o locutor mais famoso da Rede Globo mostra muita imparcialidade e não se deixa tomar pelas emoções das notícias que narra na bancada. *"Não é que as coisas não me choquem. Não sou frio, claro que me emociono, e às vezes fico com as imagens gravadas em minha mente, me incomodando na hora de dormir"*, conta, refletindo sobre seu estilo de apresentar as notícias. *"Temos que ser profissionais acima de tudo. Veja só, guardadas as devidas proporções, é igual a um cirurgião. Já pensou se ele começasse a perder o controle na hora de seu trabalho? É preciso arrumar um jeito de não se envolver com aquilo que se faz."*

Cid provou que é possível ser profissionalíssimo mesmo em situações consideradas *saias-justas*, como é o caso do famoso direito de resposta de Brizola no *Jornal Nacional* em 1994, lido por ele. Esse momento ficou tão forte na imprensa brasileira que até hoje é possível encontrar o vídeo na Internet e em reportagens impressas em jornais e gravadas em rádios. Até mesmo um bom documentário do diretor Tabajara Ruas – *Brizola, tempos de luta* – menciona com muita propriedade o assunto. De acordo com matérias relacionadas a esse documentário, o direito de resposta foi o ponto alto da produção, recebendo aplausos e manifestações da plateia que o assistiu. *"Foi um desafio para mim aquele momento. Eu agi como faço em todas as ocasiões. Mantive a imparcialidade, fiz meu trabalho e pronto! Sabia que não era nada pessoal contra mim"*. Cid Moreira, afirma tranquilamente que tinha uma relação de respeito com Brizola. *"Ele me chamava de bugio branco para me provocar. Para mostrar que era contra aquele sistema."* Para quem não sabe, Brizola, na época da ditadura, foi governador gaúcho e esteve em contato com Che Guevara na reunião das Organizações dos Estados Americanos (OEA) de 1961, no Uruguai. *"Em algumas outras ocasiões ele assistiu a inúmeras partidas de futebol, dos clássicos, junto com a gente, lá dentro da emissora, pelos monitores do estúdio do JN, no Rio de Janeiro. O mito era humano."*

De acordo com Bianca Kleinpoul, do Blog do Bonequinho, em *post* de 30 de abril de 2008, *"foi mais uma das batalhas de Brizola contra o poder, mas também um momento dramático, o direito de resposta"*. Já o diretor, em entrevista à imprensa sobre o documentário, admite que esse momento *"claro que levanta a plateia, é panfletário"*. A blogueira completa que é ao mesmo tempo o momento central da carreira do narrador, que foi perfeitamente profissional. Como foi também uma bonita vitória de Brizola e uma vitória pessoal de Cid Moreira, que leu com categoria. *"Achei aquilo comovente. A melhor tradução que poderia ser feita desse momento histórico da tevê".*

Mesmo assim, quando o assunto é a busca da imparcialidade, nosso personagem já alterou o tom de voz para narrar fatos que o tiraram do eixo. *"Eu me lembro muito bem de um dos momentos mais dramáticos do JN, nos anos 1970, quando ocorreu a morte do jornalista norte-americano Bill Stewart."* Esse dia terrível aconteceu na Nicarágua, durante a revolução sandinista. O correspondente da rede norte-americana ABC, que tentava cobrir os combates, aproximou-se da região dos conflitos com uma bandeira branca e um intérprete, identificando-se como jornalista. Um soldado da Guarda Nacional deu ordem para o repórter se ajoelhar, abrir os braços e deitar de bruços. Sem piedade, matou-o com um tiro de metralhadora. A cena da execução foi gravada pelo cinegrafista da equipe norte-americana e foi ao ar nas televisões do mundo inteiro. Hoje, ao descrever a cena, Cid fala pausadamente e revive o dia na bancada como se estivesse presente. Com os olhos marejados, como se estivesse perdido

Boa noite

na distância das lembranças, coloca a questão da insanidade humana, do sentido de tudo isso, da lógica do inferno de Dante. O *Jornal Nacional* mostrou a imagem da morte do repórter quatro vezes e ele lia, muito trêmulo, pensando, que aquilo parecia obra de ficção. "*As imagens do assassinato do repórter da rede ABC, que estão sendo mostradas esta noite, em todo o mundo, são um documento da brutalidade humana*", informava o texto.

Mas a fatalidade marcaria mais uma vez a lembrança de Cid. Dessa vez com profissionais mais próximos de sua realidade. Dar notícias ruins sobre pessoas com quem convivia no cotidiano causava impacto e dor ainda maior. Um dos momentos mais tristes do *JN*, em sua opinião, foi a manhã do dia 28 de junho de 1984. Para comoção de toda a redação, e do jornalismo em geral, 14 profissionais das equipes de reportagem da Rede Globo, Manchete, Bandeirantes e da TV Educativa morreram em um acidente com um avião Bandeirantes da TAM. "*Entre os mortos estavam o repórter Luís Eduardo Lobo e os operadores de VT Levi Dias da Silva e Jorge Antônio Leandro. Foi um lamento geral. Ficou difícil para todo mundo trabalhar normalmente naquela noite.*" E o pior ainda estava para acontecer: no dia seguinte mais uma tragédia abalou de vez toda a redação. em uma terrível coincidência, o repórter Samuel Wainer Filho, o Samuca, filho do jornalista Samuel Wainer e de Danuza Leão, e o cinegrafista Felipe Ruiz, ao retornarem da cobertura do acidente aéreo que vitimou seus colegas no dia anterior, morreram em um acidente de carro na rodovia RJ-124, entre Rio Bonito e Araruama, no Rio de Janeiro. "*A tristeza com a morte dos seis profissionais abalou o ânimo de todo o pessoal do* Jornal Nacional, *e pela primeira vez na história do telejornal deixei de dar o* boa noite *com que tradicionalmente encerrava o noticiário.*"

Foi um infortúnio o que ocorreu com os colegas profissionais, mas o pior é que ele acredita que cada vez mais a violência tem tomado as telas de tevê, o que torna a brutalidade mais e mais banalizada. "*Veja o querido Tim Lopes!*" Em junho de 2002, o repórter da TV Globo Tim Lopes foi torturado e brutalmente assassinado por traficantes

Jornal Nacional

no Rio de Janeiro. O jornalista investigava denúncias da venda livre de drogas e *shows* de sexo explícito com menores em bailes *funk* na Vila Cruzeiro, no subúrbio. Capturado pelos criminosos, foi levado para o alto da Favela da Grota, onde traficantes comandados por Elias Maluco decretaram sua morte, como informou o jornal *O Globo*. *"Eu não estava mais na bancada do JN, mas apresentei o editorial de pesar no Fantástico. Quando soube da notícia, chorei. E todo dia se veem crianças e adultos inocentes pagando o preço de nossa política de governo pobre de espírito, despreparada e corrupta"*, desabafa. Ele lembra que paga um preço alto por sua imagem pública. *"Apesar de eu ser um profissional como outro qualquer em uma empresa, muita gente que assiste ao jornal confunde as coisas. Alguns acham que sou sócio ou diretor da Globo, ou que tenho influência direta na programação. É difícil imaginar que sou apenas apresentador, que existe toda uma engrenagem que funciona muito além da minha presença. Que há profissionais que decidem o conteúdo dos programas, as pautas dos telejornais, os entrevistados... Isso tudo é outro universo que não me pertence"*, esclarece.

Boa noite

OS RISCOS DE ESTAR NA TELA

Não tenho como descrever minha aflição e sensação de impotência diante de um fato como aquele. Tive pesadelos e me senti desprotegido e sem ação. O que podemos fazer em uma hora dessas? Nem tudo são flores e *glamour* em nossa profissão.

Sobre as críticas ou vinganças a que era submetido, em nome da emissora e totalmente indevidas, ele sabe que isso acontece porque era sua imagem que aparecia. Como explicar isso aos telespectadores? Para ter uma ideia da seriedade do assunto, dois cachorros da casa de Cid Moreira morreram inexplicavelmente. O terceiro foi salvo porque ele se mudou para Jacarepaguá. As mortes foram uma em seguida da outra, em menos de um mês, no início dos anos 1980. O primeiro cão a morrer foi uma fêmea de pastor capa preta. *"Estava comigo há dez anos ou mais. Veio recém-nascida. Um dia eu estava sentado no sofá e ela entrou desesperada. Eu fiquei surpreso, porque ela sabia que não podia passear dentro de casa. Deitou-se nos meus pés e começou a agonizar, grunhindo e colocando espuma pela boca. Estranhei e fiquei imaginando quem poderia ter feito aquela maldade. Levei ao veterinário, mas não teve jeito... Foi a primeira que perdi."*

Passada pouco mais de uma semana, a mesma cena se repetiu com outro cão de sua propriedade, desta vez um vira-lata adotado das ruas de Itaipava, na região serrana, lugar onde Cid descansa e onde mora seu irmão. Aquilo o tirou do sério. O animal se comportava exatamente como o anterior que havia morrido. Cid ficou alguns dias cabisbaixo, sem saber o que fazer. E o resultado não foi diferente: apesar de todo o cuidado dos veterinários, o bichinho morreu. Nosso valente guerreiro "El Cid" demorou um pouco para assimilar o golpe, mas aos poucos foi se recompondo, retomando sua rotina e deixando o assunto de lado, mesmo sem entender o ocorrido.

Com medo de que a cadela que restara morresse ou que pudesse lhe acontecer alguma coisa pior, nosso personagem decidiu mudar-se

Jornal Nacional

para outro bairro. *"Era minha companheirona. Eu falava ao seu ouvido para ela se preparar para passear. No mesmo instante, a cachorra corria até a porta e ficava aguardando. A gente andava uns quilômetros e, na volta, eu passava da porta de entrada do meu apartamento só para ver a reação dela. No mesmo instante ela colocava a boca no meu punho, como se quisesse dizer: 'é por aqui o caminho'. Eu fazia um carinho e entrava. Ainda bem que a salvei"*, diz ele, com o alívio de quem conviveu com aquela amiga por muitos anos mais, até ela envelhecer; sua decisão literalmente salvou a vida da cadela.

Alguns meses depois dessas tristes ocorrências, no intervalo do jornal, uma colega o chamou para conversar. *"Ela tinha feito a cobertura de uma matéria em um presídio no Rio de Janeiro e um preso aproveitou a oportunidade para questioná-la sobre a reação de Cid em relação à morte dos cachorros. Segundo a jornalista, os envenenamentos eram apenas avisos do que poderia vir mais tarde. Nervoso, o locutor perguntou o que esse preso tinha contra ele. A repórter respondeu que há alguns meses ele havia noticiado a prisão do bandido e que o pai do rapaz encarcerado ouviu a notícia no* Jornal Nacional *e passou mal. Então, por intermédio de seus contatos, o bandido resolveu punir o apresentador, dando um recado por meio da morte dos animais. Não tenho como descrever minha aflição e sensação de impotência diante de um fato como aquele. Tive pesadelos e me senti desprotegido e sem ação. O que podemos fazer em uma hora dessas? Nem tudo são flores e glamour em nossa profissão."*

Ao contrário de fatos negativos como a morte dos cachorros, outras notícias podem gerar emoção e ação positiva, e fazem valer a pena o trabalho diante das câmeras. *"Quantas pessoas acharam parentes perdidos depois de uma notícia de jornal? Quanto se educa, informa, ensina e transforma através das notícias? Acredito que aos poucos a televisão brasileira vai achar sua verdadeira vocação de cidadania. Cada vez mais o planeta é nosso quintal, e tudo o que acontece com os nossos vizinhos dos outros países nos afeta diretamente e nos leva a tomar uma posição"*, filosofa.

Boa noite

Velhos e novos tempos do *JN*

Foi em 1971 que o *teleprompter* chegou à redação da Globo. Eu saí da sala impressionado e sem entender como os apresentadores davam a notícia sem olhar para o *script*, tranquilos. Como podiam gravar na memória tantas informações e manter uma conversa, como se falassem com o telespectador.

As ações globais estão cada vez mais interferindo na vida das pessoas, e as informações se tornam mais e mais instantâneas. Hoje é bem diferente daquela fase inicial, em que cada estado fazia o seu *Jornal Nacional*. "*Não havia imagem simultânea com o mundo, os repórteres do setor internacional mandavam informações por telefone e era tudo ainda muito novo. No mesmo ano em que foi lançado, o JN passou a ser transmitido em rede, aumentando ainda mais nossa responsabilidade. Tínhamos contato com os colegas em todo o Brasil por intermédio de links. O horário da apresentação do jornal chegou a ter 80% de audiência. Dificilmente isso se repetirá, o que é muito natural, com a profissionalização de todas as emissoras e o leque de opções que o telespectador possui hoje.*"

O crescimento do jornalismo da Globo, na opinião de Cid, ocorreu rapidamente, e o Brasil logo começou a ser reconhecido internacionalmente pela qualidade e padrão que alcançou. "*Não só no jornalismo, mas em todos os setores da empresa, que já se pensavam na questão da qualidade.*" Uma das grandes preocupações para garantir esse padrão era o investimento na formação de profissionais. "*Os repórteres recebiam cuidados especiais, como aulas com uma fonoaudióloga, que não só treinava os novatos mas também os veteranos, e isso trazia mais segurança aos profissionais, melhorando cada vez mais o trabalho apresentado. Além disso, de seis em seis meses a Globo fornecia aos jornalistas que apareciam no vídeo uma verba extra para atualizarem seus guarda-roupas. Sem contar ainda a assessoria que recebiam da editora de moda da emissora.*"

"*Hoje o preparo do profissional é ainda maior*", constata Cid. "*Naquele tempo éramos todos amadores nas telas em preto e branco.*

Jornal Nacional

Viemos do rádio. Queria contar uma história de comportamento em frente à tela muito interessante". Foi em 1971 que o *teleprompter* chegou à redação da Globo. Em sua primeira versão, o equipamento era eletromecânico e dependia de um operador para rodar o texto impresso em uma bobina para o locutor ler a notícia. Antes de montar o aparelho no estúdio, Armando Nogueira chamou Cid e lhe mostrou uma gravação de um jornal da NBC, televisão americana. *"Eu saí da sala impressionado e sem entender como os apresentadores davam a notícia sem olhar para o* script, *tranquilos. Como podiam gravar na memória tantas informações e manter uma conversa, como se falassem com o telespectador. Eu saí arrasado, me sentindo muito mal, matutando qual era a técnica de decorar o texto tão rapidamente! Meu chefe não me contou que isso acontecia por causa do uso do* teleprompter, *um aparelho instalado em cima das câmeras, imperceptível para o telespectador, mas que, como um carretel, apresentava, em um ritmo lento, os textos, facilitando a vida do profissional."*

Quando esse equipamento chegou à emissora, ninguém sabia como funcionava. *"A gente usava a folha de papel datilografada (será que alguém lembra desse dinossauro?) para ler as notícias. Tanto é que, na montagem, os técnicos instalaram os monitores sobre as câmeras e esqueceram-se de colocar os espelhos que permitiam que o texto fosse projetado em frente às lentes e na altura da visão dos locutores. Nós, os apresentadores, sofremos muito até que o erro fosse percebido. Ouvimos muitas reclamações da chefia, que não entendia por que não era possível uma leitura natural como a dos apresentadores norte-americanos. Ficava todo mundo com os olhos brancos, lendo lá em cima. Foi um sufoco até que se percebesse o erro",* conta, dando boas risadas.

Cid lembra que os erros também fazem as pessoas crescerem e reverem suas posições. Por isso a preocupação de se manter atualizado sempre foi uma grande motivação e desafio para ele e a equipe de profissionais do *JN*. De tempos em tempos foram ocorrendo mudanças em termos de apresentação e cenários, se criaram efeitos visuais para atrair o telespectador. Até mesmo as posições e enquadramentos das câmeras contribuíram para esse processo de mudança e modernização. Em 1989, por exemplo, a vinheta do *JN* foi aprimorada por computação gráfica, e o cenário de abertura ganhou maior sensação de profundidade. *"Talvez o espectador não saiba identificar todas as mudanças, mas vai percebendo-as de forma sutil. Nessa época foram montados dois cenários, um fixo e outro móvel, dando a sensação de mais dinamismo ao local."* O fixo foi criado por Hans Donner e era uma bancada de acrílico, iluminada por uma luz *néon* vermelha, onde ficavam os locutores. Já a parte móvel era composta por desenhos feitos em um computador gráfico, que davam um tratamento visual particular a cada reportagem. *"Eu me lembro muito bem que essas imagens ocupavam toda a tela ao fundo de trás da gente (o cromaqui – fundo azul) e substituíram o tradicional selo que ficava ao lado durante a apresentação das reportagens de cada tema. Acho que vocês vão lembrar também: foram criados mais de 50 selos que ilustravam assuntos desde questões de economia, esportes, carnaval, eleições, saúde, segurança, entre outros temas."* Ele se recorda que até a vinheta de abertura do *Jornal Nacional* ganhou roupagem nova, outro arranjo.

Em se tratando de equipamento, ele concorda que material de trabalho bom ajuda muito o profissional. *"Mas não há tecnologia que substitua o talento"*, avisa o experiente profissional. *"Quando comecei, não havia máquina copiadora e a mão ficava toda preta ou roxa do carbono. Internet não existia, nem em filme de ficção científica. Esse negócio de pesquisa instantânea, downloads, envio de foto, voz e imagem via net, que faço no meu estúdio, facilita muito a vida do jornalista hoje, mas não dá mais inteligência ou capacidade para ninguém."* Ele usa um programa chamado Protools (*software* reconhecido mundialmente como plataforma de multiaplicações de áudio). *"Imaginem por quantas transformações já passei. Agora trabalho em casa, mas isso não significa que tenho mais ou menos talento. Tenho mais facilidades, o que é bem diferente."* Ele aponta, além do próprio dom para desenvolver o trabalho, a importância da pontualidade, da preocupação de manter a qualidade, por meio do treinamento e de reciclagens constantes, como fatores fundamentais para se tornar respeitado no meio. "*Nós não podemos parar no tempo. É preciso ficar antenado ao que ocorre de novo e ir se adaptando, estudar sempre, pesquisar em busca das novas alternativas. Alguns podem perguntar: como se faz isso na área de locução.*" Ele responde: "*Eu mesmo já passei por diversas fases. No começo era chique impostar a voz, exagerar nos erres e esses*", conta, já mudando de postura na cadeira e se colocando em uma posição que exemplifique essa técnica. "*Quando parei de falar assim, pois isso foi ficando para trás, fui muito criticado.*" Certa vez, quando ele passava pelo corredor da rádio, três profissionais conversavam. O que estava encostado na porta cutucou o outro e disse baixinho: Esse aí é um traidor. "*Eu voltei rapidamente a eles e pedi que repetissem o que haviam dito. Um deles não se fez de rogado e repetiu, em alto e bom som. Meio atordoado, perguntei o que tinha feito de mal para o sujeito. 'Para mim, nada! Mas para a categoria, sim, senhor!' Retruquei imediatamente: 'Me esclareça!' 'É que você não usa mais os erres e esses como os outros, por quê? Você se acha melhor?' Apesar de ser uma afronta, caí na gargalhada.*" Descobriu que era esse o problema... "*Mesmo assim, mantive minha posição e depois se comprovou que eu realmente estava certo.*" Ele explica que hoje não se usa mais isso em lugar algum. Muitas coisas, como a espontaneidade e a interpretação, ganharam mais peso que a própria voz. "*Hoje as pessoas estão pouco preocupadas com o timbre. A vez dos graves está acabando. Agora prevalece mais o estilo pessoal e a interpretação*", acredita Cid, com a experiência de quem já narrou mais de 500 documentários em estilos completamente diferentes.

Quando se diz que nosso personagem já fez um pouco de tudo dentro da sua profissão, não é brincadeira não! Na própria Globo, onde sempre manteve a seriedade condizente com o *Jornal Nacional*, ele modificou bem o seu estilo e muitos anos depois, já no *Fantástico*, se apresentava mais despojado, alegre e suave, dependendo da matéria.

Boa noite

A EXPERIÊNCIA NA TELONA

Eu me lembro de notícias dadas no *Canal 100*, como as dos festivais da canção, os esportes de maneira geral, a inauguração do metrô no Rio, a inauguração de Brasília, os grandes nomes internacionais que estiveram por aqui, como Brigitte Bardot, Fidel Castro e Frank Sinatra, que ilustram bem o estilo desse jornal e o quanto ele marcou época.

Outro tipo de narração que tinha estilo bem peculiar e marcou uma época profissional de Moreira foram os documentários do *Canal 100*, quando ele também caiu no gosto popular. "*A narrativa do jornal de cinema era alegre, para cima, entusiasmada.*"

Quem não se lembra? "*Que bonito é... a bandeira tremulando, a torcida delirando, vendo a rede balançar!*" Essa era uma das mais famosas trilhas do documentário. "*Até o maestro Tom Jobim criou uma partitura para acompanhar uma das vinhetas.*" Apesar de ter sido o futebol um dos assuntos mais marcantes desse trabalho, incluindo cenas maravilhosas dos craques Pelé e Garrincha (na época reservas da seleção), as notícias englobavam também política, o dia a dia das grandes cidades brasileiras, *shows* e eventos sociais que eram apresentados antes da 'sessão pipoca'. "*Na tela grande, closes no gramado, nas chuteiras, da grama sendo arrancada... A emoção era dobrada, o cinegrafista conseguia um efeito muito especial, o início do replay, da câmera lenta, em slow motion. Era um trabalho especial, que me dava muito prazer. Às vezes tinha que gravar de madrugada, quando chegavam os rolos dos filmes, para serem levados aos cinemas e serem curtidos ainda no dia seguinte*", conta Cid, em tom que demonstra saudade daquele tempo.

Foram mais de 13 anos fazendo o jornal de cinema. Ele trabalhou na produtora desde o início, em 1959, ficando até 1972. O acervo cinematográfico acumula material de mais de 40 anos da história do País, em um total de 1.924 edições. Foram aproximadamente setenta mil minutos de imagens. "*Eu me lembro de notícias dadas no* Canal

Jornal Nacional

100, *como as dos festivais da canção, os esportes de maneira geral, a inauguração do metrô no Rio, a inauguração de Brasília, os grandes nomes internacionais que estiveram por aqui, como Brigitte Bardot, Fidel Castro e Frank Sinatra, que ilustravam bem o estilo daquele jornal e o quanto ele marcou época".*

Cid registra a grande amizade e admiração por Carlos Niemeyer, criador do *Canal 100*, e sua capacidade de inovação. *"Ele fez parte da Turma dos Cafajestes e foi um galã do Cassino da Urca. Sua paixão por Carmem Miranda deu tanto o que falar quanto as festas do 'Caju Amigo' que ele promoveu. Toda aquela agitação o tornou tão famoso quanto os entrevistados do seu jornal, que era distribuído em mais de mil cinemas por todo o Brasil."*

As gravações para o *Canal 100* ocorriam paralelamente à apresentação de Cid no *Jornal Nacional*. Então, a imagem de nosso personagem estava cada vez mais exposta nas telas, e cada vez mais a população se identificava com ele. Entre as fotos e documentos apresentados neste livro serão mostradas algumas cartas que "El Cid" recebeu ao longo de todos esses anos, com os mais diferentes e intrigantes assuntos de gente fascinada por ele, e dos mais distantes rincões.

Boa noite

A CHEGADA DA TEVÊ EM CORES

E assim começou a nossa preocupação com a combinação de cores. Como eu estava normalmente queimado de sol, pois jogava tênis com frequência, tive de passar a usar roupas em tom pastel, para compensar a luz e permitir uma iluminação equilibrada.

Para surpresa de muitos, a telinha mágica ganhava cores. O protetor, que algumas famílias usavam sobre a tela e que dava um tom azulado ou avermelhado à imagem, como se ela fosse colorida, já podia ser deixado de lado.

Quando chegaram as televisões em cores o rádio ficou mesmo em segundo plano. As famílias colocavam os aparelhos em destaque, ladeados por sofás e tapetes, para receber visitas. Nessa época, a telinha começava a se popularizar e os magazines já vendiam a longo prazo o televisor da marca Cineral, que as pessoas tanto desejavam. As empregadas domésticas assistiam, distantes, entre a porta da cozinha e os corredores, aos seus ídolos, e levavam as novidades desse encantamento para seus parentes, também humildes e do interior, para que ficassem por dentro do que estava acontecendo no mundo do faz-de-conta.

O primeiro dia em que o Jornal Nacional chegou aos lares das famílias em cores foi em uma transmissão em rede através da Embratel, em 1972. *"Fui escalado para a transmissão e me lembro que havia uma grande expectativa e apreensão para que tudo desse certo. Inclusive, o Boni foi correndo até a casa dele e voltou com várias gravatas, todas importadas e muito coloridas. Pediu que eu experimentasse uma delas. Eu estava tão nervoso que nem me lembro agora a cor ou modelo que era."* Foi uma explosão de coloridos na retina das pessoas. Naquele dia estava acontecendo a festa da uva na cidade de Caxias, no Rio Grande do Sul. Mesmo antes disso, já haviam ocorrido transmissões experimentais. Na Copa do Mundo de 1970, por exemplo, os boletins diários sobre a seleção brasileira eram transmitidos em cores, diretamente do México. *"As coisas parecem tão simples quando se fala delas, mas na verdade, dão um trabalhão danado para serem efetivamente incorporadas"*, tenta explicar Cid, que se recorda dos inúmeros problemas que os técnicos enfrentaram para viabilizar as cores. *"No JN, por exemplo, várias vezes o azul do cromaqui passou para os meus cabelos grisalhos."* Para tentar solucionar as dificuldades desse gênero, o pessoal da técnica teve de passar por diversos cursos e seminários. Aos poucos, os iluminadores foram fazendo os ajustes. *"E assim começou a nossa preocupação com a combinação de cores. Como eu estava normalmente queimado de sol, pois jogava tênis com frequência, tive de passar a usar roupas em tom pastel, para compensar a luz e permitir uma iluminação equilibrada"*, conta.

Nessa fase, houve abuso nos tons e nas padronagens dos ternos. *"Eu cheguei a usar paletós que iam desde o verde até o cor de abóbora e o quadriculado, impensável hoje"*, comenta às gargalhadas. Para acabar com a euforia, a direção da empresa designou uma jornalista muito envolvida com a moda, a saudosa Márcia Mendes, para escolher as roupas que os apresentadores e repórteres deveriam usar durante o horário de trabalho. Hoje a televisão, na parte técnica, passa por uma nova fase de implantação das imagens digitais. *"Continuamos falando sobre técnica, o que não influencia na qualidade do conteúdo. Acho que aí vão uns bons anos ainda para que todo o Brasil se ajuste a essa nova etapa. Como do rádio para a tevê, a transmissão em preto e branco para a colorida e agora a migração para as telas de cristal líquido, tudo precisa de um tempo de ajustes, adaptação."* A liberdade de expressão cresceu em relação aos anos duros da ditadura, mas, apesar disso, a qualidade intelectual dos programas caiu muito. *"Antes a desculpa eram os censores e agora?"*, questiona. *"Estou certo de que uma parte importante do nosso crescimento foi barrada nas décadas em que a explosão pensante do País foi impedida de se manifestar e essa lacuna propiciou a queda vertiginosa na qualidade em diversos setores de nossa vida que é difícil de resgatar."*

Boa noite

Mudando de assunto, enquanto vai repassando em sua tela mental dados que merecem ser relatados, o veterano locutor destaca as pessoas de valor que passaram por sua vida profissional. Apesar da boa diferença de idade entre os dois, um dos locutores com quem Cid mais se identificou e manteve um relacionamento mais estreito, porque ultrapassou a bancada do *JN*, foi Celso Freitas. Ele dividiu o microfone com o amigo por uns tempos após a saída de Sérgio Chapelin. *"Nós já trabalhamos juntos também no* Fantástico. *Ele tem a idade da minha filha e eu o considero bastante. Admiro seu timbre de voz e seu estilo"*, frisa. Mais tarde, com a saída de Freitas da Globo e com seu novo endereço em São Paulo, o tempo de convívio entre ambos diminuiu, mas a gratidão e as boas lembranças permaneceram. *"Ele é um craque em informática e está atento a tudo o que acontece no mundo virtual."*

Jornal Nacional

Agora, é *Fantástico!*

Grandes programas e séries nasceram, primeiro em embrionários quadros desta revista eletrônica, depois, à medida que ganhavam público, tornavam-se mais elaborados e ganhavam seu próprio horário.

Já que o assunto dos bons tempos de trabalho é o *Fantástico*, mister Moreira é um especialista na revista eletrônica. Afinal, ele foi o primeiro apresentador do programa e já perdeu a conta de quantas vezes saiu e voltou a trabalhar aos domingos. "*Nos primeiros 15 anos fiquei em um vaivem constante. Fui escalado para fazer o programa por um tempo e depois ficava só no JN. Fiz voos nessa viagem fantástica com Chapelin e Celso Freitas e até mesmo algumas vezes com Valéria Monteiro, Paula Saldanha e Glória Maria.*" Ele sente saudade desse tempo junto com os colegas Carlos Campbell e Berto Filho, que aliás conheceu ainda menino, de calças curtas, andando para lá e para cá no estúdio de seu pai (Sivan). "*Agora é tudo cada vez mais virtual e interativo, é impressionante a evolução e a aceleração do ritmo do programa.*" Ele lembra que o mais importante ainda era a preocupação com o conteúdo, na busca de se aproximar cada vez mais da realidade do telespectador. O humor sempre deu o tom a esse programa dominical, bem como o cuidado com as aberturas e finalizações, que ficaram gravadas na memória dos brasileiros. "*Denise Fraga e Heloísa Perissé também deram boa contribuição, durante alguns anos, à alegria do programa. Mas Chico Anysio era impagável com suas anedotas. E eu não poderia deixar de mencionar o* Me Leva Brasil, *com o estilo inconfundível do repórter Maurício Kubrusly. Ele deu ao programa as cores, cheiros e causos bem brasileiros, fazendo o cotidiano se vestir com roupa de gala.*"

Para Cid, esse programa que chegou às telas no início da década de 1970, está sempre garimpando novas atrações para se renovar. "*A equipe faz um caldeirão onde não falta o tempero da música, esportes, denúncias, humor, problemas domésticos, turismo e ciências. Já sob a direção de José*

Boa noite

Itamar, eu me lembro, o Fantástico *ganhou mais ares de notícia e eu senti necessidade de dar mais interpretação aos textos dele. O programa apresenta, desde o início, um formato de revista, e eu fui chamado, junto com o Chapelin, para levar credibilidade e conquistar o telespectador"*, conta Cid, explicando que, além de trabalhar no *JN* durante a semana, arrumava tempo e fazia o *"Show da Vida"* aos domingos.

Como podemos ver, nosso personagem sempre esteve ligado a essa revista eletrônica, que hoje é outro grande trabalho na Globo. *"Para mim, que amo o que faço, é um privilégio ter acompanhado toda essa trajetória. E para isso tive de me adaptar à nova linguagem que o formato foi ganhando à medida que o tempo passava."* Mas existiram alguns quadros no *Fantástico*, de acordo com Cid, que fazem parte das principais atrações que marcaram época. A "Zebrinha", por exemplo, criada pelo cartunista Borjalo, ficou eternizada anunciando os resultados da loteria esportiva. E o primeiro profissional a dar vida à "Zebrinha" no *Fantástico* foi Célio Moreira, o irmão caçula de Cid. *"Esse quadro fazia sucesso principalmente quando o resultado dos jogos não era o esperado. Todo mundo gostava quando ela mexia os olhos e a boca e repetia enfaticamente: 'Ihhh! Olha eu aí, deu zebra! Deu zebra!' Eu resolvi ressaltar esse quadro para lembrar a coragem de renovação a que o* Fantástico *sempre se propôs"*, revela. Grandes programas e séries nasceram primeiro em embrionários quadros dessa revista eletrônica. Depois, à medida que conquistavam o público, tornavam-se mais elaborados e ganhavam seu próprio horário. A exemplo disso, cita a própria Regina Casé, com seus trabalhos nas comunidades da periferia por todo o Brasil, e o *Profissão Repórter*, com Caco Barcellos, que de tão bons ganharam seu próprio espaço na grade de programação durante a semana, além de tantos outros quadros de humor e de utilidade pública que nasceram. *"Eu sinto muito orgulho de fazer parte disso. Dessa evolução no nível da qualidade visual e de conteúdo."*

Jornal Nacional

MISTER M, O MÁGICO MASCARADO

Eu tive de mudar meu estilo de narração, de mais sério para um jeito mais engraçado, mais despojado. Descobri outro jeito de trabalhar e isso foi muito bem aceito. Meu amigo Luís Petry é um dos principais responsáveis por isso. O texto contagiante, cheio de comicidade, deu vida ao mágico mascarado.

Comprovando sua capacidade de adaptação, aos 72 anos Cid Moreira se ajustou mais uma vez a uma nova fase em sua vida profissional. Em uma brincadeira que envolvia as crianças, mas que também aguçou a curiosidade dos adultos, ele narra as aventuras do *mágico mascarado*, a quem se referia como *senhor de todos os segredos, príncipe dos sortilégios,* dando vida ao texto muito bem-humorado do jornalista Luís Petry. Quem não se lembra? Para *Mister* Cid, o sucesso do estilo descontraído da narração que adotou para apresentar as peripécias de Mister M foi um jeito de voltar à infância, ao tempo em que brincava de circo no quintal com seu cachorro Brown e seu irmão pequeno, na lona improvisada descrita, no início do livro.

O mágico ganhou muito mais projeção na voz de nosso personagem, que nunca precisou usar máscaras em sua grandiosa carreira. E a notória popularidade da série, que durou de dezembro de 1998 a agosto de 1999, não foi mágica não! A audiência chegou a marcar, em um dos programas, 50 pontos, ou seja, a metade das televisões brasileiras estava ligada nas revelações dos truques. Com isso, nosso locutor conquistou, pelo País, uma grande fatia de admiradores infantis e outra de mágicos indignados. "*Realmente me sinto bem com essa brincadeira toda, por causa do astral, da inocência, da busca de como eram feitas todas aquelas cenas, que tanto aguçam nossa curiosidade e imaginação. Acho inclusive que todo mundo já esqueceu como esses truques são feitos e nenhum mágico perdeu com as descobertas do público.*" Ao contrário, em sua opinião, esse quadro só fez chamar ainda mais a atenção para essa arte milenar. "*O ilusionismo faz parte da história da humanidade e nunca vai acabar por causa das revelações do Mister M*", comenta em

Boa noite

tom divertido, admitindo que esse quadro lhe deu mais energia e animação para continuar uma carreira que já comemora muito mais de meio século nos canais de comunicação.

"*Na verdade, Mister M foi um divisor de águas em minha carreira, depois de muitos anos sóbrios! Eu tive de mudar meu estilo de narração, de mais sério para um jeito mais engraçado, mais despojado. O que foi um desafio. Imagine! Poderia muito bem não agradar. A minha voz é muito grave, os mais velhos poderiam estranhar muito. E sabe o que aconteceu? Descobri outro jeito de trabalhar e isso foi muito bem aceito. Meu amigo Luís Petry é um dos principais responsáveis por isso. O texto contagiante, cheio de comicidades, deu vida ao mágico mascarado.*" Outro fato que Cid considera importante para o sucesso da série foi a questão de mexer com a fantasia infantil. Grande parte das pessoas ama o circo e isso vem da infância. "*Quem não queria descobrir aqueles truques? A ideia foi muito feliz e até hoje alguém brinca comigo e pede para eu falar aquelas palavras do Mister M*", sorri.

Fazer narrações em diferentes estilos no *Fantástico*, como essa, ao revelar truques de mágica, foi importante para testar e ampliar a capacidade desse incansável locutor. Serviu também para abrir portas a outro universo que não fazia parte de sua vida, caso das mensagens. Conforme os desafios, as interpretações foram ganhando consistência, ele foi aumentando a confiança para dar um passo maior e que marcaria muito mais a sua vida, dando sentido mais profundo à sua existência.

Foi durante um certo período, aos domingos, que Cid passou a narrar crônicas de encerramento do *Fantástico*, por sinal "*muito bem escritas pelo diretor do programa, José Itamar de Freitas.*" Esse foi, sem dúvida alguma, um passo importante que gerou uma oportunidade para que as interpretações de nosso personagem ganhassem mais força. Com o sucesso que obteve nessas crônicas, outros trabalhos no gênero foram aparecendo. "*Fica difícil lembrar de todos os nomes de redatores que criaram textos para minha narração e, é claro, eu vou ficar devendo para alguns o fato de não mencioná-los aqui, mas isso faz parte do resultado de quem corre o risco de expor suas memórias.*"

Jornal Nacional

A PERDA DO *JN*

Como vai ser de agora em diante? Fiquei pensando nisso uns dias, meio perdido. Para não sentir muito a mudança, resolvi fazer minha ginástica bem no horário do *JN*, como se isso fosse resolver.

Bem, para chegarmos até o ponto em que Cid Moreira se sentiu tocado pelas palavras da Bíblia Sagrada, e entendermos como essa transformação ocorreu, vamos voltar um pouquinho no tempo.

Para quem acompanhou ou não a trajetória profissional de Cid Moreira, vale lembrar que, depois de 27 anos como apresentador do *Jornal Nacional*, ele foi sucedido pelos jornalistas William Bonner e Lilian Witte Fibe em abril de 1996. Ainda nesse período ele continuou trabalhando no *JN* cerca de seis meses, fazendo um editorial, escrito pelo saudoso jornalista Evandro Carlos de Andrade. Depois foi transferido para o *Fantástico*, onde trabalha até hoje.

Pois bem; quando se sentou na bancada do *Jornal Nacional* para fazer a última apresentação, que, diga-se de passagem, tornou-se um fato memorável em sua vida, Cid sentiu um imenso vazio. Uma grande lacuna se abriu em sua vida. *"Mas, afinal, por que é que um homem saudável, que pratica esportes diariamente e que está acostumado com essa rotina de trabalho há quase três décadas, precisa sair agora?"* Questionava-se a todo instante. *"Essa não foi uma decisão minha, mas é muito natural que a empresa faça mudanças, afinal eu estava com 68 anos e grande parte das instituições aposenta seus funcionários, que não pararam de trabalhar com o tempo de serviço previsto por lei, a partir dos 70. E, na verdade, eu nem ia parar. Continuaria a fazer os editoriais e depois seria transferido para o* Fantástico. *Bem, depois disso eu já renovei o contrato com a Globo para mais uns anos. Contudo, não é essa a questão, ela é mais profunda. Como uma pessoa que se dedica tanto ao que faz profissionalmente e precisa deixar aquilo tudo consegue lidar com essa situação? Como se desapegar? Como se preparar? Eu pensava: 'Não sou mais o cara do* Jornal*', vou mudar*

Boa noite

minha rotina." Cid levantava, entre outras questões. *"Como vai ser de agora em diante?"* Ele sentia um vazio interior muito grande. *"Fiquei pensando nisso uns dias, meio perdido"*, comenta. *"Para não sentir muito a mudança, resolvi fazer minha ginástica bem no horário do JN, como se isso fosse resolver"*, diverte-se agora, depois de 14 anos. Não podemos esquecer que ele sempre fez muitos e diferentes trabalhos de locução como *freelancer*, jargão que significa trabalho autônomo por demanda. Então, não é que tenha ficado totalmente parado, sem fazer nada, ou de pijama, mas o *Jornal Nacional* era sua referência. Não demorou muito para que suas questões íntimas, sobre como preencher a lacuna deixada pela falta do *JN*, fossem respondidas.

Felizmente, nem bem tirou um descanso e foi convidado para gravar *O Novo Testamento* da Bíblia por uma empresa de São Paulo. Foram 33 dias árduos de gravação, seis horas por dia.*"Foi um grande sucesso!"*, comemora. *"Depois desse bom resultado, não parei mais! Logo em seguida recebi um telefonema de um dos diretores da editora Gol Records, Jonas Suassuna, convidando-me para fazer narrações de trechos da Bíblia."* A ideia, que depois passou a ser adotada por muitas editoras e empresas de distribuição, era encartar os CDs, um por semana, nos principais jornais do País e vendê-los a preços bem acessíveis. *"Me entusiasmei pelo projeto, apesar de, naquela época, eu ter muito pouco conhecimento do conteúdo dos livros. Eu só havia gravado o Novo Testamento e os Salmos. Fiz mais pela novidade, por causa de um trabalho daquele porte, pela experiência que ganharia, enfim, pelo desafio da empreitada."* Acontece que a aceitação desses CDs foi um estrondoso sucesso. O locutor passou a viajar de norte a sul do País distribuindo autógrafos e falando da proposta. Inicialmente seriam 12 CDs com as *Passagens Bíblicas*, que reuniriam os mais conhecidos trechos das Escrituras. Mas, devido à grande aceitação, foram gravados os outros trechos dos livros sagrados para completar a coleção, que foi distribuída em poucos meses. Ele acredita que boa parte do sucesso que obteve nesse projeto se deveu ao fato de ter deixado a bancada do *JN* naquela ocasião. *"Foi uma forma carinhosa de os telespectadores mostrarem a aprovação pelo meu trabalho de uma vida inteira, pelos meus anos invadindo as salas das casas e levando as notícias"*, conclui. *"Juntamente com isso, considero o fato de a Bíblia estar presente na vida de quase todos os brasileiros, enfim, de ser um dos livros mais lidos do mundo."*

"Esse talentoso homem de negócios, Jonas Suassuna, trouxe uma novidade que mexeu com a logística no Brasil. Encartar os CDs nos jornais deu um resultado inesperado, pela facilidade de contato com a população de cada cidade, por intermédio do jornal e do jornaleiro", explica Cid, que em seguida emenda outra novidade. *"Agora estou realizando outro trabalho de grande porte com o Jonas, o envio de torpedos via telefone. As mensagens são de um ou dois minutos, através das quatro grandes operadoras de telefonia. São assuntos do cotidiano que esbarram na vida das pessoas. Nessas mensagens, falo sobre violência, os medos, as angústias, os desafios pelos quais todos os seres humanos passam durante a vida. A beleza e o propósito da existência e a vida com sentido também são mencionados. E, o que é melhor, através de uma linguagem simpática, faço um link com sugestões de como relevar, ultrapassar, enfrentar, solucionar ou ainda entender e receber certo conforto ou resposta sobre essas questões nos capítulos e versículos da Bíblia. É um carinho, um alento, acredito eu."*

Demonstrações de estima finalizaram sua última apresentação no *Jornal Nacional*. Na festa, depois do jornal, Valter Repsold foi o porta-voz da turma, que fazia questão de demonstrar o quanto admirava o grisalho, não só por sua voz e suas interpretações, mas também pelo tratamento que sempre dispensou a todos da empresa, sem distinção alguma.

Ao remexer nos recortes de revistas e jornais no baú de Cid, encontrei uma relíquia lida pelo colega de trabalho nesse dia tão memorável para ele: 29 de março de 1996. Valter Repsold começou lembrando que não existe uma voz parecida com a de Cid ou a de Sérgio Chapelin, o que tornaria sua missão mais fácil. *"Na falta da voz, fala o coração. Que bate em ritmo de equipe. Em minhas palavras*

Boa noite

estão os recados sinceros dos assistentes, dos câmeras, do sonoplasta, da técnica, dos editores de imagem, dos contínuos da redação, do Assis, do Guará, Miguelzinho, Zeca Viana, Léo, Kiko, eu e tantos outros que agora fica até difícil de lembrar. As mudanças existem para serem feitas e para serem sentidas. Os milhões de espectadores que admiram vocês vão se emocionar com a mudança de cenário... Para nós do JN haverá uma mudança de rotina. O importante é o que permanece na nossa tela mental e no nosso cotidiano. A tevê é feita de frames, segundos, minutos que parecem horas.. dead line... Momentos. E os intervalos são bons para a reflexão. Pensar no que é fugaz ou duradouro, no brilho de verdade e no falso brilhante, nos personagens que fazem a história e nas histórias que inventam personagens... Como profissionais fora do comum, vocês não podem ser medidos pela escala de momentos, mas pela escala do sempre. Como seres humanos, vocês não podem ser vistos apenas como dois mensageiros do sucesso. O que faz de vocês duas pessoas realmente superiores é a simplicidade. O respeito pelos colegas menos famosos e menos talentosos. Tivemos a sorte de participar de suas vitórias como espectadores privilegiados. Pedimos então a vocês: deixem em cada cenário, em cada mesa de acrílico, em cada microfone que usarem a partir de hoje o que melhor construíram pelas décadas afora: o exemplo. Alegria! Alegria! Vocês merecem..."

Jornal Nacional

A REPERCUSSÃO DO ÚLTIMO DIA

O medo do novo assusta muito a gente. Esse negócio de ficar de chinelo e pijama esperando não sei o quê acontecer não faz parte do meu perfil. Eu sou um homem de ação.

O último dia de Cid Moreira como apresentador do *Jornal Nacional* não foi só de homenagens. Como já era de imaginar, logo nos primeiros dias após deixar a bancada do telejornal mais importante da emissora, um batalhão de jornalistas se instalou na porta de sua casa, na Barra da Tijuca. Na época, para os repórteres, ele definiu essa data como quase normal, a não ser pelo fato de que tivesse dado tantas entrevistas para rádios, jornais, revistas e programas de televisão, o que acabou tornando impossível manter sua própria rotina e até mesmo pensar nas mudanças que ocorreriam em sua vida.

"*Logo cedo começaram as perguntas*", lembra Cid, na época com 68 anos. Como costuma se exercitar diariamente, nesse dia não foi diferente. "*Foi uma das poucas coisas que fiz questão de não deixar de lado, pois considero muito importante e só não faço se estiver doente ou em algum lugar que não tenha os aparelhos*", explica. Ele já sabia que a direção da Globo iria oferecer um coquetel para homenageá-lo, e que brindaria com os colegas esse grande final. Sem contar que estava tranquilo, pois não sentia que estava saindo totalmente da empresa, o que lhe proporcionava certo alívio. "*O medo do novo assusta muito a gente. Esse negócio de ficar de chinelo e pijama esperando não sei o quê acontecer não faz parte do meu perfil. Eu sou um homem de ação. Gosto de me antecipar, criar, fazer e acontecer.*" O fato de deixar o jornal, mas continuar fazendo os editoriais do *JN*, lhe deu certo conforto. E, ainda, ao manter-se no *Fantástico*, fazendo uma mensagem no meio do programa, também serviu para lhe dar ânimo. Depois disso, o medo que tinha de cair no ostracismo foi sendo substituído por um grande número de projetos que não

Boa noite

pararam mais de se consolidar, sair das ideias e ganhar vida. Mesmo depois de 14 anos fora do *Jornal*, ele continua cheio de trabalhos, energia, vitalidade, enfim, até hoje continua sendo notícia, apesar de não mais noticiar o que acontece no Brasil e no mundo. *"Narrar e interpretar mensagens que consolam é o que desejo fazer até o último dia da minha vida. Isso me faz sentir bem, diante de tanta abundância e bênçãos que recebi."*

Durante semanas Cid foi alvo dos noticiários, invertendo seu papel, ou seja, em vez de noticiar um fato, naquele momento ele era o fato. A mídia falou de sua saída durante meses, da possibilidade de queda de audiência no horário, do lamento dos fãs. Ele recebeu milhares de cartas de fãs naquele mês. Pessoas elogiando, parabenizando, confraternizando-se com ele e ressentidas por não vê-lo mais todos os dias. Câmaras municipais e outras instituições, estaduais e federais, e ainda privadas, enviaram telegramas e cartas em reconhecimento a seu trabalho. O *Jornal da Tarde* do dia 23 de março de 1996, poucos dias antes de sua saída, deu manchete destacando que os *"fãs estavam contra a saída de Cid Moreira"*. Informava, ainda, que um vereador nordestino havia mandado um requerimento para Roberto Marinho sobre o assunto. Gente de todo o Brasil, dizia o jornal, reclamava e lamentava a atitude da emissora por intermédio de faxes, cartas e telefonemas. Emilie Taub colecionadora fervorosa de recortes e fotos do apresentador, deu entrevista ao vespertino declarando ser tão fã de Cid que até já havia recusado emprego em que trabalharia no horário do noticiário para não deixar de vê-lo. Muito indignada, ela mandou uma carta à redação na tentativa de reverter a saída do charmoso *grisalho*. "*Como percebemos, ela não conseguiu*", diverte-se Cid. Ele se emociona com as manifestações de carinho e apoio. *"E o que é melhor, até hoje as pessoas me cumprimentam, fazem algum gesto carinhoso e sou grato por isso."* Cid comenta também: *"Minha saída é tão natural... Ninguém pode permanecer em um lugar para sempre. É preciso abrir espaço para o novo, inclusive em minha vida"*, resume.

Jornal Nacional

Com os recortes de jornal na mão, Cid vai comentando um e outro momento sobre os escritos. Faz uma pausa e volta os olhos para um texto com o título "Dois momentos", escrito por Carlos Heitor Cony. *"Eu guardo com muito carinho essas palavras. Houve um período em que fiz um pequeno quadro com esse recorte. Sinto muito orgulho desse respeitado escritor."* O recorte não traz a data nem o nome do veículo onde foi publicado. Amarelado pelo tempo e pela fragilidade do papel-jornal, o conteúdo é atemporal. Cid faz questão de reproduzi-lo, para guardá-lo mais uma vez na memória coletiva que o livro carrega. *"Vamos ao texto"*, diz o locutor, que prepara a garganta para ler em voz alta o comentário. *"Uma patada de mau jeito e passei uns dias de molho, com um pé quebrado. Botei a leitura em dia e vi tevê com mais assiduidade e interesse. Destaco dois momentos na programação da última segunda-feira. Primeiro, a leitura de um editorial feita por Cid Moreira. Os cronistas especializados devem entender da seara, não sei se as mudanças foram para melhor ou pior. Evidente que o conteúdo do discurso muito me agradou, mas não é esse o momento que destaco. Foi uma aula de locução. Muitos atores catimbados no palco não atingem o grau de correção e até mesmo de perfeição de Cid Moreira. Queiramos ou não, ele é um rosto (ou o rosto) do Brasil que amamos e detestamos. Sua voz ficou associada ao nosso dia a dia dos últimos anos. Ao deixar a arena, descendo para cima na hierarquia da sua emissora, ele soube criar um momento que dignifica a profissão que abraçou e na qual se elevou a paradigma e emblema. Não o conheço pessoalmente, mas, de velho soldado raso para velho guerreiro, confesso minha emoção. E mando-lhe um abraço."* Depois, Cony continua dissertando sobre outros assuntos. Cid, agora, retribui nestas linhas e manda também um abraço carinhoso e admirado ao escritor.

Boa noite

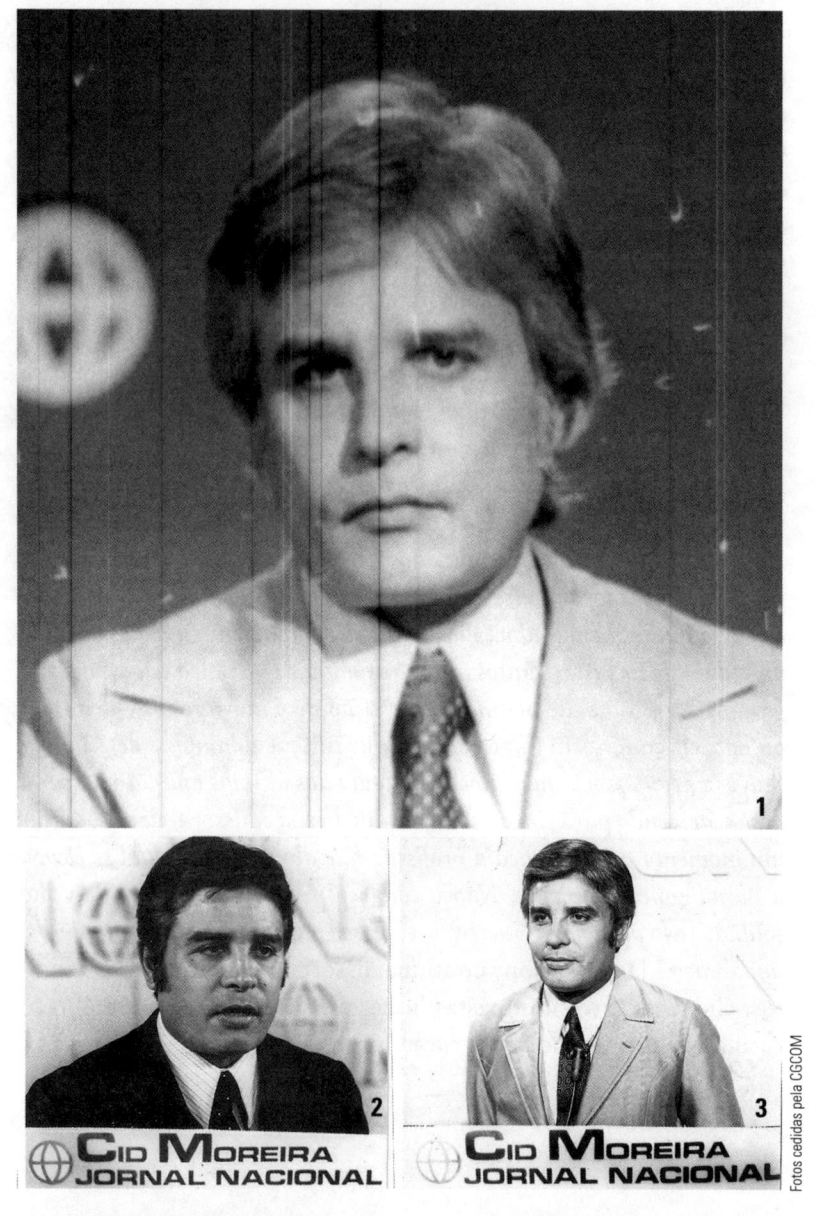

1 – A primeira imagem de Cid ainda no Jornal da Globo, antes do *JN*; 2 e 3 – Na década de 1970 ele fez pose para fotos distribuídas aos fãs

Jornal Nacional

1 – Cid e Hilton Gomes em 1969, a primeira dupla do *JN*; 2 – Parceria com Sérgio Chapelin na década de 1970; 3 – Mais tarde, dividiu a bancada com Celso Freitas, nos anos 1980

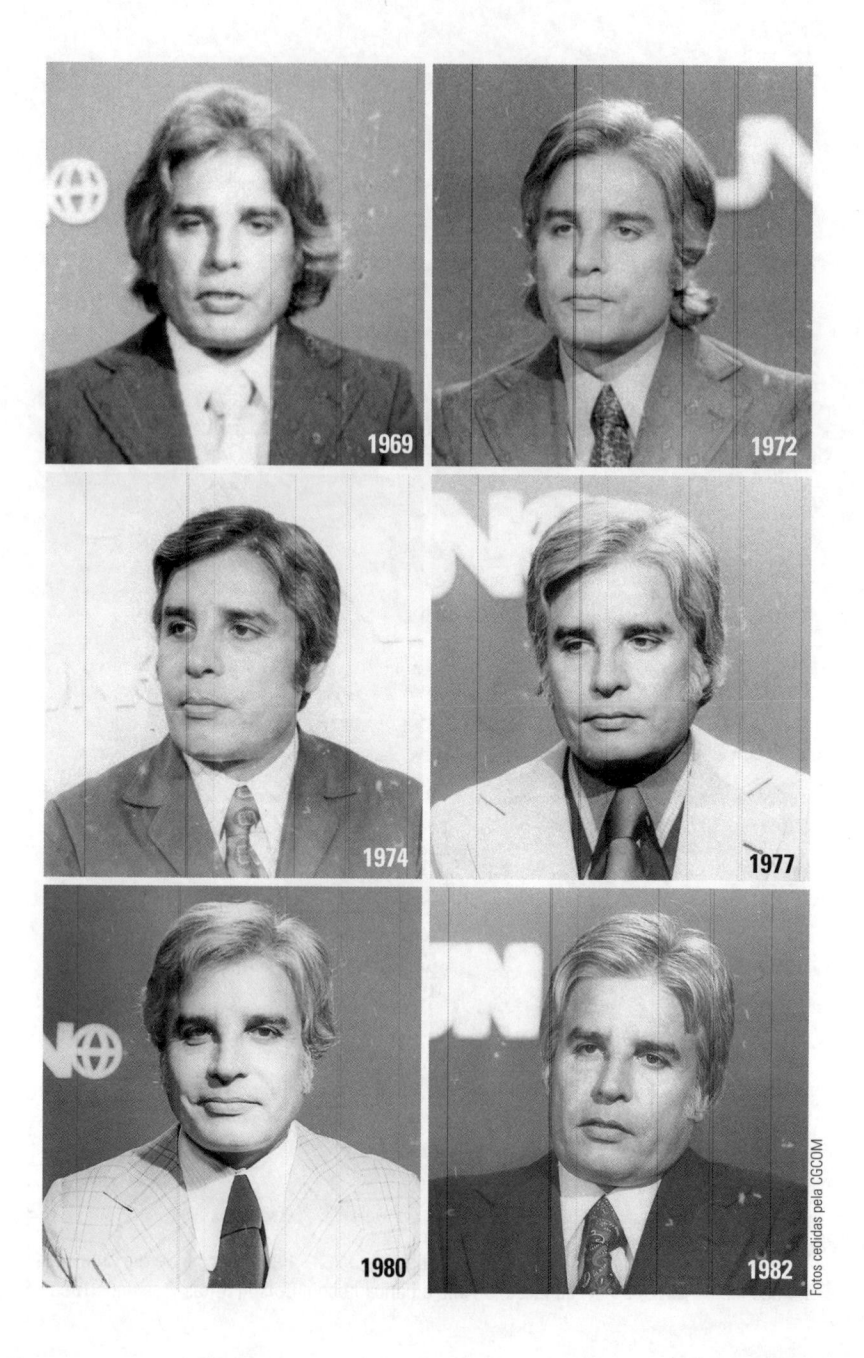

Boa noite

1969

1972

1974

1977

1980

1982

Fotos cedidas pela CGCOM

Jornal Nacional

1983

1984

1986

1988

1989

1996

Fotos cedidas pela CGCOM

Boa noite

1 – Cid inaugurando novo cenário do *JN*; 2 – Com Celso Freitas em uma bancada ainda mais moderna; 3 – Ao lado de Lilian Witte Fibe, Cid entrava em nova era do Telejornal

Jornal Nacional

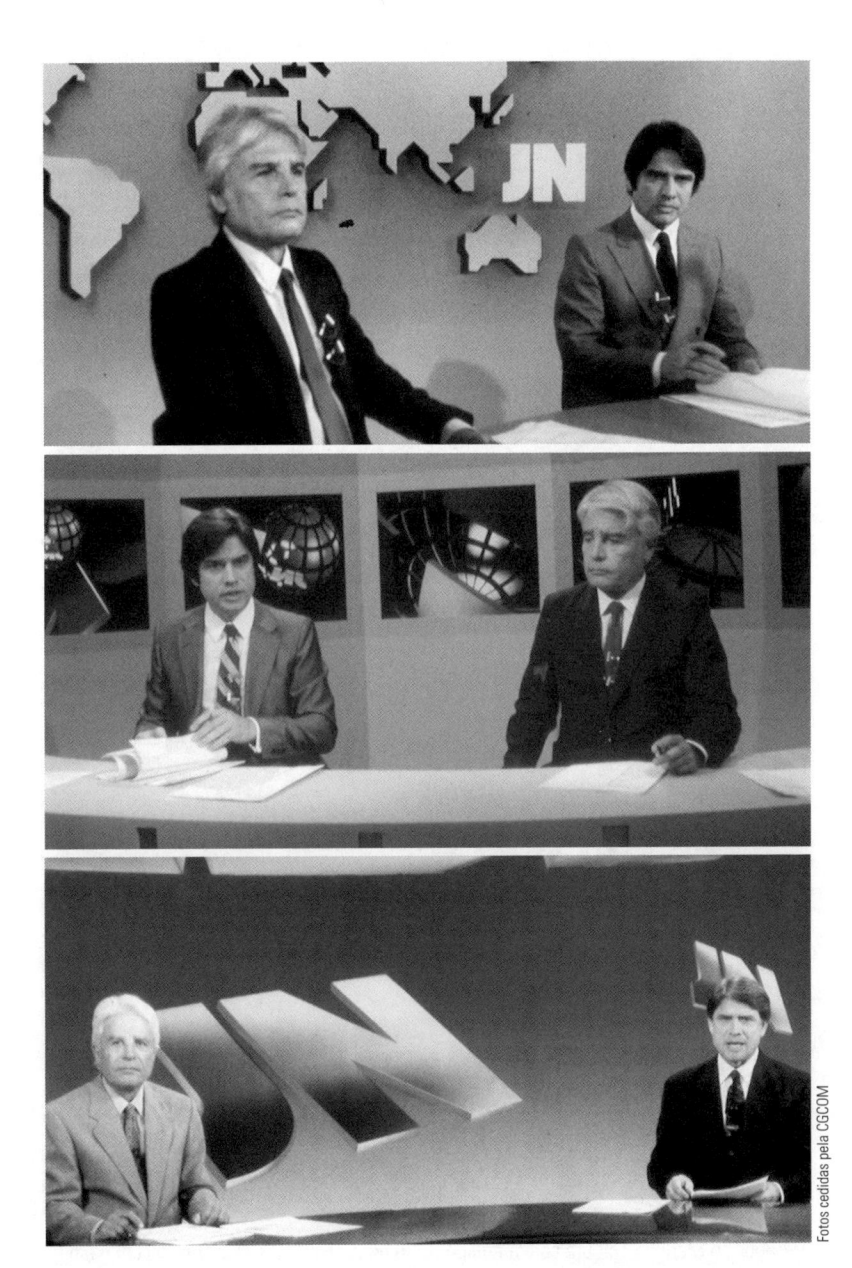

Sérgio Chapelin foi seu parceiro por mais tempo no Jornal Nacional

Boa noite

1 – Roberto Marinho celebra com a equipe os 20 anos do *JN*; 2 – O encontro com o amigo Boni, depois de duas décadas

Jornal Nacional

1 e 2 – Depois de longos anos de parceria, os dois companheiros de bancada se despedem juntos do *JN*, em 1996

Foto: Sérgio Zalis, cedida pela Gol Records

Capítulo 4

Aos 70, um novo trabalho

A Bíblia mostra seu novo talento 176
Fé ou trabalho? 179
Os valores de Cid 181
O trabalho com a Bíblia 184
As gratificações 188

Boa noite

A BÍBLIA MOSTRA SEU NOVO TALENTO

A Bíblia, em especial o Novo Testamento, serve para mim como um manual de instruções para viver neste mundo, eu desejo aproveitar minha voz e apresentar para outras pessoas essas palavras que me comoveram. Tenho muita coisa para consertar dentro de mim, o Novo Testamento, bem como o livro de Eclesiastes, que apresenta toda a sabedoria do rei Salomão, me tocaram profundamente.

A experiência profissional de Cid foi direcionando seus caminhos para outro caminho que não o do jornalismo. Essa nova fase ele considera tão importante quanto seu trabalho em jornal. Narrar textos que consolam e tocam a vida das pessoas também transformou sua própria vida. A primeira narração de Cid foi *"Desiderata"*, há mais de 30 anos. Aliás, essa mensagem trouxe um personagem da adolescência de Cid de volta a sua história: Carlos Frias, locutor que ficou famoso durante a Segunda Guerra Mundial, pelas crônicas que interpretava na Rádio Tupi do Rio de Janeiro, o "Boa Noite para Você". Foi quem traduziu para o português essa mensagem, escrita pelo poeta e advogado Max Ehrmann em 1927 e foi considerado por muitos como uma poesia encontrada em uma igreja em Baltimore, nos Estados Unidos. Frias pretendia repetir no Brasil, na voz de Cid Moreira, o mesmo sucesso que esse trabalho fez nos Estados Unidos, na voz do ator Anthony Queen. E acertou na escolha. O compacto gravado pela Som Livre virou febre nacional. *"Por causa disso ganhou um clipe que foi ao ar no* Fantástico *em 1975 e depois reverberou durante anos no programa* Vídeo Show."

Não demorou muito e Cid apareceu na tela interpretando o "Sermão da Montanha", da Bíblia Sagrada. E assim uma sucessão de apresentações, entre elas Isaías e Salmo 23, também ganhou a simpatia cada vez maior do público. *"Tenho consciência de que sou também muito criticado por várias pessoas, que só me conhecem superficialmente.*

Aos 70, um novo trabalho

Isso faz parte do resultado de quem fica muito exposto na mídia. Não dá para agradar a todos, todo o tempo. Nem tenho essa pretensão. Às vezes, em um pequeno bairro, os pobres anônimos têm suas vidas vasculhadas por quem não tem o que fazer; imaginem uma pessoa pública. Tudo tem um preço e existem pessoas que, sem conhecimento, dizem que meu único interesse na Bíblia Sagrada é ganhar dinheiro e mais notoriedade. É um direito pensarem o que quiserem. E, sinceramente, se fosse esse o motivo, eu já poderia poderia ter parado de trabalhar há muito tempo, mas, honestamente, isso não é verdade", confessa Cid. *"Eu sempre fui meio cético, descompromissado com qualquer causa religiosa. Passei minha vida toda em uma busca intensa, como grande parte das pessoas, por respostas para as minhas questões mais humanas, mais profundas, para saciar a minha inquietude. Sei que muitas pessoas querem que eu assuma uma ou outra igreja ou religião. Pessoas que se acham proprietárias das coisas divinas, se consideram os escolhidos, os eleitos de Deus. Não quero fazer isso. Meu único compromisso é com minha consciência. E minha consciência só Deus sabe inteiramente dela, nem eu mesmo tenho acesso a tudo dentro de mim. Não sou nenhum salvador ou qualquer coisa do gênero, que possam me rotular. Nem tenho essa pretensão. Estou tentando ser mais digno a cada dia, o que já é uma árdua tarefa. Não tenho gabarito, nem quero ser comparado a um estudioso ou teólogo; seria injusto e pretensioso demais. A única certeza que tenho são as minhas experiências de cunho pessoal",* desabafa o famoso locutor ao iniciar o assunto que tanto mexe com sua vida hoje: a crença nos ensinamentos de Jesus Cristo e a aceitação dele como seu único salvador. *"Jesus nos deixou um legado sábio e maravilhoso. Revolucionário e muito difícil de colocar em prática. Nós continuamos, apesar de tantos anos depois que ele deixou sua mensagem, a atravessar o deserto. Continuamos muito parecidos com aquele povo bárbaro que o crucificou. Eu não sou melhor que ninguém, em nada. Tenho meus erros, minhas insanidades. A única coisa de diferente que tenho é o fato de minha voz ser muito conhecida. Eu quero que ela seja instrumento útil para consolar e dar esperança.*

Boa noite

Como a Bíblia, em especial o Novo Testamento, serve para mim como um manual de instruções para viver neste mundo, eu desejo aproveitar minha voz e apresentar para outras pessoas essas palavras que me comoveram. Tenho muita coisa para consertar dentro de mim, o Novo Testamento, bem como o livro de Eclesiastes, que apresenta toda a sabedoria do rei Salomão, me tocaram profundamente", conclui, sem nenhuma demagogia ou segunda intenção.

Aos 70, um novo trabalho

FÉ OU TRABALHO?

Acontece que você fazer um trabalho profissionalmente é uma coisa. Outro caminho é desenvolvê-lo pela fé, pela crença no conteúdo daquilo que está produzindo. São situações completamente distintas.

Na época em que começou a gravar textos cristãos, a atividade era muito mais uma questão profissional e de utilização da voz que propriamente fé e conhecimento sobre as escrituras. Mas o fato de narrar assuntos dos quais tinha pouco conhecimento o incomodava muito. Para ajudá-lo nessa tarefa, contou com Joseph Zanon, teólogo e judeu convertido ao cristianismo. Contou também com a ajuda do jornalista Fermino Neto, ex-padre e amigo de longos anos de sua família. Também aprendeu muito com o pastor Roberto Conrad, pegou muitas dicas com o arqueólogo e estudioso Rodrigo Silva e o pastor Siloé Almeida. *"Quantas vezes liguei para o Rudi Zimmer para me esclarecer trechos que não conseguia entender da versão bíblica na Nova Linguagem de Hoje? Ele me socorreu sem pestanejar. E o Paulo Bergman, com seu humor bem peculiar, seu talento e vozeirão impressionante e boa vontade como poucos? E o que dizer de Mauro Teixeira, quantas horas passamos juntos com o mesmo propósito? Como é possível mensurar a disposição e carinho de alguém? Todos eles, cada um com o seu jeito, fé e incentivo, trouxeram Deus cada vez mais para perto de minha vida. Antes, parecia que eu era uma farsa. Como se eu não estivesse sendo leal comigo mesmo. Como podia gravar textos para milhões de pessoas e eu mesmo não ter entendimento ou fé naquilo que interpretava? Para mim, parecia mais um diagrama cheio de figuras de linguagem"*, confessa.

Mesmo nas gravações anteriores, como "As Orações da Minha Vida", para a Paulinas Editora, os Salmos gravados para a Line Records ou ainda os três CDs "Quem é Jesus", "Sermão da Montanha" e "Salmos" da Warner Continental, o narrador não se sentia familiarizado com as Escrituras Sagradas. *"Acontece que você fazer um trabalho profissionalmente é uma coisa. Outro caminho é desenvolvê-lo pela fé, pela crença no conteúdo daquilo que está produzindo. São situações completamente distintas."* Em sua opinião, nas Escrituras Sagradas Jesus tocou na alma das pessoas. Aliás, usou muitos objetos e situações que envolviam os cidadãos daquela época para tornar acessível sua linguagem e exemplificar seus ensinamentos tão universais. *"Ele já usava o método Paulo Freire de educação"*, brinca, lembrando-se do educador que revolucionou o ensino com técnicas que traziam a realidade dos estudantes para facilitar o aprendizado. *"Talvez por isso eu goste bastante dos livros que tratam da vida e morte de Jesus. Já o Velho Testamento está mais para um estudo histórico, filosófico e antropológico do povo que atravessou o deserto em busca da Terra Santa. Quanto mais leio, mais sinto o quanto tudo é ilusão. Morte de reis e povos, uma atrás da outra. em uma luta insana por poder e glória tão passageiros. Claro que o Velho Testamento tem a importância de trazer a genealogia de Cristo e de preparar povo para a vinda dele."*

Mas as reflexões de Cid vão bem além dos personagens e histórias bíblicas. Estão ligadas aos valores pessoais dele e a como ele poderia contribuir para tornar a vida das pessoas, nestes tempos contemporâneos, mais humanizadas, com mais sentido, além da luta pela sobrevivência. *"Não quero ser herói de nada, não. Gravar a Bíblia de capa a capa é mais para deixar um legado atemporal. Algo que realmente tenha um valor real. Algo em que eu acredito e que me faz transcender."*

Não foi fácil começar o trabalho de gravar os textos sagrados na íntegra. Mas o desejo veio amadurecendo na cabeça de Cid desde que ele se despediu dos telespectadores no *Jornal Nacional,* em 1996. *"E é sobre isso que vamos conversar um pouquinho"*, ele diz decidido, sentando-se mais confortavelmente na cadeira e tentando pôr em ordem as ideias. *"Como se explica quando surge a fé no coração de um cético? É sobre isso que quero falar agora."*

Aos 70, um novo trabalho

OS VALORES DE CID

Mas não é isso, é muito mais profundo, é a vontade de que outras pessoas também passem pela experiência maravilhosa que vivi: um encontro pessoal com Deus, uma certeza incrível que se apossou de mim sobre a existência e a vida de Jesus, que não foi em vão.

"Tudo começou a mudar em minha cabeça quando fui convidado para narrar em CD o livro Caminho a Cristo, *de autoria da escritora Helen G. White"*, conta, entusiasmado. O pedido veio de diretores da Casa Publicadora Brasileira. *"Essa editora cristã ofereceu ajuda de custo para eu gravar o livro porque a instituição não tinha fins lucrativos e foi criada para imprimir material de interesse dos adventistas do Sétimo Dia."* Ele aceitou a proposta mais pelo interesse de exercitar a narrativa, um dos seus grandes prazeres.

"Quando comecei a gravar, percebi que quase tudo o que ela escrevia era baseado em fatos bíblicos e vinha com a referência em seguida. Então, cada vez que eu via lá: livro, capítulo e versículo tal do Velho ou Novo Testamento, eu pesquisava na Bíblia e procurava entender o que ela estava ensinando. Assim, fui ganhando maior contato e intimidade com o Livro Sagrado. E comecei a gostar do que estava lá", explica. *"Depois disso, eu passei a me questionar por qual razão eu queria gravar a Bíblia na íntegra, se nem eu mesmo a entendia. Por que estou fazendo isso? Onde estou querendo chegar? Muitos podem pensar: 'Esse cara, depois de velho, de ter feito tudo quanto é profano, agora vem com essa conversa de querer gravar e entender os Livros de Deus. Que conversa fiada é essa? Deve ser interesse comercial, só pode ser'. Não é verdade. Se fosse por isso, eu teria parado nas passagens bíblicas, que fiz em 24 CDs e foram vendidas, encartadas em jornal, bem mais que 30 milhões de cópias. É muito mais profundo do que isso, é a vontade de que outras pessoas também passem pela experiência maravilhosa que vivi: um encontro pessoal com Deus, uma certeza incrível que se apossou de mim sobre a existência e a vida de Jesus, que não foi em vão. Pode parecer piegas para alguns*

Boa noite

ou até uma papagaiada para outros. Não importa, pois é uma experiência muito íntima, muito pessoal e eu não tenho necessidade nenhuma de inventar isso. Sou uma pessoa que teve grande credibilidade em meu trabalho, que teve muitas coisas que muitos poderiam chamar de sucesso. Era reconhecido por um país inteiro, onde quer que eu fosse, tive relacionamentos amorosos com muitas mulheres bonitas e inteligentes, tive dinheiro, prestígio e cultura. Usufruí de conforto e pratiquei esportes. Vivo em uma das cidades mais bonitas do mundo, quase em frente ao mar. Viajei e visitei várias partes do planeta, assisti a grandes espetáculos de música e peças nos mais renomados teatros e casas de shows do mundo. Então, muitos vão insistir que isso é sucesso e tudo o que o homem precisa nessa vida. Eu vou dizer do fundo do meu coração: é tudo ilusão, como refletiu tão bem o sábio rei Salomão.

É tudo ilusão! Não que eu não seja agradecido, ou coisa assim, por ter vivido as minhas experiências. Eu também tenho meu lado B, sofri muito, tive desilusões, perdi pessoas muito amadas, perdi amigos para a morte ou porque me traíram. Fui enganado várias vezes por causa da minha boa-fé, perdi dinheiro para mulheres e advogados, mecânicos e contadores. Tive que pagar caro pela falta de competência de profissionais pagos para me orientar e proteger meus interesses e que me traíram por ganância... e deixaram contas altas por isso. Também magoei muita gente com o meu modo de ser. Quantos vêm a esse mundo em condições subumanas? Não estou dizendo que, apesar de tudo, não foi boa a minha vida. Estou dizendo que, em algum momento, a gente para para pensar e se dá conta que se sente imensamente sozinho." Repentinamente, o locutor faz uma pausa e fica em completo e profundo silêncio, imerso em suas reminiscências. Depois de alguns minutos em que era possível escutar somente sua respiração meio ofegante, ele continua a expor seus sentimentos. *"Certa noite, depois do jantar, sentei em uma poltrona no meu escritório e senti uma dor incrível provocada pela solidão. Nesse dia eu chorei. Chorei muito mesmo! De soluçar! De doer a alma! Quando não suportava mais essa dor, me ajoelhei e pedi a Deus um sinal do que eu deveria fazer para tornar minha vida*

Aos 70, um novo trabalho

realmente significativa. Não que eu me considerasse mais merecedor do que qualquer outra pessoa desse contato com o divino. Esse mundo da criação, em que tudo flutua e gira vagando no imenso espaço em que a gente passa esses anos de nossa vida, já é por si só divino e maravilhoso. Só esse fato já merece celebração. Mas nós, miseráveis, que andamos de um lado para o outro sem saber para onde estamos indo, nos destruímos mutuamente, mesmo assim queremos um contato com o Todo, com o que é o princípio e o fim, o Alfa e o Ômega. Eu desejo parar de vagar que nem cego, e usar os atributos que me foram dados de maneira inteligente. Quero promover meios que permitam que eu viva e que deixe viver todas as outras criaturas que se encontram nesta mesma casa que me foi emprestada, que é o planeta Terra."

Boa noite

O TRABALHO COM A BÍBLIA

Fiquei com a sensação de que estava flutuando. Fiquei todo arrepiado; isso se deu por alguns minutos e desapareceu. Em outras vezes, sempre que estou em oração, ou concentrado, ou precisando tomar uma decisão, peço a Deus a resposta e, ao sentir tal vibração, escolho o melhor caminho a tomar. E isso tem me ajudado muito a encontrar a paz e realizar o que eu chamo de minha maior obra: gravar a Bíblia na íntegra.

Nos dias que seguiram, nosso locutor foi em busca de pôr em prática o meio que descobriu para entrar em contato com Deus. *"Todas as manhãs e antes de dormir eu leio livros com meditações diárias e também trechos da Bíblia. Em seguida, faço reflexões sobre o que eu leio e procuro adotar os conceitos e seguir esses princípios durante o resto do dia. Para relaxar minha mente, eu costumo fazer a oração de São Francisco. Alguém se lembra? 'Senhor, fazei de mim um instrumento de vossa paz. Onde houver ódio, que eu leve o amor; onde houver ofensa, que eu leve o perdão; onde houver dúvida, que eu leve a fé; onde houver erro, que eu leve a verdade; onde houver tristeza, que eu leve a alegria; onde houver angústia, que eu leve a paz etc.' Pois bem, eu aprendi em um livro que, se a gente repetir intensamente uma canção ou uma oração que conhecemos bem, em algum momento nossa mente vai ficar saturada e não vai mais pensar no trivial ou naquelas informações que não interessam no momento. Com isso, chegaremos a um estado meditativo. Comecei a treinar isso todos os dias, logo após as reflexões. E um dia isso realmente aconteceu. Tudo parou à minha volta. Eu estava acordado, mas sentia-me em um nível diferente de consciência. Mais algumas práticas e uma nova sintonia foi alcançada. Desta vez senti-me como se um condutor de eletricidade tivesse tomado todo o meu corpo e me varrido da cabeça aos pés. Como se fosse uma sessão de massagem que havia tomado conta de mim. Fiquei com a sensação de que estava flutuando. Fiquei todo arrepiado. Isso se deu por alguns instantes e desa-*

Aos 70, um novo trabalho

pareceu. Depois disso, e em outras ocasiões, sempre que estou em oração, ou concentrado, ou precisando tomar alguma decisão, peço para Deus uma resposta e, ao sentir uma estranha e gostosa vibração, sinto-me inspirado sobre qual o melhor caminho a tomar. Isso tem me ajudado muito a encontrar a paz e realizar o que eu chamo de minha maior obra: gravar a Bíblia na íntegra. Pode parecer pretensioso, mas eu penso nos analfabetos, nos deficientes visuais ou nos quase cegos, nos doentes em hospitais ou acamados, ou mesmo em pessoas que não têm tempo para ler e interpretar os livros sagrados. Com esse audiobook, *todos os que desejarem terão acesso a essa obra."*

Esse não é um trabalho comum, como os *audiobooks* que estão ganhando as prateleiras das lojas e virando moda. A gravação recebe um tratamento especial, com trilha sonora, como nos filmes de cinema. Dois maestros trabalham incessantemente no desenvolvimento das trilhas musicais que atendem ao sentimento de cada cena. Assim, é possível visualizar o trecho como se estivesse voltando ao passado e vivendo aquele fato histórico em três dimensões. As trilhas são feitas minuciosamente para cada enredo dos livros, seguindo a cronologia, do Gênesis ao Apocalipse. Quer dizer, a cada história relatada, o maestro Eugênio Dale e a musicista Suzanne Hirle estudam e criam a trilha que mais combina com o trecho em elaboração e passam ao ouvinte essa expectativa, ou despertam a exata noção de tristeza, dor, alegria, vibração, terror e outros sentimentos, de acordo com o ambiente em que se passou a ação bíblica narrada, usando para isso instrumentos musicais condizentes. Os sons da natureza, como o sopro dos ventos, o marulhar das águas, o rolar das pedras e o estrondo dos trovões, por exemplo, são destacados pelos efeitos sonoros criados pelo técnico, Alexandre Franca. *"Aliás, estou muito satisfeito com o trabalho dessa garotada. Posso chamá-los assim, pois são todos jovens, mas muito profissionais. O Alexandre, por exemplo, parece uma máquina que entende tudo o que eu peço. Ele é rápido e dinâmico e domina o Protools, equipamento que faz mixagens e masterização, como poucos. É ele que*

Boa noite

me auxilia na criação da sonoplastia, como sons de portas e janelas se abrindo e fechando, carroças passando, muros ou casas caindo que fazem parte do movimento do ambiente que é captado." Da mesma maneira, os sons dos animais, como carneiros, vacas, leões, jumentos, cavalos, galos e galinhas, entre outros, vão enriquecendo e dando vida à narrativa. Nos diálogos, o experiente profissional convida amigos para dar vida aos personagens que *passam* pela Bíblia, como as viúvas, os chefes das tribos, os guardas, os reis, as rainhas, os anjos, as prostitutas, as crianças, os pedintes, os cegos, os cobradores de impostos, os fariseus e os adoradores de outros deuses. *"Eu os dirijo e todos se saem muito bem"*, conta, orgulhoso. Todos são voluntários. De acordo com a habilidade de cada um para a interpretação, Cid escolhe personagens mais elaborados e conhecidos por todos, como os profetas, os discípulos e as grandes mulheres, por exemplo, que têm papéis com muitos diálogos. *"Levo horas ensinando e dirigindo esse pessoal; é muito divertido e prazeroso, Inclusive, tem alguns que, em minha opinião, são melhores que muitos profissionais da área e realmente surpreendem, mas não vou citar nomes, pois são todos muito especiais e colaboraram com tanta boa vontade que seria injusto citar uns e não outros".*

Cid faz quase tudo nesse trabalho. Primeiro ele prepara os textos, que extrai originalmente da Bíblia da Linguagem de Hoje, com o aval da Sociedade Bíblica do Brasil. *"Não troco nada. É realmente na íntegra. Também não posso deixar de agradecer aos pastores Rudi Zimmer e Erni Seibert, diretores executivos da Sociedade Bíblica Brasileira, que têm apoiado o projeto incondicionalmente"*, lembra. *"Sou imensamente grato a esses dois homens."* Seria injusto sublinhar agradecimentos à SBB e não mencionar outra pessoa que lutou para que essa obra saísse do papel e se tornasse real: Sérgio Azevedo. Esse profissional da locução também mergulhou de cabeça e investiu no ideal de Cid Moreira, tomando para si a mesma vontade que a do amigo de ver o projeto se tornar realidade. A ele coube o esforço de conseguir o patrocínio para esse trabalho tão longo e a crença de que seria realizado

Aos 70, um novo trabalho

até o final. "*Não era fácil acreditar que isso seria possível, e o Sérgio lutou bastante e conseguiu. São quase seis anos de gravação que ele ajudou a tornar realidade.*"

Tarefas como separar os diálogos, o narrador e os personagens, tendo cada um o seu roteiro, ficaram por conta de Cid. "*Esses papéis têm diálogos enormes e se perderia tempo demais colocando pessoas sem experiência para executá-los*", explica. "*Isso tudo valeu muito a pena, tanto espiritual como profissionalmente. Não tenho do que reclamar, só o que agradecer a Deus*".

Boa noite

As gratificações

Para celebrar esse encontro entre amigos de fé, surgiram *Os textos bíblicos extraordinários* e *Salmos*, volumes um e dois, entremeados de músicas interpretadas por famosos.

Em três outras experiências diferentes, o locutor, que passou a ser conhecido pelo público também pelo interessante trabalho cristão, viveu o prazer de gravar CDs com cantores e grupos *gospel*. Com a cantora Aline Barros, vencedora de dois *Grammy*, fez uma linda parceria, na qual ele interpretava e ela cantava as letras mais conhecidas e admiradas pelo público da música cristã. As duas belíssimas vozes deram vida a seis faixas, cujas músicas adaptadas trazem a reflexão e o encontro espiritual com Deus. *"Desenvolver esse projeto foi muito gratificante, pois a Aline é uma cantora de primeira grandeza, um exemplo nobre, e, o melhor, é afinadíssima, o que facilita o trabalho e dá prazer também. Pois ela tem o domínio da voz"*, comenta Cid. "Santo é o Senhor", "Sermão da Montanha", "O amor", "Deus do impossível", "Não sejam ansiosos", "Caminho da fé", "Salmo 10", "Para sempre Te adorarei" estão entre os mais conhecidos e admirados trechos desse CD, que marcou a vida do locutor. *"Sou muito agradecido a ela por esse momento tão especial em minha vida, inclusive porque eu estava passando por uma total transição profissional e pessoal. Os ensaios, a emoção de conhecer as letras e me envolver nesse projeto fizeram parte de um período muito significativo para minha vida."* Outro momento ímpar no trabalho de Cid Moreira foi a gravação de um par de CDs duplos com dois colegas também locutores: Sérgio Azevedo e Celso Freitas. O trio gravou uma coletânea dos textos bíblicos que selecionaram e chegaram a conclusão de que eram os mais tocantes das escrituras sagradas. Para celebrar esse encontro entre amigos de fé surgiu então o "Os textos Bíblicos Extraordinários e Salmos", volumes um e dois, entremeados de músicas interpretadas por famosos grupos e intérpretes *gospel*, como

Aos 70, um novo trabalho

Alessandra Samadello, Anderson César, Arautos do Rei, Corais do Unesp e Carlos Gomes, Darlene Lima e Art Trio, Felipe Valente, Grupo Compasso Livre, Tarsis Iríades, entre outros nomes.

À medida que o tempo passa, as participações de Cid vão aumentando e ilustrando cada projeto divulgado e distribuído pelo Brasil. Com o toque de sua voz embelezando e dando vida a esses trabalhos para lá de especiais, nosso personagem se junta aos artistas envolvidos, levando encanto, consolo, beleza e esperança para quem segue nessa estrada árdua e pedregosa, mas com riachos e sombras da enigmática experiência, que é a vida. A jovem Rafaela Pinho presenteou Cid com o convite para gravar um texto em seu primeiro CD, *Aprendendo a confiar*. "*Simpática e muito simples, essa jovem optou por se tornar uma missionária e, por esse motivo, dedica sua vida a levar a mensagem do Evangelho para todos os cantos. E eu fico muito admirado com a coragem e a dedicação dela e homenageio aqui a todos os outros cantores, músicos e pessoal determinado a fazer de sua vida uma oração. Ela começou cedo e já está com seu segundo trabalho gravado, Caminho, verdade e vida, produzido por Suzanne Hirle. Me impressionam o profissionalismo e a maturidade dessa jovem. Afinal, quanta gente da mesma idade está perdendo o tempo e a saúde com coisas que não levam a lugar algum?*"

O primeiro Festival Gospel, realizado em Israel, de que Cid participou, tem um sabor muito mais gostoso que o das tâmaras plantadas nos oásis daquela região. Se não bastasse o fato de estar em solo sagrado e terra de tantos conflitos, ele tinha outro motivo para se emocionar: a oportunidade de interpretar Salmos para uma plateia tão especial de fiéis. E a luz daquele entardecer no Monte das Oliveiras, em Jerusalém, completou o cenário, que ficou gravado em sua memória. No momento em que se reuniram centenas de brasileiros nas escadarias do Monte Moriá, a lua surgiu triunfante, poderosa, para participar do espetáculo. No meio da correria e dos murmurinhos, Cid calmamente pediu a um fotógrafo que gravasse na retina de sua máquina aquele exato momento! E assim ficou: a lua, a organizadora

Boa noite

do evento, a mineirinha Jane Silva e Cid. No corre-corre, pousaram e curtiram, como se o tempo tivesse parado tudo por alguns minutos, em seguida retornando sem ninguém ter percebido. Depois dos cantos e orações, os dias do evento foram marcados por visitas a lugares sagrados como a igreja construída no local onde nasceu Jesus, em Belém, o rio Jordão e um passeio ao mar da Galileia. Os caminhos de Cristo até o Calvário, o Muro das Lamentações e outros pontos foram incluídos como parte do festival. No último dia na Terra Santa, já em Tel Aviv, o embaixador do Brasil em Israel, Pedro Motta, fez a Cid uma homenagem na praça Osvaldo Aranha, como parte das demonstrações de simpatia dos israelenses ao povo brasileiro. Para Cid, aquele momento foi mágico. *"Quem diria"*, pensava ele. *"Estou aqui, nesse país em que se ama o nosso samba, futebol e a nossa língua. No meio de em uma festa para Osvaldo Aranha, esse grande brasileiro, que bem podia ter recebido um Prêmio Nobel da Paz. Ele é respeitado e lembrado até no deserto escaldante de Negev, onde, no Kibutz, o povo não esquece sua decisiva contribuição para a formação do Estado de Israel. Mas não é só isso. Aranha, esse visionário nascido em Alegrete, Rio Grande do Sul, se orgulharia de como cresceu a agroindústria e a tecnologia de softwares, teimando entre uma bomba árabe e outra. Feliz ficaria esse chanceler da ONU em saber dos frutos que surgiram a partir de sua decisiva contribuição para a formação desse país."* Essa foi a melhor maneira de finalizar este capítulo. Afinal, é a Terra Santa que conta a história do cristianismo, religião que tanto tocou Cid Moreira nos últimos anos.

Aos 70, um novo trabalho

1 – Milton Afonso deu apoio a Cid desde o primeiro CD da Bíblia em áudio; 2 – Cid fez uma participação no CD de Rafaela Pinho, a quem ele homenageia; 3 – A maestrina Suzanne Hirle foi responsável por uma parte da trilha sonora dos CDs da Bíblia em áudio, recente trabalho de Cid

Boa noite

Grandes colaboradores para as gravações dos textos bíblicos
1 – Erni Seiber; 2 – Rudi Zimmer; 3 – Roberto Conrad; 4 – Mário Provedel; 5 – Alexandre Franca; 6 – Fernimo Neto

Aos 70, um novo trabalho

1 – Cid grava CD para a Polícia Federal a convite de Mallmann; 2 – Joseph Danon lança "Salmos" com Cid; 3 – No estúdio em casa, faz gravações com os amigos Paulo Bergman e Mauro Teixeira

Boa noite

1 – Cid Moreira, Celso Freitas e Sérgio Azevedo gravam juntos "Textos Extraordinários"; 2 – Aprendendo sobre a Bíblia, com o "Caminho a Cristo"; 3 – Cid em foto feita para o disco Poemas (Desiderata), em 1975, seu primeiro trabalho do gênero

Aos 70, um novo trabalho

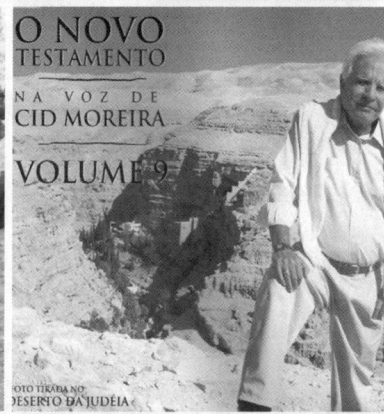

Boa noite

Boas lembranças da Terra Santa
1 – Rio Jordão; 2 – Monte das Oliveiras; 3 – Homenagem do embaixador Jorge Motta na Praça Oswaldo Aranha, em Tel Aviv; 4 – Jane Silva, do Festival Gospel, em noite enluarada; 5 – Documentário em Jerusalém

Aos 70, um novo trabalho

1 – Cid volta à Israel e visita as escavações da cidade de Davi; 2 – Na oportunidade, o casal Cid e Fatima é batizado no rio Jordão

Boa noite

Cid e Fatima plantam uma árvore na campanha de reflorestamento de Israel

Aos 70, um novo trabalho

1 – O casal brinca e experimenta a sensação de andar de camelo em Jerusalém; 2 – Cid procura na Bíblia trecho que trata do Monte das Oliveiras; 3 – Um breve registro da passagem pela cidade de Cafarnaum

Foto: Marisa de Lima, capa da revista Intervalo 2000, cedida pela Editora Abril

Capítulo 5

Contato com o público

A abordagem dos fãs 202
Os presentes e os "pedidos" 210

Boa noite

A ABORDAGEM DOS FÃS

Isso faz parte da vida de quem se expõe demais, por isso eu me lembro que é o personagem da fantasia de cada um que faz esse sucesso, não a pessoa comum, como eles, que eu sou. Será que gostariam de mim como sou na minha vida cotidiana? Como sou nas minhas contradições? Será que gostariam de mim assim mesmo, com as minhas manias? Talvez não!

Vendedores de rua, donas de casa, empresários, intelectuais, guardas de trânsito, políticos, faxineiras, professores, agricultores, enfim, gente de todas as classes sociais, econômicas, religiosas ou profissionais tem admiração pelo locutor Cid Moreira, ou alguma história para contar relacionada ao seu *"boa noite"*. Não é para menos: foram quase três décadas com esse contato diário. *"Como eu visitava toda noite as famílias brasileiras, seria natural que quase todos, de alguma maneira, tivessem algo para se lembrar desse tempo."*

Essa admiração pode ser sentida com base nas milhares de cartas vindas de todos os cantos do País. Os assuntos – os mais variados possíveis – vão desde declarações de amor, de amizade, pedidos de favores, empregos, dinheiro, materiais de construção, entre centenas de outras solicitações, das mais estranhas às mais simples. São enviadas cartas em que os corações aflitos fazem denúncias, enviam congratulações e carinho, como se fossem parentes queridos e muito próximos do locutor. *"Isso faz parte da vida de quem se expõe demais, por isso eu me lembro que é o personagem da fantasia de cada um que faz esse sucesso, não a pessoa comum, como eles, que eu sou. Será que gostariam de mim como sou na minha vida cotidiana? Como sou nas minhas contradições? Será que gostariam de mim assim mesmo, com as minhas manias? Talvez não! As pessoas gostam de idealizar e precisam disso para viver. Assim como sou eu, poderia ser qualquer outro. Não sei se eu gostaria de mim mesmo se eu estivesse no lugar dos telespectadores e me conhecesse melhor."*

"Eu me lembro dele, porque nosso pai nos proibia de falar durante a apresentação do JN. A gente ficava muito bronqueada, mas não podia

dar nem um 'pio'. Meus pais ficavam fixos nas notícias e ai de quem incomodasse", conta Ana Lúcia, rindo agora da situação. Ela encontrou Cid Moreira no Aeroporto de Guarulhos, em São Paulo, e fez questão de dizer isso a ele. Cid não teve dúvida. Com presença de espírito, disse: *"Que boa forma de lembrar-se do seu velho pai, que pelo visto era um homem que buscava a informação e não perdia tempo com programas inúteis, não é mesmo?"*

Já Ângelo viu Cid pela primeira vez na telinha em uma praça em João Pessoa. *"Televisão era uma coisa cara, então as pessoas da comunidade se reuniam na praça principal, onde foi instalado um aparelho de tevê e lá a gente sabia o que estava acontecendo no País. Seu 'boa noite' era inconfundível"*, relembra, tentando imitá-lo. Eles se encontraram na feira que o locutor costuma frequentar aos domingos, na Barra da Tijuca, onde mora atualmente.

Sentado à mesa de um restaurante na cidade de Jericó, Cisjordânia, Cid Moreira foi abordado de surpresa por um garçom com um forte sotaque nordestino. *"Que bom encontrar o senhor por aqui. Fico muito feliz por essa oportunidade"*, disse o cearense Roberto. Ele, que trabalha em Israel há mais de 10 anos, não teve dúvida em conversar com o brasileiro famoso.

Situação similar ocorreu na Suécia. De férias em Estocolmo, o locutor estava em uma das principais ruas do lugar quando viu uma morena correndo em sua direção. Pensou: lá vem uma brasileirinha. E estava certo. Ofegante, a linda baiana não teve dúvida e pediu logo para tirar uma foto ao lado de seu ídolo. *"Meu rei, não sabes a felicidade que estou de lhe encontrar em um lugar tão longe do meu país"*, disparou a jovem. Ela vive naquela capital desde que se casou, e lá ensina danças típicas da Bahia em uma academia. *"Aqui o gingado faz muito sucesso e eu tenho muitos amigos ensinando capoeira também"*, explicou, orgulhosa.

Já se tornaram comuns as cenas de alegria dos fãs que encontram Cid em qualquer parte do mundo. *"Em Nova York e Miami já me sinto em casa, de tanta gente que vem ao meu encontro quando*

Boa noite

estou nesses lugares. O mesmo sempre ocorre em todas as outras partes. É bom, porque me sinto auxiliado e confortável onde quer que esteja. Se eu precisar de ajuda, é só pedir que sempre vai ter alguém disposto e gentil para me atender."

Quem não consegue chegar perto, ou é tímido, às vezes deixa bilhetinhos ou faz comentários quando passa. Mas muita gente escreveu para Cid durante esse tempo todo em que ele trabalha na televisão, e ainda escreve. Uma de suas fãs número um é Dona Rosa, do Ceará. Quando escreveu para o locutor pela primeira vez, fez questão de lembrá-lo, em um belo cartão com flores azuis pintadas a mão, que é amiga dele desde 1970, quando começou a acompanhar o JN. *"Inúmeras pessoas, quando não encontram solução para suas dificuldades econômicas, tentam me sensibilizar e pedem ajuda financeira. Imagina que responsabilidade: as pessoas colocam em minhas mãos suas expectativas como se eu pudesse resolver todos os seus problemas. Também trabalho e tenho que pagar minhas contas e pago muitos tributos por isso, então se torna muito complicado. Não fico feliz em receber esse tipo de carta. Fico de mãos atadas, pois sinto muito mesmo, em alguns casos, que a miséria exista nesse nível em nosso país, no qual as pessoas acreditam que um locutor de jornal possa resolver os problemas delas."*

Dona Elisa é outra fã incondicional que acompanha o trabalho do narrador há mais de 35 anos. Ela vive em Guarulhos, São Paulo. Em quase todas as datas comemorativas – Páscoa, Natal, Ano-Novo – e, até mesmo sem uma celebração específica, chegam cartas dela. *"Sempre me trata com muito carinho. Diz que está orando por mim. Acompanha todas as notícias a meu respeito e não esquece meu aniversário. Me envia lindos cartões, manda notícias de sua família, conta seus problemas, mas eu nunca a vi pessoalmente"*, comenta Cid, que faz questão de guardar todas as cartas que recebe de fãs. São caixas e mais caixas, parte de suas lembranças.

Boa parte das cartas enviadas ao nosso personagem são de pessoas que trabalham na área de comunicação e desejam uma oportunidade para mostrar seu talento, na expectativa de que Cid possa

Contato com o público

encaminhá-las para um emprego. A adolescente Cristina Maria, da cidade de Elias Fausto, interior de São Paulo, é um exemplo dessa fantasia. Ela fez um curso de voz e quer ser radialista e cantora, inclusive já compôs algumas letras de música. "*É sempre assim. A pessoa conta um pouco de sua história, seus desejos e espera que eu faça o resto, que lhe dê emprego ou indique para alguém que possa realizar seus sonhos. Fica meio complicado atender as pessoas. Eu acredito que, como eu, que busquei o meu caminho profissional, cada um deve tentar do seu jeito e encontrar meios para conquistar espaços.*"

Até debutantes já pediram ajuda em dinheiro para fazer a festa. Uma delas foi Maíra Ribeiro, de São Luís, que mandou até o número da conta bancária. Ela queria um culto para celebrar a data, que foi providenciado por seu pai, que é pastor. Para Cid Moreira, pediu dinheiro para pagar sua festa de 15 anos. "*Agora só vou assistir aos editoriais, pois senti muito porque o senhor saiu da apresentação do* Jornal Nacional", escreveu a adolescente, que hoje é adulta. Em seguida, no meio da carta, não se intimidou: '*qualquer quantia serviria para ajudar a realizar o sonho da minha vida*'. "Pense bem, como vou dar conta de atender a todos esses pedidos de ajuda financeira que me aparecem? As pessoas perdem a noção e me acham íntimo, muito generoso, ou coisa parecida, como um herói, um salvador."

Algumas cartas impressionam porque mostram como as pessoas se envolvem e confundem realidade com fantasia. Dona Maria de Lourdes, de Buriti, Planaltina, Goiânia, assiste a Cid na tevê desde a fundação de Brasília, quando ele começou na televisão. Em sua carta, diz que se sente orgulhosa e feliz porque acredita que ele está falando para ela e mais ninguém.

Dona Damiana, do bairro de Olaria, Rio de Janeiro, enviou uma correspondência somente para pedir desculpas se '*estivesse se intrometendo demais na vida particular de Cid*'. É que ela, que nunca viu o apresentador pessoalmente, achava que ele fumava e que, por isso, a nicotina estivesse estragando seus dentes, os quais ela via amarelados na tela de sua tevê, conforme escreveu. "*Vai entender o que se*

Boa noite

passa na cabeça das pessoas que estão do outro lado! Não faço ideia de quem são e como vivem essas pessoas. E essa mulher, por exemplo, reclamou que meus dentes não estavam bons e já analisou que era por causa de cigarros. Eu nem fumo", diverte-se ele.

"Já recebi milhares de cartas tristes, como quando alguém está muito doente e manda uma palavra na esperança de que eu possa fazer qualquer coisa para recuperar a saúde dessa pessoa."

Valdemar de Souza, de Rondonópolis, Mato Grosso, pediu, por exemplo, informações de um médico em São Paulo que pudesse curar sua úlcera de estômago, pois ele tinha medo de fazer cirurgia com profissionais de sua cidade. Sem dinheiro e sem ânimo, dizia que não tinha mais a quem recorrer. *"Imagine meus sentimentos! Eu encaminhava todos os casos desse gênero para o departamento social da TV Globo, para que tomassem alguma providência."*

A poetisa Lara Pereira, do Recife, manda poesias para "El Cid" a fim de traduzir seu amor por ele. Ela é campeã no envio de cartas. Escreve como se ele fosse seu grande amor, com quem convivesse todos os dias. Em uma carta foi rude com as palavras e em outra, logo em seguida, fala do amor que sente por ele e que *"é leal"*. Escreve suas poesias e pede a opinião dele, relata seus problemas familiares, como se fosse íntima. *"O que posso fazer? Respeito, me emociono, mas me assusta a solidão das pessoas e às vezes acho graça."*

Dona Célia, moradora de Guarulhos, é outra fã incondicional. São centenas de cartas e cartões enviados todos esses anos para Cid Moreira. Muito carinhosa, ela trata de assuntos pessoais, como se o narrador fosse algum parente próximo. Nunca se esquece de contar como vão todos na família, as viagens que fazem, os problemas familiares, entre outras questões do dia a dia. Os aniversários do locutor e as datas festivas não passam em branco. Sempre faz questão de lembrá-lo da admiração pela sua voz e pelo trabalho que desenvolve.

Sem relatar qual é o seu ganha-pão, José Felipe, de Capivari, São Paulo, enviou uma carta para o narrador com a intenção de que fosse encaminhada aos pais do piloto Ayrton Senna, que, na ocasião, já

Contato com o público

havia falecido, solicitando que Cid Moreira *"tocasse a música "O amor mais puro", de Francisco Petrônio, durante o Jornal Nacional, para todo mundo ouvir".* Esse telespectador explica na carta que sonhou várias vezes com o piloto pedindo que homenageassem sua mãe e que resolveu escrever para o apresentador por sentir que Ayrton ou a família Senna ficariam felizes se o seu desejo fosse realizado. *"O que a gente faz nesse caso é pedir para a produção encaminhar a carta"*, justificou Cid, que, por motivos óbvios, não colocou a música para tocar enquanto narrava as notícias no *Jornal Nacional*.

Com uma caligrafia que demonstra forte personalidade, a gaúcha Luciane Moura, de Porto Alegre, não teve dúvidas e mandou uma linda carta com sentimento de saudade. *"Hoje eu me decidi a escrever para te dizer, meu amigo, como estou achando falta de seu 'boa noite', na minha televisão. Eu te adoro e sinto falta de sua imagem. Sou muito carente e sinto a sua falta, como se fosse a de um filho querido. O que me consola são as fitas, com a sua voz, para ouvir todos os dias. Saiba que lhe sou muito grata e envio um forte abraço"* – assim dizia o texto. "É de emocionar, não é mesmo? Queria eu poder ser merecedor de toda essa atenção. É para guardar no coração para sempre."

São centenas e centenas de cartas, como a escrita por Cristina de Souza, da cidade de Silveiras, interior de São Paulo, que servem para nos dar uma ideia de quanta carência econômica e emocional vive nosso país e como as pessoas sonham com alguém que possa lhes devolver a dignidade, ou, pelo menos, ouvir seus problemas, e, na melhor das hipóteses, resolvê-los. *"Olha, faz uns quinze dias que fiquei estudando como lhe escrever e com esperança por qualquer reposta. Sabe, meu amigo, eu tenho um casal de filhos que são a razão do meu viver. É por eles que ainda encontro forças para suportar tudo. Sou muito doente e ando muito cansada. Trabalho desde os sete anos de idade e nunca tive tempo para mim...",* conta em três páginas, como um desabafo. Em resumo, além de falar sobre toda sua dor e doenças, ela pede dinheiro para pagar as contas, que já venceram. *"Me ajude, por favor, você tem um jeito de quem tem dó dos outros. Pode ficar sossegado*

Boa noite

que não comento com ninguém sobre essa carta, e, que você me ajudou. Ficarei muito ansiosa por sua resposta e se puder vir aqui me conhecer pessoalmente, ficarei muito contente", finalizou.

Para Dona Luzia, de Leopoldina, Minas Gerais, Cid Moreira deveria gravar os *Cantares* ou *Cânticos,* do Rei Salomão. Segundo ela, que acompanha todos os trabalhos dele, a gravação ainda não foi feita e ficaria muito bonita na voz grave do locutor. Em resumo, ela disse do potencial da voz dele, da beleza e da capacidade de transmitir amor por meio das mensagens bíblicas.

Foi possível contabilizar milhares de cartas durante esses anos todos com sugestões desse gênero, elogios e pedidos de CDs e fotos autografadas por ele. Sem contar as outras tantas com pedidos de bens, doações, denúncias e premonições. Além de convites para casamento, bodas, aniversários, festas de 15 anos e formaturas. Isso sem falar nos debates, leilões, júris de festas juninas, forrós e centenas de outros acontecimentos pelo País.

Nem todas as cartas são direcionadas para Cid Moreira; algumas têm, como ele diria, outros interesses. Na carta de Genivaldo de Assis, morador de Gilbués, Piauí, enviada em 1995, ele cumprimenta Cid, mas seu desejo é ganhar uma foto da Globeleza. Genivaldo também quer o endereço da Escola de Samba Mocidade Independente de Padre Miguel e uma camisa do Fluminense. *"Vê se pode, me senti usado"*, diverte-se o locutor.

Já Aldaíza Alencar, de Aldeota, Fortaleza, derrete-se em elogios ao locutor. *"Nada me faz deixar de assistir ao* Jornal Nacional *só para te ver e ouvir. Sou de uma pobreza sem tamanho, mas a pobreza não impede a gente de admirar as belas coisas da vida. Se eu pudesse, você seria eterno na Globo. Queria gritar bem alto para todo mundo ouvir que você é o maior apresentador do mundo. Quero que você saiba que entre 60 milhões de pessoas não tem nenhuma que te ame tanto quanto eu. Admiro um homem bonito, limpo e cheiroso e eu, às vezes, chego perto da televisão, para ver se sinto também o seu perfume"*, escreve a admiradora. *"Essa declaração é de deixar qualquer um muito vaidoso. Eu não me-*

Contato com o público

reço tantos elogios assim. E olha que ela é carinhosa, mas não passa dos limites. Tem alguns telegramas de fãs mais afoitas que não dá nem para descrever o que dizem, senão fica chato. Algumas assumem que andam loucas de amor etc., é bom parar por aqui", ressalta ele divertido.

Claudete Silva, de Salvador, diz que não se casou ainda porque espera por Cid. "É muito difícil viver sozinha, porém vou te esperar. Sou a sua namorada da Bahia, esperando resposta", reforça. "Isso já faz mais de 12 anos, então acredito que ela tenha desistido, encontrado um namorado e esteja muito feliz", conclui Cid.

A fã Izildinha, de Marechal Hermes, no Rio de Janeiro, enviou uma carta consolando-o pela saída do *Jornal Nacional*. "Cidinho, a TV Globo não podia fazer isso com você, nem com a gente, a voz mais linda do Brasil, sua correção, postura, eloquência, simpatia e charme passam credibilidade à notícia. O horário vai ficar vazio e eu não me conformo com a perda", lamenta.

Se fosse possível colocar aqui todos os lamentos, alegrias, agradecimentos, pedidos de informações, reclamações, sugestões de notícias, congratulações, convites, enfim, centenas de histórias de pessoas e de lugares e idades completamente diferentes, daria, com certeza, para escrever outro livro só sobre esse assunto. "Sou agradecido a todos os que me escreveram tentando algum contato comigo. Com certeza não sou a pessoa idealizada nas escritas; sou humano e contraditório, como qualquer outra pessoa. Mas fico feliz pelo fato de que meu trabalho tenha dado resultado, e um dos meios de medir isso é a minha popularidade."

Cartas dos fãs relevam o grande carinho do público pelo locutor mais famoso do Brasil
Foram utilizados nomes fictícios dos remetentes para preservar suas identidades

Boa noite

Os presentes e os "pedidos"

Todos esses presentes servem para que os fãs demonstrem seu carinho, o respeito e a simpatia pelos seus ídolos; não acho ruim. É que em alguns casos chega a ser engraçado. Uma vez cheguei em casa e havia uma caixa de isopor de um remetente de Belém do Pará. A caixa estava cheia de frutas, como açaí e graviola, e comidas típicas, como tucupi no tacacá, queijo de búfala e outras iguarias. Mas de avião, pelo correio, os produtos não resistiram ao calor e aquilo tudo virou uma mistura tenebrosa.

Se fosse possível contar o número de abraços, apertos de mão, palavras de reconhecimento, de agradecimento e até mesmo as cartas, presentes, aplausos e pedidos de autógrafos que Cid Moreira recebeu ao longo de sua carreira, daria um grande número de horas de sua vida dedicado à atenção dos fãs. *"Eu poderia montar uma loja com os presentes que recebi"*, brinca ele. São roupas, *souvenires*, relógios, cartões, garrafas com bebidas, até utensílios domésticos. Sem contar as flores, frutas frescas e produtos típicos das mais diferentes regiões do País. *"Todos esses presentes servem para que os fãs demonstrem seu carinho, o respeito e a simpatia pelos seus ídolos; não acho ruim. É que em alguns casos chega a ser hilário. Certa vez chegou a minha casa uma caixa de isopor de um remetente de Belém do Pará. A caixa estava cheia de frutas, como açaí e graviola, e comidas típicas, como tucupi no tacacá, queijo de búfala e outras iguarias. Mas de avião, pelo correio, os produtos não resistiram ao calor e aquilo tudo virou uma mistura tenebrosa"*, resume ele, às gargalhadas. *"Pano de prato e panelas de barro e de pedra também já chegaram a minha casa. Uso tudo com muito prazer. Aliás, minha esposa só faz comida para mim em panela de pedra-sabão (típica de Minas) ou de barro (do Espírito Santo) e também de ágata ou do tipo inox, que são muito boas para cozinhar, sem causar os danos que o alumínio proporciona."*

Vinhos e bebidas raras, livros, discos e CDs ele já ganhou aos milhares, das mais variadas origens. *"Também recebo muitas cartas com previsões, premonições, aconselhamentos espirituais de todas as religiões possíveis. Leio, respeito e agradeço a preocupação, mas tenho as minhas*

Contato com o público

crenças. Ninguém pode mais que Deus, então é a Ele que peço proteção, ajuda, consolo e orientação. Se podemos falar direto com Ele, por que passar por uma enorme hierarquia? A verdade é absoluta e está acima das nossas convicções, das nossas conjecturas e suposições. Mas, como disse, respeito, pois não sou melhor do que ninguém em nada."

O apresentador recebe também denúncias de todos os tipos, que encaminha para a redação do *JN* ou do *Fantástico*. Convites para participar de festas regionais ou mesmo nas metrópoles e conhecer cidades e hotéis por esse Brasil afora chegam em grande número. *"Não tenho tempo disponível para atender a todos os convites, mas fico muito honrado com a lembrança de meu nome. Um ou outro até aceito quando consigo ajustar a minha agenda, mas é complicado, admito."*

Os pedidos de emprego na Globo também batem recordes. Desde vagas no setor jurídico, novelas, jornalismo e até na segurança. *"Tem gente que quer virar artista, outros querem trabalhar na área de comunicação. Para ser sincero, me sinto um pouco constrangido com isso. Nem para parente muito próximo gosto de usar desse conhecimento para usufruir de benefícios do gênero e conseguir empregos. Para minha filha, que era locutora, com uma voz maravilhosa, eu consegui um estágio na empresa. Agora, se manter lá pela dedicação e profissionalismo foi com ela. Quando não deu mais certo, achei justo que saísse. Trabalho há mais 65 anos e em quase todos os meus empregos ou fui convidado ou consegui a vaga batendo na porta da empresa e mostrando o meu trabalho. Me sinto usado quando alguém pede um favor desse tipo para mim ou, o que me incomoda mais, quando constranjo o pessoal dos departamentos que cuidam disso na Globo. Só fiz isso algumas poucas vezes. Quando o talento de quem me pedia era nato, me impressionava sobremaneira, eu empenhava a minha palavra. Nesses casos, eu fiz o pedido, mas deixei bem claro para a pessoa do departamento que ficasse muito à vontade para atender à solicitação ou não, de acordo com a necessidade da empresa. Acho que é essa a parte mais desagradável de ser conhecido. Algumas pessoas apareceram na minha vida acreditando que podiam tirar vantagem disso, e não porque queriam me conhecer ou ser minhas amigas, aceitando-me da forma que eu sou. A lista de amigos leais e despretensiosos é pequena"*, desabafa.

Boa noite

Cartas recebidas dos fãs

Contato com o público

ELE NÃO GOSTA DO SUCESSO

SER BONITO ME CANSA!

FÃS ATACAM CID MOREIRA

Tremendo boa-pinta, Cid Moreira, o locutor do *Jornal Nacional* da TV Globo, é constantemente assediado pelas fãs e nem nos seus momentos de folga ele consegue curtir um pouco de tranqüilidade.

Cid Moreira
O BEM-AMADO DA NOTÍCIA

Aos 63 anos, 47 de carreira, o apresentador do Jornal Nacional foi escolhido o jornalista mais conhecido do Brasil, numa pesquisa feita em todo o país.

Ele é o dono do "boa-noite" mais famoso do Brasil, pois diz essa frase desde 1º de setembro de 1969, quando estreou na telinha da Globo o *Jornal Nacional*. Depois de mais de vinte anos apresentando as principais notícias do país e do mundo, Cid Moreira foi escolhido como a personalidade mais conhecida do jornalismo brasileiro, como mostram as pesquisas realizadas pelos institutos Vox Populi e Datafolha. Aos 15 anos, Cid bou se transformando num locutor. Seu talento lhe rendeu vários empregos, como nas rádios Bandeirantes e Mayrink Veiga, e nas tevês Excelsior, Continental e Rio, até chegar à Vênus Platinada, de onde nunca mais saiu. Aos 63 anos, o apresentador não troca o sossego do lar, ao lado da terceira esposa, Ulhiana, por uma badalação. Nesta entrevista exclusiva à *CONTIGO*, o galã da notícia fala do trabalho, da intimidade e dos cuidados para manter a boa aparência.

— Como é ser a pessoa mais conhecida do jornalismo brasileiro?

— Os resultados dessas pesquisas foram a maior alegria de minha carreira, superando todos os troféus que recebi até hoje. O carinho popu...

CID SÓ SE QUEIXA DE SUA FAMA DE "DON JUAN"

Cid Moreira e Sérgio Chapelin
O ÚLTIMO "BOA-NOITE"

Os apresentadores deixam o *Jornal Nacional* sob o comando de Lillian Witte Fibe e William Bonner

Manchetes e textos cedidos pela Editora Abril

Boa noite

O CHARME DE CID MOREIRA FAZ COM QUE ELE RECEBA MAIS CARTAS QUE OS GALÃS DE NOVELA

ELE JOGA TÊNIS Rio de Janeiro. Cid joga tênis toda noite na equipe da ABB, é do signo de Libra e passa seus fins de semana em Itaipava (RJ). Na Mayrink Veiga ele foi, durante muito tempo, narrador de seus programas humorísticos. No cinema, é locutor do "Canal 100".

O QUE FAZ A BELEZA Rio de Janeiro. O apresentador recebe propostas para ganhar milhões fazendo propaganda, mas seu contrato com a TV não permite. Cartas de fãs e admiradores, recebe no mínimo três por dia, e os telefonemas, de todo o país, são vários.

TODOS O RECONHECEM NA RUA
Globo é reconhecido onde quer que esteja: as crianças lhe

Foto de Marisa de Lima; textos e manchetes da página interna da revista Intervalo 2000, cedidas pela Editora Abril

Contato com o público

Nascido em Taubaté, Cid Moreira revelou sua potência vocal ao Brasil ao apresentar o Jornal Nacional por 27 anos

A voz inconfundível

Francisco de Assis
São José dos Campos

Boa noite! Durante quase três décadas, era assim que a inconfundível voz de Cid Moreira cumprimentava o Brasil diariamente. Nesses encontros pela telinha, o apresentador ganhou o carisma do público e se tornou um ícone do telejornalismo.

Como começou?
Foi em Taubaté, eu deveria ter uns 17 anos, e cursava contabilidade. Era muito amigo do filho do dono da Difusora, o Emílio Amadei Beringhs Filho, e pedi a ele um estágio no setor administrativo da rádio. Mais eu costumava frequentar festas na casa dele e ajudava a fira os principais trechos da entrevista.

> Não me dediquei muito à escrita. Hoje, faço o trabalho de adaptação da Bíblia. Todos os dias, sento ao computador para preparar o material para gravar

RÁPIDAS
- Defeito: Sistemático
- Qualidade: Determinação
- Uma frase: "Merte só, corpo são"
- Lugar: "Gosto da serra"
- O que gosta de comer: "Quase tudo, mas há 30 anos aboli a carne da minha alimentação."

para o Rio, trabalhar na Mayrink, e posteriormente fui para a TV Excelsior e depois para a TV Globo, cinco meses antes do lançamento do Jornal Nacional.

Ainda tem amigos ou conhecidos da área de Jornalismo em Taubaté?
Tem o radialista Silva Neto, com quem eu trabalhei na Rádio Difusora, na década de 40 e também o Dr. Djalma Tavares,

O que você gosta de ver na TV?
Gosto dos programas jornalísticos, é claro, e também de c[...]nema.

Qual o seu maior divertimento hoje?
Tenho como costume joga[r] tênis e ultimamente me dedic[o] "full-time" à gravação da Bíbli[a] na íntegra. É um projeto ino[...]

Cedido pelo Jornal Vale Paraibano

Na M!dia

ANO III - NÚMERO 15 - A sua revista nos bairros do Leblon, São Conrado, Joá, Barra da Tijuca e Recreio

CID MOREIRA
O dono da voz mais conhecida do Brasil

Cedida pela revista Na Mídia

que brincavam, e[...] che[...] de sua turma em Taubaté, cidade do interior de São Paulo. Andava descalço, pulava muros e adorava

TORNEI-ME LOCUTOR POR ACASO

"Tornei-me locutor por acaso", conta ele. "Um dia, durante uma festa na casa do filho do dono da rádio Difusora de Taubaté, onde eu trabalhava, nos escritórios, fiquei brincando de fazer imitações. No dia seguinte, ao chegar à rádio, logo me chamaram para ler uns textos. Daí por diante, nunca mais deixei a profissão."

NÃO GOSTO DE BADALAÇÃO

"Não gosto de badalação", comenta ele. "Para mim a tranqüilidade é muito mais importante."

Na verdade, porém, tem sido muito difícil para Cid curtir um bom sossego, pois ele é constantemente assediado pelas fãs. Além disso, recebe um número fabuloso de cartas, onde as pessoas lhe fazem os mais variados pedidos.

"Uns querem dinheiro, outros pedem

Cedido pela Editora Abril

Boa noite

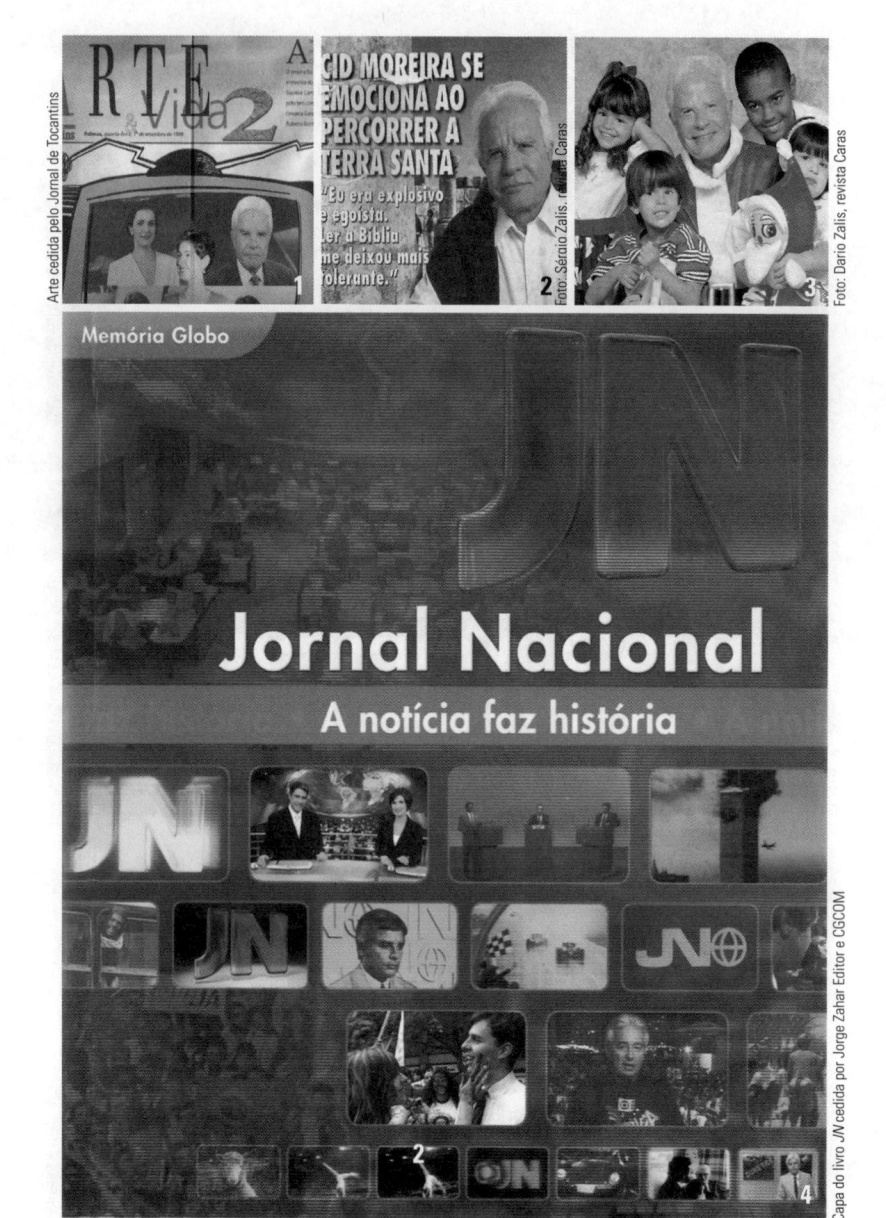

1 – Até no jornal de Tocantins Cid é notícia; 2 e 3 – Também na mídia nacional, como a revista *Caras*; 4 – Ele também fez história com *JN*, registrado em livro no aniversário de 35 anos do programa

Contato com o público

Cedida pela Editora Abril

CID MOREIRA
SÉRGIO CHAPELIN

E atenção. Globo-Urgente. Comunicamos que a época dos locutores feios já era. E que o nosso telefone é 247-9397 e que a chave está em baixo do capacho.

Charges cedidas pelo cartunista Lanfranco, publicadas na revista Lan de 1973

Ronaldo Boscoli

Eles & eu

Cid Moreira

Cid Moreira é realmente um cara muito calmo muito quieto, muito na dele. Conheci-o através de seu irmão Célio – outro locutor excelente – o famoso **Sombrinha** dos tempos dourados da TV Excelsior. Depois em uma sauna comum que freqüentávamos fiquei conhecendo melhor o Cid. Seu grande hobby o tênis. O outro é falar muito pouco fora das suas atividades. Taí um cara que soube valorizar sua profissão. Qualquer jingle ou spot custa muito caro na voz de Cid Moreira. E ele se dá ao luxo de recusar produtos que não sejam compatíveis com sua posição. Cid Moreira exala credibilidade. Esta é sem dúvida sua grande arma. O resto vocês ouvem. O que me deixou espantado foi saber que o Cid é avô de um garotão com quase 10 anos. E curte-o paca. É o Alexandre. Taí um vovô enxutão. "Jogo tênis e malho uma ginástica. Depois de certa idade, a luta contra a barriguinha tem que ser intensa. Hoje em dia, não preciso fazer regime. O negócio é controlar..." Cid Moreira, aliás, é controlado em tudo. Parece inclusive com seu colega Sérgio Chapelin. Não gosta de badalações, vive para a família e é fã dos pais (outro dia li numa entrevista) a quem visita com regularidade. Como ninguém é perfeito – a piada é do Miele – ele é paulista de Taubaté. Vai muito lá. Torcerá o Cid Moreira pelo Taubaté? Lá ele torce mesmo é pelos pais e pela irmã Jacyara que já ensaia textos numa emissora local. E, naturalmente, o neto. Devidamente citado. O primeiro casamento não deu certo. Foi quando o Cid deu um tempo. Perdi contato com ele e fiquei sabendo, posteriormente, que o homem casara novamente com a Conceição e é muito feliz. Quem não conhece o Cid Moreira poderá pensar que ele é um cara metido a coisa e tal. Porém, não é nada disso. Ele é profundamente introvertido. Tímido jamais poderia ser. Afinal, encarar aquele jornal é pra galo. E a sua margem de pequenos deslizes, errinhos à-toa, é mínima. Cid é muito seguro. Discute com relação a ser introvertido. "Eu guardo minhas emoções para projetá-las na minha profissão. Um locutor não pode ser frio. Ele tem que sintonizar a emoção no ponto certo". De fato. Cid tem sintonia própria. Sua voz

Coluna Ronaldo Boscoli. Publicação cedida pelo "CPDOC-JB"

Foto de Edson Gomes, cedida pela CGCOM

Capítulo 6

Homenagens recebidas

Reconhecimentos e premiações 220
Prêmio Comunique-se 225
A festa de 35 anos do *Jornal Nacional* 227
Participação nos programas da emissora 233
Festa-surpresa nos 80 anos 238
JN 40 anos, a nova era do telejornal 245
A volta para casa de alma lavada 247

Boa noite

Reconhecimentos e premiações

Quando a gente exerce a profissão de que gosta, o tempo passa sem ser percebido. A vida é gratificante e o tempo não é contado pelos dias do calendário, e sim pelos acontecimentos que marcam a nossa vida. E esse sentimento é atemporal. Eu sou imensamente privilegiado pela vida. E por isso sou grato.

De várias maneiras os representantes de diferentes setores da sociedade brasileira demonstraram o quanto reconhecem a qualidade e o profissionalismo de Cid Moreira. São dezenas de títulos, troféus e diplomas oferecidos ao longo de sua carreira. Em três oportunidades diferentes ele recebeu um dos mais reconhecidos prêmios da televisão brasileira: o Troféu Imprensa, que surgiu em 1958, criado pelo jornalista Plácido Manaia Nunes, que ganhou notoriedade por causa dessa ideia. No início os premiados eram votados por profissionais que faziam parte do Sindicato dos Jornalistas do Estado de São Paulo e o resultado era publicado nos principais jornais. O prêmio ficou famoso quando passou a ser divulgado e apresentado por Silvio Santos, em 1970, quando Nunes fez parceria com o dono do Baú.

O "Oscar" da tevê brasileira passou a premiar os melhores do ano em mais de 50 categorias, atores e atrizes, seriados, jornais e programas de esportes, entre outros. A escolha dos nomes ocorre por meio de pesquisa popular, e os três mais indicados recebem votos dos jornalistas convidados pelo programa, de onde sai apenas um nome. Quando Cid Moreira foi premiado, Silvio tinha um programa na Globo aos domingos. Ele foi agraciado com três troféus: o primeiro em 1971, o segundo em 1972 e o último em 1974. A partir de então o locutor foi votado praticamente em todas edições entre os três finalistas até que saiu do *Jornal Nacional*. Concorria com nomes de peso, como Heron Domingues, Fausto Rocha, Sérgio Chapelin, Lilian Witte Fibe e Boris Casoy. "*É muito gratificante para o profissional o reconhecimento do público. É uma forma de celebrar o trabalho de uma vida inteira. Afinal, no*

Homenagens recebidas

caso dos apresentadores, toda uma equipe é premiada. E os redatores têm papel especial. Um texto claro e bem escrito facilita muito a vida da gente", reconhece. Nessa fase nosso personagem foi premiado por dois anos seguidos, 1970 e 1971, como melhor locutor-apresentador, indicado pelos leitores para receber o Troféu Amiga.

"*Eu trago com carinho em minha bagagem boas lembranças do velho guerreiro, o Chacrinha. Aquela bagunça organizada do programa dele dificilmente se repetirá. Foi um período muito divertido e estive por lá, enfrentando a gritaria das fãs. Ele era uma pessoa bem alegre, carinhosa, e sou muito grato a ele*", conta Cid, que daquela vez, em 1971, não foi ao palco onde corria solto o bacalhau e o abacaxi receber a Anteninha de Ouro, para tristeza das fãs que compareceram especialmente para ver o mito de perto.

A algumas homenagens e premiações o tímido Cid comparecia, mas em outras tantas ocasiões não conseguia tempo para atender aos convites. Muitas cidades pelo País fizeram festa para ele. Seu berço, Taubaté, interior de São Paulo, o diplomou como cidadão ilustre. "*A turma de comunicação da universidade me convidou para estar lá; a Prefeitura e a Câmara também. E isso me deixou muito feliz. Imagine, o lugar que me viu crescer me dando todo aquele carinho.*" Cid já foi homenageado em Fortaleza, Aracaju, Salvador, Manaus, São Paulo, Rio de Janeiro, Curitiba, Belo Horizonte, Brasília, Florianópolis, entre tantas outras capitais. "*Isso me dá muita satisfação. São as boas recordações que se acumulam com o tempo e nos dão estímulo para continuar.*"

Até mesmo a Polícia Federal rendeu homenagens ao mais famoso locutor brasileiro dos últimos tempos. "*Recebi um diploma e uma honrosa celebração em Brasília. Na época, o delegado federal José Francisco Mallmann me animou a gravar um CD para os valorosos profissionais da PF, e esse material foi distribuído a toda a corporação*". Com sua voz peculiar, Cid desvendou o significado do emblema da bandeira da PF, narrou os preceitos éticos da instituição e recitou a oração do policial. Para finalizar, o narrador gravou, ainda, uma oração pedindo proteção a Deus, o Salmo 91. "*Foi para mim um dos trabalhos mais*

Boa noite

gratificantes, pois tenho muita consideração e apreço por esses homens que honram, protegem e defendem o País. Sou fã também de José Francisco, esse gaúcho guerreiro que iniciou a carreira em 1973, como agente, e ocupou diversos postos de comando e de planejamento na PF, até chegar à superintendência. Ele é merecedor de muitos elogios pelo trabalho que faz e também pela pessoa humana, preocupada com as questões sociais, que vão muito além de suas obrigações profissionais", conclui. *"Eu me sinto amado em todas as cidades do meu país. Sou honrado pela cidade que me acolheu, São Sebastião do Rio de Janeiro, onde vivo há mais de meio século e que me concedeu o título de cidadão honorário, e sou honrado pela cidade do planalto central, Brasília, que me reconheceu em 2006, me concedendo esse título por meio da Câmara Legislativa do Distrito Federal. Lembro-me bem desse dia: para agradecer ao povo brasiliense essa demonstração, eu interpretei uma das passagens que mais me emocionam nas Escrituras Sagradas; foi um trecho da Carta de Paulo aos Coríntios, que trata do amor"*, publicada nas primeiras páginas deste livro.

Nem todas as comemorações das quais participou tinham Cid como alvo das homenagens. O "garoto de Taubaté" já foi a eventos para celebrar a inteligência e a criatividade de pessoas que considera verdadeiros ícones naquilo que fazem. Uma das festas que fez questão de prestigiar, ele entregou um troféu com muita alegria para um dos profissionais que mais admira: Mauro Salles. Na noite de 15 de março de 2005, no Memorial da América Latina, em São Paulo, a cerimônia da 2ª edição do Prêmio que leva o nome do publicitário teve um gosto diferente para nosso locutor. *"O Mauro é especial por diversos motivos. Fica difícil resumir em algumas palavras uma vida tão rica como a dessa pessoa de primeira grandeza."* Feras como Alex Periscinoto e Alexandre Wollner andaram por lá recebendo homenagens. A festa ficou completa com a passagem rápida de Luciano Huck para receber o prêmio dele. É que, na oportunidade, o apresentador foi destaque como uma das estrelas da noite, por causa de seu trabalho social de profissionalização de adolescentes na área de produção de cinema. De quebra, nesse encontro, Cid abraçou um

Homenagens recebidas

velho conhecido: Moacyr Franco. O cantor e comediante estava entre os favoritos para receber o Prêmio Mauro Salles de Tevê.

Outra festa em que Cid marcou presença foi o lançamento do livro de Jorge Motta, em 2006. O encontro, em uma livraria do Distrito Federal, foi marcado por boas lembranças de 30 anos de amizade. Eles se conheceram no Rio de Janeiro, mas o *"respeito e a consideração vão além das fronteiras"*, acredita Cid. Nessa festa, muitos amigos em comum, como o ministro das Comunicações Hélio Costa, foram partilhar do sucesso de Motta como autor de um livro bem-humorado que estimula o leitor a importantes reflexões. O nome bem sugestivo, *Os três poderes: a mulher, a amante e os comensais*, coroa a carreira de Jorge Motta, alinhavando seu trabalho na área de comunicação pública e privada de maneira muito interessante. *"O meu amigo soube usar com muita inteligência e perspicácia seu talento nesse texto tão criativo"*, sublinha Cid.

O Centenário da ABI (Associação Brasileira de Imprensa), uma das mais renomadas instituições brasileiras, também contou com a presença de Cid Moreira. Por vezes ele frequentou o Teatro Municipal do Rio de Janeiro, mas nessa ocasião ele ficou completamente embevecido. Olhos cerrados e um jeito de quem estava degustando cada nota musical. Não era para menos: enquanto os sons tomavam conta do ambiente, o menino tomava conta do adulto. Assim, as notas bailavam no ar, para a alegria dos dois. Primeiro foi a vez da Orquestra Petrobras Sinfônica, que, sob a regência do maestro Isaac Karabtchevsky, levou ao delírio os convidados do concorrido evento. Depois, e para dar um gosto agridoce à festa, Paulinho da Viola, com sua brasilidade, encantou o espaço cultural mais nobre do Rio e fez dançar até os mais quietos e tímidos. Vocês podem estar imaginando como e por quê se reuniram músicos de estilos tão diferentes no mesmo espaço. Um feito desse tamanho foi realizado, entre outros acontecimentos paralelos, para celebrar o aniversário de 100 anos da ABI, em 7 de abril de 2008.

Nosso personagem foi um dos integrantes da comissão de honra, formada por figuras do naipe de Marco Nanini, Marieta Severo,

Boa noite

Marília Pêra e Tony Ramos. Sem falar em jornalistas como Alberto Dines, Ancelmo Góes, Zuenir Ventura, Luís Erlanger, além de outros respeitados nomes da nossa literatura, música, direito, teatro e artes plásticas. *"Me senti honrado por estar em meio a pessoas tão ilustres e ter tido a alegria de reencontrar Oscar Niemeyer na presidência dessa comissão de honra. Forte e tranquilo, esse meu antigo amigo não mede esforços para contribuir para a democracia e a liberdade de imprensa."* Liberdade de imprensa que foi tão bem lembrada no *Jornal da ABI* no período das comemoração de seu centenário. A publicação, que tratou das festividades, não se esqueceu dos duros momentos que o País e, de forma mais cruel, a imprensa brasileira sofreram. Muito mais ainda com o decreto do AI-5, bem lembrado por Rodolfo Konder. O jornalista, professor e escritor, membro da Comissão Executiva formada para o centenário da ABI, foi enfático ao afirmar que não devemos esquecer jamais da ditadura, para que ela não aconteça nunca mais. O medo, o horror das mortes injustas de defensores da democracia, como Vladimir Herzog, ou das humilhantes prisões e desaparecimento de milhares, não poderia passar em branco. *"Afinal, os 100 anos da ABI estão impressos literalmente no papel e na alma da gente"*.

"Quando a gente exerce a profissão de que gosta, a vida passa sem ser percebida e o tempo não é contado pelos dias do calendário, e sim pelos acontecimentos que marcam a nossa vida. E esse sentimento é atemporal. Eu sou imensamente privilegiado. E por isso sou grato. Esse sentimento por si só já basta para estar por aqui, neste planeta, neste momento. Em minha opinião, muitas vezes não precisamos nem buscar de onde viemos e para onde vamos. O fato de ser e estar já é um milagre e é o suficiente para ser celebrado. Cada dia se basta."

Homenagens recebidas

Prêmio Comunique-se

O fato de as votações ocorrerem de maneira virtual torna o prêmio bem moderno, mas é o encontro, a confraternização dos ganhadores, que dá o tom de humanidade à proposta.

Uma festa em que Cid fica muito à vontade é a do Prêmio Comunique-se. Não é para menos. Ele esteve em quase todas as edições desse concorrido espaço, que reconhece o desempenho dos jornalistas através de um meio bastante contemporâneo. A votação dos escolhidos do ano é feita pelos próprios profissionais da área, que interagem em todo o Brasil *"através da internet, o que torna a proposta moderníssima e democrática"*, reconhece o veterano. *"Uma auditoria garante a lisura do resultado. E isso é bem legal."* Um portal foi criado para esse fim e permite que milhares de pessoas determinem os ganhadores em três fases de votação *on-line* distintas. A primeira é a escolha por categoria, e os três mais votados da segunda fase vão concorrer ao troféu final. O fato de as votações ocorrerem de maneira virtual torna o prêmio bem moderno, mas é o encontro, a confraternização dos ganhadores, que dá o tom de humanidade à proposta. É justamente disso que Cid gosta. *"É uma oportunidade de ver, no mesmo espaço, gente dos mais diferentes veículos de comunicação. De encontrar velhos colegas de trabalho. Bater um papo, celebrar. Ver gente nova."*

Desde a edição de 2003, o Comunique-se vem ganhando força e tem se tornado um espaço concorrido. Até mesmo a festa, da qual muitos gostariam de participar. Todo ano os organizadores, liderados por Rodrigo Azevedo, idealizador do prêmio, inventam um tema para "embalar a festa". Cid já passeou pela "terra dos gigantes" e curtiu os "super-heróis". Já assistiu à apresentação do Sexteto do Jô, do saxofonista Leo Gandelman e ao *show* de Jorge Vercillo.

Quando completou 80 anos, o locutor foi pego de surpresa com um "coro de parabéns a você", entoado com entusiasmo pelos colegas que circulavam pela festa.

Boa noite

Por várias vezes nosso personagem foi homenageado nessa festa da comunicação. Em oportunidades diferentes encontrou amigos como Lilian Witte Fibe, Juca Kfouri e Carlos Nascimento. Deu um abraço em Ernesto Paglia e conversou com Caco Barcellos a respeito dos diferentes trabalhos que cada um anda fazendo. Fez brincadeiras ao ser entrevistado, em uma das noites do prêmio, pela apresentadora Didi Wagner. Ao encontrar Zileide Silva, sua colega de emissora lá em Brasília, deu-lhe um grande abraço e os parabéns pelo prêmio que ela levou para casa. Ao cumprimentar Jabor, no aperto de mão deixou um bocado de "carinho e admiração".

Por esses e outros motivos é que a presença de Cid chama muito a atenção no Comunique-se. E ele, de quebra, empresta sua voz grave para anunciar os três jornalistas finalistas, concorrentes em cada categoria. *"Logo logo a ousadia de Rodrigo vai completar uma década. Ele está de parabéns. Menino novo, que tem idade para ser meu neto, e com esse entusiasmo todo. Essa criatividade dele me surpreende a cada ano. O jornalismo só tem a ganhar"*, conclui o profissional *hors-concours*.

Homenagens recebidas

A FESTA DOS 35 ANOS DO *JORNAL NACIONAL*

Eu fico feliz de ter sido substituído por uma pessoa de talento como o William. Ele tem tudo para me superar, ser amado e admirado por grande parte dos brasileiros, como ocorreu comigo. Charmoso e de boa voz, agrada a toda a nova geração que vai acompanhá-lo ainda por muitos anos.

Entre efusivos abraços e apertos de mão estava Cid Moreira, todo eufórico, na comemoração dos 35 anos do *Jornal Nacional*, em 1º de setembro de 2004. Além de emocionados discursos pronunciados durante uma *senhora* festa nas dependências da emissora, no Jardim Botânico, no Rio de Janeiro, foi criado um DVD muito especial, que conta a história de sucesso do primeiro programa da televisão brasileira a ser transmitido em rede para todo o País. "*Nós vimos o mundo virar de cabeça para baixo nesses anos. Tudo ou quase tudo foi revisto nesse período*", resume Cid. E os fatos mais importantes que marcaram esse tempo, quando ocorreu uma grande revolução de conceitos, foram registrados nesse belo documento. O material foi enriquecido com 14 séries especiais, 63 reportagens e, de quebra, o telespectador pode saber como foi feito o *JN* por meio do acompanhamento dos bastidores desse "*boeing*", que decola toda noite com o esforço de profissionais de todo o Brasil.

Nessa edição especial foi registrado o trabalho em São Paulo, Brasília, Belo Horizonte, Nova York e Londres. Ao relatar esse breve resumo sobre as comemorações dos 35 anos, na verdade vamos encontrar Cid Moreira fazendo parte de tudo isso. Naquela oportunidade foi feito um tributo ao seu belo trabalho na locução das notícias pelo diretor responsável pelo *JN*, Carlos Henrique Schroder, que se lembrou da participação de nosso personagem por 27 daqueles 35 anos de história do noticiário. Em belas palavras, o diretor afirmou que é impossível desvincular a marca do *JN* do charme da voz de Cid Moreira. Ele frisou ainda o reconhecimento do *Guinness Book* ao profissional, por ter sido o que ficou mais tempo

Boa noite

apresentando um jornal no mundo. Enquanto falava com carinho de nosso personagem, abraçava-o e com seu jeito peculiar, Cid cumprimentava os colegas, muito emocionado. *"Eu, como locutor, levava ao cidadão brasileiro o resultado do esforço diário de centenas de profissionais que trabalhavam nos bastidores para que a notícia pudesse chegar da melhor maneira possível. Esse esforço envolveu desde motoristas, câmeras, repórteres, secretárias, editores, diretores. Enfim, a sensação de fazer parte desse todo é um dos melhores sentimentos que se pode ter"*, disse Cid, com a voz embargada.

Voltando ao discurso de Schroder, ele não se esqueceu de citar todos os que colaboraram direta ou indiretamente para que o noticiário mais popular da televisão chegasse à casa de milhões de cidadãos. Ele fez um carinho especial no diretor executivo Ali Kamel, em quem encontra grande parceria e apoio para manter esse *"boeing"* no ar. Assim, sucessivamente, homenageou a tripulação que dá vida a esse sucesso e abre mão de longas horas de suas vidas para que esse milagre, que vem embalado em grande tecnologia, revestido de humanidade, se repita todos os dias. Com muita habilidade, Schroder fez um passeio sobre esse legado, passando por José Bonifácio de Oliveira Sobrinho – o Boni – e lembrando-se da paixão da guerreira Marluce Dias da Silva, que foi consultora direta de Roberto Irineu e também superintendente executiva na organização. Ele fez questão de ressaltar os tempos duros em que a equipe se manteve de cabeça erguida e não perdeu a dignidade, como a época da ditadura. Para finalizar, o diretor do *JN* lembrou o *filhote*, a Globo News, que trouxe Alice-Maria de volta para casa. Ele também não se esqueceu dos profissionais que morreram cumprindo seu dever. Relembrar esse dia mexe muito com a cabeça de Cid. *"Afinal, estive no estresse diário, em frente ao gol, durante uma conta enorme de dias. Torcia para que tudo desse certo. Cada vez que terminava o programa, agradecia a Deus. Quando ocorriam falhas, o cérebro se mantinha em alerta, e, como as falhas fazem parte da nossa humanidade, usávamos o recurso que ficou muito famoso: desculpem os problemas técnicos."* Mas, como muitas vezes esses erros não eram cometidos pelos profissionais técnicos, eles começaram a reclamar, incomodados com aquela justificativa, que demonstrava ao público que eram eles que erravam. *"Para corrigir isso e não ofender injustamente ninguém, ficou decidido que, quando houvesse problemas, utilizaríamos a frase: desculpe a nossa falha; bola para a frente."*

Na noite de comemoração dos 35 anos do *JN*, o apresentador William Bonner, que sucedeu Cid Moreira e Sérgio Chapelin, junto com a jornalista Fátima Bernardes, lembrou que ele era apenas um menino, em 1969, quando o *Jornal Nacional* foi para o ar pela primeira vez, e que não se lembra de Cid, ou de seu parceiro de bancada, Hilton Gomes. Mas fala do clima de expectativa em sua casa quando foi anunciado o jornal em rede nacional. *"Meus pais estavam na maior espera para ver o que ia mudar"*, relembra.

O dia de festa do balzaquiano *JN*, então com 35 anos, terminou em um clima de confraternização, incluindo abraços e uma boa conversa entre colegas que não se viam há muito tempo. Alguns aproveitaram a pista de dança improvisada para mostrar a *ginga*, divertindo-se até o fim da noite, o que tornou aquele momento ainda mais mágico. Para complementar, no DVD foi registrado um bate-papo bem informal entre os principais apresentadores do *JN* de hoje e de ontem, que ocorreu na redação no dia 10 de junho de 2004. O telespectador foi presenteado com as impressões e lembranças bem-humoradas de Cid Moreira, Léo Batista, Sérgio Chapelin, William Bonner e Fátima Bernardes, que já enfrentaram a bancada inúmeras vezes em dias descomplicados e outros nem tanto. *"No ar, o Jornal Nacional: a notícia unindo 70 milhões de brasileiros."* Assim foi a abertura do telejornal em 1º de setembro de 1969, a voz de Cid aos 40 e poucos anos, dividindo seu tempo entre o rádio e a televisão. Foi em seguida a essa abertura que começou a conversa, editada para o DVD, entre os ícones do jornalismo na televisão.

William ri, enquanto comenta sobre os telefones congestionados no final de cada edição, na época em que as fãs de Cid disputavam

Boa noite

as linhas da redação para falar com ele. Pouco depois, o grupo muda de assunto para falar da responsabilidade que sentem ao dar voz ao texto de outros redatores. E mais uma vez o jovem locutor, à frente do *JN* atualmente, reflete sobre o quanto é complicado ser comparado à dupla que mais tempo ficou junta no jornal e como é difícil sucedê-las. Ele afirma que a única maneira de não carregar esse peso sobre os ombros é jamais tentar apresentar o telejornal com a técnica dos mais experientes, entendendo que são tempos e estilos diferentes, que não devem ser comparados. Para Bonner foi um impacto muito grande, como descreveu, três horas depois de ter sido apresentado a Cid Moreira, sentar-se ao seu lado e já trabalharem juntos no jornal. Ele acha muito interessante o fato de ter visto o apresentador grisalho de perfil, coisa que ninguém via ao assisti-lo no telejornal. Ele disse, às gargalhadas, que se perguntava mentalmente o que estava fazendo ali. *"Eu fico feliz de ter sido substituído por uma pessoa de talento como o William. Ele tem tudo para me superar, ser amado e admirado por grande parte dos brasileiros, como ocorreu comigo. Charmoso e de boa voz, agrada a toda a nova geração, que vai acompanhá-lo ainda por muitos anos. A vida é assim; se até reis e rainhas são sucedidos, seria muito natural que isso acontecesse comigo também. Foi uma boa fase na minha vida; posso me considerar um homem profissionalmente realizado."*

O grupo fala um pouco ainda sobre as mudanças que foram ocorrendo na apresentação do jornal, com o objetivo de ficar cada vez mais próximo do telespectador. *"Hoje está mais fácil para mim"*, brinca Cid, dirigindo-se a Bonner. *"Fico jantando enquanto assisto você dando duro"*, brinca. *"Mas não é simples; realmente não consigo assistir ao noticiário de forma imparcial."*

Já Fátima Bernardes contou que a primeira vez em que esteve em contato com Cid Moreira era ainda uma repórter iniciante na televisão. Um alagamento na praça da Bandeira, no Rio de Janeiro, provocara uma enchente em 1988, e a novata tinha de entrar ao vivo com a notícia para a tevê local. Para complicar sua vida, o texto que ela havia escrito em um papel, por causa da chuva, virou um

Homenagens recebidas

borrão azul em seu bolso. Nesse dia inesquecível, Cid chamou seu nome e ela entrou falando de improviso, mas, mesmo emocionada, deu conta do recado.

O locutor Léo Batista também se lembrou de um momento muito engraçado, até embaraçoso, que viveu quando foi chamado por Cid Moreira, direto de Madri, Espanha, onde estava em um estúdio imenso, em uma transmissão esportiva. Enquanto transmitia as notícias, entrou um grupo nada comum em frente à bancada em que Léo se encontrava. Junto com essa multidão veio a rainha Sophia, mancando por causa de um salto quebrado, acompanhada do rei Juan Carlos, que fumava um charuto. Aquela cena inesperada em seu local de trabalho não o abalou, mas Léo precisou se conter para segurar o riso e não deixar nada transparecer na transmissão para o *JN*.

Esse bate-papo informal levou Cid a lembrar-se de outra situação bem inusitada. *"Eu estava sem escuta, então fiquei sem retorno de uma matéria que estava sendo transmitida de São Paulo. O repórter finalizou o assunto, que era a respeito da moda do uso de perucas, se dirigindo a mim. Como não ouvi, retornei sério, como se não tivesse gostado do assunto. Muita gente passou a achar que eu usava peruca. Depois desse fato, um dia eu estava em um restaurante e um grupo de pessoas em outra mesa fazia burburinho e olhava para mim. De repente, uma senhora meio bêbada se aproxima, gruda no meu cabelo e grita: Viu, ganhei a aposta, ele tem cabelo, não usa peruca! Veja que situação!".*

Pior do que isso foi um dia de sábado em que Cid estava trabalhando e, para sua surpresa, enquanto lia uma nota séria, um profissional gaiato (que prefere não dizer quem era) posicionou a câmera, arriou as calças e mostrou a bunda na frente dos locutores. *"Eu não estava acreditando naquela ousadia. Precisei me segurar para não ter um ataque de riso e expulsá-lo de lá. Queixei-me desse episódio com a chefia e o câmera não foi mais trabalhar no JN, sendo transferido para outro programa, em uma área bem distante da gente."*

A conversa informal gera emoção quando o assunto é a perda de colegas em acidente de trabalho, ou, mais triste ainda, no caso de

Boa noite

Tim Lopes, morto por bandidos em uma favela do Rio de Janeiro. E, assim, entre risos e lágrimas, os famosos profissionais de jornalismo deixaram registradas como documento especial, e verdadeiro presente, suas lembranças aos telespectadores. *"Para mim, aquele bate-papo foi mais uma oportunidade de estar junto com pessoas que entendem minha linguagem, afinal vivem na pele as mesmas emoções de ansiedade, alegria e expectativas que eu vivi"*, conclui Cid.

Homenagens recebidas

Participação nos programas da emissora

No *Altas Horas*, eu conversei com a garotada que frequenta o programa e me senti muito acolhido, apesar de não ser gente que me acompanha há muito tempo.

Muvuca, de Regina Casé, *Estrelas*, de Angélica, *Mais Você*, de Ana Maria Braga, *Altas Horas*, de Serginho Groismann, *Vídeo Show*, Jô Soares, programas de Loureiro Neto, Luciano do Vale e da *Rádio Novo Tempo*, programas de jornalismo ou entretenimento em diferentes partes do Brasil, além de rádios, jornais impressos, Internet e revistas. Fica quase impossível relacionar o número de entrevistas que Cid concedeu há mais de 65 anos.

Entre as mais divertidas situações está a entrevista com Regina Casé, quando teve de jogar peteca com ela. *"Nessa mesma ocasião fiquei muito contente com um presente que ela me deu. Foi uma réplica de uma mesa de som que guardo com muito carinho entre os meus presentes preferidos, pois tem tudo a ver comigo"*, diz, emocionado, o narrador.

Outra ocasião em que se divertiu muito foi uma das entrevistas para Jô Soares. Cid comentou que estava desconfortável no sofá em que se sentam os convidados. Jô não teve dúvida, e, no mesmo instante em que se desenrolava o programa, fez a troca de lugares. *"Foi tudo muito inusitado. Não tive a intenção de que aquilo ocorresse durante o programa, na frente dos telespectadores. Fiz o comentário do desconforto do sofá e rapidamente Jô deu um jeito e todo mundo se divertiu com aquilo. Não foi nada combinado. A presença de espírito e o humor dessa grande figura sempre me fascinaram. É incrível a rapidez de raciocínio com que ele desenrola as coisas. Não é à toa que seu estilo de programa é tão respeitado e ele é considerado um dos melhores nesse segmento. Somos antigos conhecidos e eu tiro o chapéu para a inteligência e elegância dele. E foi muito divertido o nosso último encontro no programa, pois até mesmo a mosquinha que me incomodou no JN, há muitos anos, foi lá me prestigiar, enquanto eu dava entrevista e falava*

Boa noite

sobre situações inesperadas que podem acontecer ao vivo, durante a apresentação do jornal."

Se Jô Soares chama a atenção de Cid pelo charme e perspicácia, no apresentador Serginho Groismann Cid admira a simplicidade. *"No Altas Horas, eu conversei com a garotada que frequenta o programa e me senti muito acolhido, apesar de não ser um público que me acompanha há muito tempo"*, diverte-se o locutor. Para ele, Groismann, sabe conduzir o programa de maneira que a comunicação fique leve e sem distância entre gerações. O colorido especial ficou por conta da *saia-justa* que Cid enfrentou quando um garoto do público pediu para que ele cantasse qualquer música. Logo em seguida, o mesmo garoto sugeriu algo de Frank Sinatra. Tímido demais, Cid não sabia o que fazer. Aflito, não se lembrava de nenhuma letra e ficou dando uma "enroladinha" ao som de *My way*, com a banda feminina tocando ao fundo. *"Me pegaram com essa história de cantar. Acho que sou baixo-cantante"*, ri. Já em outra situação no programa, ao responder sobre um dos momentos mais emocionantes que viveu na bancada do jornal, Cid lembrou a garotada de que a chegada do homem à Lua foi uma das transmissões mais incríveis de sua carreira. *"Quase não consegui me conter pela oportunidade que tive de narrar essa primeira experiência humana em solo fora da Terra"*, explicou. Para finalizar sua participação, Cid respondeu à pergunta de uma garota que pediu um conselho para quem está iniciando. *"Não é fácil. Acho que tive uma estrela que me guiou até aqui. Trabalho muito, sou muito focado no que faço. Repito várias vezes. Peço conselhos, ajuda e sugestões. Acho que ninguém é completo sozinho. É sempre bom conseguir ouvir uma opinião e aceitar críticas construtivas"*, aconselhou o experiente profissional, que relacionou algumas dicas para quem deseja ser bem-sucedido no trabalho: ser pontual, refazer várias vezes as tarefas para se aprimorar, ser parceiro dos colegas, pedir a opinião dos outros, treinar e ler muito estão entre as práticas que ajudam como chave para o sucesso.

Achando que tinha chegado ao fim, Cid foi *pego*, como não poderia deixar de ser, e Mister M foi um prato cheio para os comentários

Homenagens recebidas

e perguntas do público jovem que frequenta o *Altas Horas*. Até mesmo os chavões usados para anunciar o mágico mascarado ele teve de repetir, para o deleite da garotada. Para finalizar, questionado sobre quantos "*boa noite*" ele deu no *JN*, Cid não soube precisar, mas lembrou de um momento em que esse gesto, ao final do programa, foi substituído por um: "*E agora, José?*", na homenagem que a equipe do jornal fez ao poeta Carlos Drummond de Andrade no dia de sua morte.

E agora, José? Se essa pergunta fosse feita no meio da rua ninguém daria atenção, a não ser os donos do mencionado nome. Mas acontece que essa pergunta foi feita por Cid Moreira, em pé, no final do *Jornal Nacional*, no dia do enterro do poeta. Ele faleceu em 17 de agosto de 1987. O *JN* estava próximo dos 18 anos de idade, e foi a primeira vez que Cid Moreira apareceu de pé enquanto o apresentava. O formato do jornal foi mudado propositalmente conforme, diz Cid. "*A ideia era deixar claro para o público o quanto sentíamos com a morte do poeta e o quanto ele era importante para o País, para o mundo. Conseguimos um impacto muito forte*". A ideia inovadora partiu de Armando Nogueira, diretor da Central Globo de Jornalismo na época. "*Foi interessante aquele dia, pois até o teleprompter, equipamento que usávamos para ler as notícias com a naturalidade de quem está falando, foi retirado. Algumas inserções da poesia do mestre deram o tom de quanto o admirávamos. Esse dia foi muito comentado, e a ousadia da equipe mostrou como temos capacidade de mudar para melhor, para estudar possibilidades de sair do comum e criar. Para mim, esse foi um dia que ficou muito forte em minha memória, tanto pela importância e beleza do poeta, com quem tive a oportunidade de estar algumas vezes, quanto pela inovação no trabalho.*" Achando que sua participação no *Altas Horas* tinha terminado, outra pergunta interessante o surpreendeu. Um jovem quis saber sobre os sentimentos de Cid pelo fato de sua voz ser considerada a *Voz da Globo*. "*Acho ótimo representar uma empresa desse nível, admirada por todos e invejada pela concorrência. Então, são 40 anos de sucesso que pouco se repetirá.*" Se isso não bastasse, na hora de finalizar o programa, uma surpresa bem bonita.

Boa noite

Em vez de Cid dar o tradicional "boa noite", toda a plateia ficou de pé e, uníssona, gritou um lindo "boa noite" que o emocionou.

O contato com as donas de casa pela manhã foi uma novidade para quem, por muitos anos, manteve um relacionamento sempre noturno, sem trocadilhos. Na entrevista que concedeu a Ana Maria Braga no *Mais Você*, o homem de voz inconfundível teve oportunidade de falar direto com as donas de casa e fazer uma oração especialmente para elas. *"Foi tudo tão rápido. Eu ficaria lá o dia todo. Naquela manhã eu senti o tempo bem mais curto do que de costume. Eu senti de volta a emoção do programa ao vivo. Tudo cronometrado. É como se tivesse voltado ao JN, claro, bem mais leve e divertido"*, lembra ele. Naquela oportunidade, o locutor interpretou um dos textos que mais ama do Livro Sagrado. A Carta de Paulo aos Coríntios, vs.13, que revela tão profundamente a alma desse apóstolo e sua segurança de que o amor, realmente, está acima de tudo e nos levará a ver Deus tão claramente quanto Ele vê inteiramente nosso coração hoje. *"Não encontrei trecho mais apropriado da Bíblia para aquele dia, pois estava próximo do Natal e essa comovente carta desse discípulo de Jesus dá uma ideia para nós do quanto podemos ter esperança, apesar de nossas fragilidades"*, filosofa Cid. No encontro com Ana Maria ela disse, toda orgulhosa, o quanto a equipe estava feliz com a presença dele no estúdio e que o programa nunca mais seria o mesmo depois dessa mensagem que ele interpretou sobre o amor. Naquele final de ano de 1994, o narrador estava lançando o primeiro conjunto de seis CDs com a Bíblia na íntegra, e hoje esse trabalho foi concluído. Para o público do *Mais Você* ele contou a transformação que sofreu, aos poucos, e o envolvimento que teve com a narração da Bíblia em áudio. *"Eu acredito que fui preparado para que a minha voz chegasse à narrativa dos textos sagrados. Todos esses anos de jornal e a credibilidade que adquiri têm esse propósito. Eu me lembro que na década de 1990, quando gravei o Sermão da Montanha, assumi o compromisso de levar até o último dia da minha vida a palavra de Deus a todos os lares brasileiros"*, reforça, emocionado, o locutor. Cid se divertiu muito também com

Homenagens recebidas

a imitação que o Louro José fez da apresentação dele no quadro do *Fantástico*, junto com Mister M. "*Eu me sentia como criança quando gravei aquele quadro. É muito bom o clima de suspense e fantasia que a gente vive no período de infância, olhando as mágicas*", recorda-se.

Na maioria dos programas, Cid foi até os estúdios ou auditórios para ser entrevistado. Com Angélica, no entanto, foi diferente. Ele a recebeu em casa. Isso é bem mais intimista, pois o locutor estava cercado de seus símbolos e referências. Ele mostrou ao público seu estilo de vida. "*Foi um momento bem bacana, afinal vi aquela garota crescer na televisão e se tornar uma estrela, mas muito simples, alegre e simpática. Ela tem idade para ser minha neta e mostrou-se muito espontânea e segura. Até que me diverti muito.*" Afinal, não é todo mundo que consegue fazer o guerreiro dançar em frente às câmeras. E não é que a loirinha conseguiu? Foi um momento muito descontraído, em que ela mostrou para o público o espaço de ginástica que Cid usa todos os dias para manter a forma. Ele ligou o aparelho de som de batidas contagiantes que costuma ouvir enquanto pedala. E as perguntas fluíram bem espontâneas.

Logo em seguida, a apresentadora iniciou um papo na sala, conhecendo curiosidades do galã, por exemplo, quem foi seu maior ídolo na profissão. O narrador respondeu, na ponta da língua: "*Luís Jatobá*". Eles tinham até uma brincadeira juntos. Jatobá chamava Cid de *number two*, porque, é claro, ele era o *number one*. Mais uns passos para a varanda e de lá para o estúdio de gravações, descobre-se onde nosso personagem passa horas trabalhando, treinando ou apenas se divertindo, colocando vida nos textos que tanto o apaixonam. Quando é convidado para alguma entrevista, o menino tímido de Taubaté toma a frente do homem experiente e o deixa embaraçado até o começo da conversa. Aos pouquinhos, o coração desacelera e fica tudo normal. O locutor famoso toma conta da situação e deixa o menininho guardado para outras ocasiões e; tudo acontece com muita tranquilidade.

Boa noite

Festa-surpresa nos 80 anos

Eu fiquei muito feliz com os detalhes, pela preocupação e carinho que a equipe teve em me agradar. Não poderia ser melhor. Aquele dia me proporcionou diversos momentos de muita gratidão e felicidade. Abraçar e confraternizar com os amigos. Brindar uma vida que posso chamar de plena.

Se a festa comemorativa dos 35 anos do *Jornal Nacional* e os 40 anos de criação da Rede Globo já foram momentos mais que especiais para Cid Moreira, o que falar então da surpresa que os amigos do trabalho prepararam para ele quando completou 80 anos de existência, em 29 de setembro de 2007? Depois que saiu do *Jornal Nacional*, em 1996, sua presença nos corredores da emissora do Jardim Botânico não era mais diária. Para convidá-lo para a festa foi preciso um editor ligar e pedir que ele fosse fazer um trabalho pessoalmente. Como ele é muito dedicado, não hesitou. Não dá para descrever a emoção dele quando viu toda aquela turma da velha guarda reunida. Muitos jovens profissionais também foram prestigiá-lo, como Fátima Bernardes, Leilane Neubarth, Glória Maria, William Bonner e os novos redatores e repórteres da empresa. Quase sem palavras, Cid abraçou João Roberto Marinho, o caçula da família, que, juntamente com Carlos Henrique Schroder, entregou um relógio com o símbolo da TV Globo, como forma de agradecimento pelos anos de dedicação do locutor.

O local onde aconteceu a festa foi toda decorado com motivos alusivos ao esporte que Cid mais ama e pratica desde sempre: o tênis. Um bolo em forma de quadra com duas raquetes enfeitava o ponto central, que recebeu cuidado especial. *"Eu fiquei muito feliz com os detalhes, pela preocupação e carinho que a equipe teve em me agradar. Não poderia ser melhor. Aquele dia me proporcionou diversos momentos de muita gratidão e felicidade. Abraçar e confraternizar com os amigos. Brindar uma vida que posso chamar de plena"*, resume.

Homenagens recebidas

No rosto de Cid era possível ver um misto de humildade e orgulho. Dá para imaginar o que se passa na memória e no emocional, se é que é possível separar um do outro, de uma pessoa que revê seus amigos aplaudindo-o e celebrando suas 80 primaveras? *"É comum eu participar de homenagens, mas é muito difícil estar no papel de homenageado; fico retraído, desconcertado"*, admite ele, e emenda: *"No caminho para cá, hoje, me lembrei das aflições que passei olhando os minutos se esvaindo no relógio e o trânsito que não andava. Por mais cedo que eu saísse, às vezes acontecia algo inesperado e lá estava eu, estressado, pensando se ia conseguir chegar a tempo. Certa vez, em São Conrado, nas proximidades da Rocinha, uns pivetes jogaram prego no chão e quem quisesse passar tinha que pagar uma taxa. Quando me dei conta disso, botei o rosto para fora e disse que estava atrasado. Na mesma hora a garotada tirou os pregos para eu poder prosseguir e fazer o jornal. O que é a força da televisão! O JN é sinônimo de notícias, graças ao trabalho de uma ótima equipe, dessa grande organização. Eu me sinto honrado em fazer parte disso tudo. O 'boeing' decolou em 1969 e foi só se modernizando."*

Naquela noite inesquecível, centenas de pessoas que estiveram envolvidas em sua profissão foram prestigiá-lo, e ele se lembrou do companheiro Armando Nogueira, que estava ausente, por motiovo de saúde. *"Ele sempre me disse que a minha voz lendo um texto da à palavra falada a nobreza da palavra escrita. Eu, particularmente, acho um exagero essa expressão e aceito porque ele tem licença poética para se expressar. Ele, sim, é um nobre nas escritas."*

Se Armando Nogueira o admira, que dizer de uma brilhante profissional que alegou ter sido *"difícil conter a adrenalina"* no contato que teve com Cid pela primeira vez? Trata-se da jornalista e apresentadora do *JN* Fátima Bernardes. Ela, que era repórter iniciante, descreveu com detalhes o momento em que travou contato com o nosso personagem, como vimos anteriormente, momento esse que nunca mais vai esquecer. Para Fátima, entretanto, mais difícil que improvisar o texto foi ouvir Cid Moreira chamando seu nome. Ela ainda brinca que, se não morreu de ansiedade naquele momento, nada

Boa noite

mais a faria tremer. Para ela, esse foi o batismo na profissão e um momento que jamais esquecerá. Nunca imaginou que fosse trabalhar com ele e muito menos ouvi-lo chamar seu nome. Fátima conclui dando os parabéns ao aniversariante. Por esse depoimento é possível sentir o quanto o trabalho despretensioso de Cid toca as pessoas. E toca também veteranos, como Léo Batista, que, a sua maneira, também homenageia o amigo veterano. Ele lembrou que entre os anos de 1955 e 1968 foi editor e apresentador do telejornal na antiga TV Rio, localizada no Posto Seis, em Copacabana.

No final desse período, deixou a empresa e foi contratado pela concorrente Excelsior. Para substituí-lo, sugeriu um locutor de voz bonita e dicção perfeita que gravava dezenas e dezenas de comerciais e apresentava programas importantes na antiga Rádio Mayrink Veiga. Foi assim que teve os primeiros contatos com Cid Moreira, a quem aprendeu a admirar até os dias de hoje.

O desfile de elogios e carinhos não cessa nessa comemoração dos 80 anos. Ronan Soares, um dos mais respeitados jornalistas de sua geração, não economizou palavras para descrever, da maneira mais próxima possível, os seus sentimentos, a visão que tem do amigo. Elementos não faltam para isso, pois esse grande redator e autor teve a oportunidade de conviver profissionalmente durante décadas com nosso personagem nas redações do Sistema Globo de Comunicação. Para ele, Cid é um profissional espetacular. Ronan considera um dos maiores orgulhos de seu ofício ter escrito textos para serem interpretados pelo *grave* mais conhecido do País. Ronan brinca fazendo comparação entre seu tom de voz e o resultado da narrativa. Ele sublinha que isso é um orgulho, uma emoção, que sua citação faz sentido quando ele vai ao interior de Minas e encontra sua mãe orgulhosa, perguntando se o texto lido por Cid Moreira no final do *JN* era de sua autoria. Isso era um sinal de qualidade aprovado por ela e que o deixava muito orgulhoso. Veja como tudo está conectado pela emoção, pela aprovação. Por isso a imagem de Cid, até mesmo entre os intelectuais, toca o intangível pela lógica. Ronan não se intimida

Homenagens recebidas

ao dizer que ficou feliz e impressionado quando ouviu sua narrativa pela primeira vez na voz do melhor e mais importante locutor da televisão brasileira de todos os tempos.

Para completar essa declaração de amor, o respeitado jornalista ressalta que em sua biografia, se há uma parte importante, é o fato de ter sido lido por Cid Moreira.

Outro admirador e inseparável auxiliar de Cid Moreira durante seu trabalho no *Jornal Nacional* foi José Francisco de Assis. Com seu jeito bem-humorado, esse antigo profissional da Globo não perde a oportunidade de imitar o colega locutor. O que fica muito engraçado, e impossível de transcrever para o papel, são as caras e bocas de Assis nessa tentativa. Ele assina embaixo quando os colegas apontam Cid como um marco no *JN*. E afirma, ainda, que a mesma tietagem do telespectador ocorre entre colegas que trabalham com ele. Mesmo depois de 30 anos de convivência, Assis considera imbatível o *"boa noite"* do amigo para todo o Brasil.

Outro antigo colega, Oséias Norberto de Oliveira, também reforça que foi um grande prazer trabalhar e ser amigo de Cid por tantos anos. Apesar das correrias provocadas por Alice-Maria, com as mudanças de pauta e textos de última hora, já com o *JN* em pleno voo, era possível fomentar as amizades por meio de brincadeiras e atitudes atenciosas. Ele se diverte fazendo esse comentário só para lembrar que recordar é bom, mas o trabalho frenético daquele labirinto, apesar do prazer da adrenalina, podia enlouquecer qualquer um. A confusão organizada testava a competência da equipe a todo momento. Oséias lembra o quanto Cid se mantinha tranquilo em frente às câmeras, mesmo com a movimentação intensa a sua volta. Para finalizar, o velho companheiro disse que o amigo é um vitorioso, pois, ao completar 80 anos, consegue juntar tanta gente para lhe desejar muitas felicidades.

Uma história maldosa, segundo a qual Cid Moreira já teria apresentado o *Jornal Nacional* vestido apenas de gravata, paletó e cueca, foi o assunto inicial das declarações de Fábbio Perez, então editor-chefe

Boa noite

do *JN*, para homenageá-lo em sua festa de aniversário. Para completar, Fábbio disse que sugeriu ao amigo de cabelos brancos que tirasse uma foto de corpo inteiro, com terno completo, e distribuísse para os fãs. Para surpresa do editor, Cid respondeu calmamente, bem a seu estilo: *"É bobagem"*. Esses comentários foram só uma introdução para reforçar o amor de todos na redação, sem exceção, pelo aniversariante. Fábbio declarou o quanto admira e respeita o alto nível de qualidade que Cid impõe a seu trabalho. *"Sem falar de sua dedicação e cuidado na manutenção da saúde, com a comida que ingere e a prática de exercícios físicos, que o deixam sempre em forma"*, complementa o amigo Fábbio. A admiração passa também pelo trato que *"El Cid"* dá a esse dom e, principalmente, pela descoberta de sua vocação e de não ter se distanciado desse legado, que o transformou em um dos locutores mais conhecidos do Brasil.

O jornalista Luís Petry lembrou ao *Cidão*, como costuma chamá-lo, como as crianças brasileiras se divertiram com Mister M e o quanto o Brasil curtiu esse mágico e essa voz. Petry fala em bom som que se orgulha de ter escrito aquele texto para a voz de Cid. Em curtas palavras, deixa seu carinho ao colega de trabalho, junto com um abraço e um beijo bem grande. *"Como é bom receber todo esse afeto. Essas palavras de incentivo, vindas de alguém tão competente quanto o Petry, me revigoram"*, declara Cid.

Cada amigo que se manifesta, toca em algum ponto emotivo, divertido ou no mínimo interessante sobre o estilo desse homem da comunicação. *"Imagine um som peculiar todas as noites pelos corredores da redação. Lá vinha ele"*, arriscavam alguns. *"Não precisava ser muito atento para saber quem estava passando"*, diziam outros. O jornalista Marcelo Baruki, por exemplo, lembrou desse tempo e de Cid Moreira caminhando para o estúdio e aquecendo a voz enquanto passava pelas salas no trajeto. Baruki sabia também quando ele chegava, mascando gengibre ou cravo. Segundo ele, o cheiro era muito bom. Só Cid trazia esses condimentos no bolso, e todo mundo queria um pouquinho. O problema era quando o locutor

Homenagens recebidas

cismava de comer alho cru, aí ninguém aguentava aquele hálito. Dava a impressão de que o telespectador também ia reclamar! Brincadeiras à parte, o jornalista lembrou que é invejável o modo como o guerreiro cuida da saúde. E joga tênis como um garoto, aos 80 anos. *"Sem trocadilhos, ele é uma pessoa fantástica."*

A vida é uma sucessão de fatos e momentos. Isso é uma verdade física e óbvia. E esse movimento é a maior prova da insanidade de alguns em querer imobilizar esse processo, que é uma constante e maravilhosa renovação da vida. William Bonner sente hoje o sabor que Cid Moreira sentiu durante muitos anos apresentando o noticiário na bancada do *JN*. William rendeu homenagens a seu antecessor e declarou sua admiração e carinho por ele durante a celebração desse inesquecível aniversário. Bonner dá sempre a mesma resposta quando lhe perguntam qual o momento mais marcante de sua carreira. Esse momento foi a primeira vez que o jovem locutor viu a *lenda* de perfil pela primeira vez. Descobrir que Cid tinha três dimensões e que, portanto, podia ser visto de perfil foi um choque muito grande para sua cabeça, há quase 20 anos, na redação antiga do *JN*. Depois de ter visto Cid de perfil, o segundo momento mais marcante da carreira de William foi quando se sentou ao lado da voz mais conhecida do País para apresentar uma edição do *JN*, cobrindo uma folga ou férias de Sérgio Chapelin. A cena se repete várias vezes na cabeça do então novato. Cid sentado a sua direita, lendo um bloco de notícias. Para ele isso é absolutamente inesquecível. No início, a relação com Cid era de tiete. Afinal, trabalhar com esse ícone tinha um peso muito grande. Para o apresentador atual do *JN*, o destino quis que ele o sucedesse, mas ele deixa sempre bem claro que jamais alguém conseguirá substituí-lo com o mesmo nível de competência. Cid se tornou, aos olhos desse novo profissional, um exemplo para todos os outros do segmento, e será difícil alguém alcançar esse mesmo patamar.

Mais uma surpresa agradável ocorreu naquela noite de celebração. Outro locutor, Berto Filho, que Cid conheceu nos estúdios

Boa noite

do pai, Sivan, ainda garoto, trouxe um exemplar antigo de uma propaganda que Cid gravou. Uma voz meio metálica por causa do equipamento analógico invadiu a sala onde ocorria a festa, e sua voz, bem diferente de hoje, anunciou um produto, para deleite de todos. Berto Filho trouxe a gravação como homenagem ao amigo e conseguiu arrancar aplausos e muitos risos dos convidados, que pararam para ouvir a reprodução de uma voz que comove e faz parte da história de várias gerações.

João Roberto Marinho, Glória Maria, Vinícius Dônola, Luís Edgard de Andrade, Roberto Buzoni, Geneton Moraes Neto e tantos outros personagens, conhecidos ou não do público, abraçaram esse personagem do jornalismo nacional nessa inesquecível celebração de uma vida muito especial, única, como poucas, na noite memorável de 29 de setembro de 2007.

Para fechar a festa, Alice-Maria, muito tímida para fazer declarações, preferiu deixar um texto escrito no DVD para o amigo de tantos anos. *"Era um sábado, há muitos anos. Chovia muito e Cid não chegava. Diante dessa situação, a equipe decidiu preparar o locutor esportivo para fazer o jornal. Quando faltavam poucos minutos para o jornal entrar no ar, eis que surgiu Cid, de camisa esporte azul-escura. Só teve tempo de botar o paletó e a gravata e sentar na cadeira da bancada. Imparcial, tranquilo como se não tivesse passado por nenhum sufoco, trabalhou e deu o seu recado como sempre. Este e outros momentos do gênero são provas mais que concretas que servem para ilustrar o quanto ele é profissionalíssimo."*

Homenagens recebidas

JN 40 ANOS, A NOVA ERA DO TELEJORNAL

Trabalhei com muita satisfação, como faço até hoje em outras áreas. Não parei de evoluir porque saí do jornal. Os meninos que comandam o *JN* hoje são ótimos. A Fátima e o William são humildes, inteligentes e "antenados" com tudo o que acontece de novo, sem perder o foco na humanidade das questões. Sou admirador deles e sei que vão comandar o "Boeing" ainda por muitos anos.

Já estava "fechado" o texto deste livro quando ficou acertado que seria bom completar, mesmo que fosse com poucas palavras, com a participação de Cid na festa de comemoração dos 40 anos do *Jornal Nacional*, ocorrida em setembro de 2009 na Lopes Quintas, endereço da redação carioca, no Jardim Botânico. Cinco anos se passaram desde a última grande comemoração. E 13 anos se passaram com Cid Moreira fora da bancada. Muita coisa mudou de lá para cá. Até mesmo a celebração do jornal de tevê mais visto do País ganhou ares discretos, sem grandes produções, como da última vez, no espaço do Jockey Clube, no Rio de Janeiro.

De "roupa nova", o estúdio está cada vez mais *hightech*, integrando o telespectador com a realidade da redação. A nova concepção, na opinião de Cid, faz com que "o pessoal que assiste" tenha uma noção mais próxima da realidade de como centenas de profissionais trabalham para a notícia chegar todas as noites nos lares, entre as novelas. *"Isso ficou muito diferente do que ocorria na minha época. Inclusive, as pessoas davam muitos créditos e elogios aos locutores que trabalhavam com o resultado de uma grande equipe. Cada vez mais, agora, os méritos são partilhados"*, acredita Moreira, que acha isso muito justo.

Quando se faz uma comparação com os tempos atuais e o período em que ficava exposto na tela todos os dias, o jornalista lembra que a vida é feita de fases. *"Não se deve comparar. Os recursos eram outros. A mentalidade muda. Seria cair em um erro de julgamento, com certeza. É melhor lembrar que tudo evolui. Eu tive a minha fase*

Boa noite

no jornal, que, é claro, se reflete até hoje em minha vida. Trabalhei com muita satisfação, como faço até hoje em outras áreas. Não parei de evoluir porque saí do jornal. Os meninos que comandam o JN hoje são ótimos. A Fátima e o William são muito humildes, inteligentes e 'antenados' com tudo o que acontece de novo, sem perder o foco na humanidade das questões. Sou admirador deles e sei que vão comandar o 'boeing' ainda por muitos anos."

Falando nos "meninos" que comandam o *JN*, eles prepararam para o mês inteiro de setembro homenagens aos profissionais que fizeram e fazem o jornal acontecer. *"Achei muito bacana colocar na bancada todos que tanto trabalham e interagem com a vida de milhões de pessoas todos os dias."* Apaixonado pelo *JN*, Cid fez questão de comer o bolo na festa dos 40 anos, junto com os atuais comandantes, Fátima Bernardes e William Bonner. *"Não deixa de ser uma boa oportunidade de rever os velhos amigos e fazer amizade com a nova geração, que estava em peso por lá."* Aproveitou para dar um forte abraço nos companheiros Sérgio Chapelin e Francisco de Assis. Colocou em dia a conversa com Alice-Maria, grande colaboradora, até hoje, para o sucesso do *JN* e a quem admira tanto. Outras pessoas queridas, como a jornalista Sandra Passarinho, entrevistada daquela noite, e Sandra Moreira, também ganharam abraços e o famoso "boa noite" do locutor.

Outra maneira bem criativa de comemorar a data foi o lançamento do livro de William Bonner na livraria Argumento, no Leblon, Rio de Janeiro, intitulado *Jornal Nacional – modo de fazer*. *"Acredito que esse livro foi uma outra forma encontrada por esse profissional de envolver ainda mais o telespectador, desta vez como leitor, no trabalho jornalístico que desenvolve diariamente. É uma publicação bem escrita, de maneira simples e informal, que leva às pessoas o passo a passo de como tudo é feito no JN. A ideia foi muito interessante."*

Homenagens recebidas

A VOLTA PARA CASA DE ALMA LAVADA

Alegra-te, Senhor, na tua terra. Dá-lhe de tua bondade e de tua graça. Abençoa a terra com o orvalho. Dá-lhe o benefício das chuvas no tempo propício. Para saciar os montes e os vales de Israel. Para regar cada broto que plantamos diante de ti neste dia.

Cid foi tão bem recebido em Israel que voltou. Agora, enquanto fecho a edição do livro, ele está voltando para Jerusalém, depois de uma festa em honra da vida. Da vida do planeta. Setembro, que já era um mês marcante para o locutor, ficou ainda mais importante. Dois momentos para lá de especiais vão marcar para sempre a vida dele. O Ministério do Turismo israelense, juntamente com a organização não governamental KKL – Keren Kayemeth LeIsrael –, convidou o locutor mais famoso do Brasil para plantar uma árvore em uma área de preservação ambiental em Jerusalém. Com a oportunidade de viajar novamente para aquele local sagrado, Cid decidiu ser batizado no Rio Jordão.

O ato simbólico pela paz desse torrão de terra sagrado foi além. Deu ao locutor a oportunidade de conhecer um pouco o trabalho dessa instituição, muito ligada às atividades que dão valor à preservação ambiental. No mês que anuncia o início da primavera no hemisfério sul, por exemplo, o KKL comemorou o plantio de mais de 240 milhões de árvores em Israel, em uma área de 400 quilômetros quadrados de florestas naturais mantida pela instituição.

Apesar de o Estado moderno de Israel estar chegando apenas a sua sexta década, a primeira árvore foi plantada pelo KKL em 1890. De lá para cá, as ações nesse sentido não pararam mais. As comunidades rurais ganharam mais de 1000 quilômetros de terras para a agricultura, e foram construídos 200 reservatórios para armazenamento e reciclagem de água. *"Essas são uma das poucas entre as centenas de realizações desse pessoal, que esqueceu sua própria vida para se dedicar totalmente ao bem coletivo"*, disse Cid na ocasião, impressio-

Boa noite

nado com a força e determinação do povo israelense. *"Eles tiram leite de pedra e se tornaram exemplo que é possível usufruir e preservar ao mesmo tempo. Senti-me lisonjeado com o convite para conhecer o projeto e deixar nesse solo um pouquinho da minha história também."*

E olha que esse solo vem se transformando visivelmente. A área preservada pela instituição recebe visitantes de todo o mundo dispostos a colaborar com a manutenção do projeto. Os moradores locais usam o espaço, onde foram criadas 600 áreas para recreação, como alternativa de lazer nos finais de semanas e feriados prolongados. Há facilidade de acesso, já que todo o parque foi projetado para facilitar a vida das pessoas com necessidades especiais; a inclusão dá a todos o direito de usufruir desse patrimônio mundial sem dificuldade nenhuma.

"Alegra-te, Senhor, na tua terra. Dá-lhe de tua bondade e de tua graça. Abençoa a terra com o orvalho. Dá-lhe o benefício das chuvas no tempo propício. Para saciar os montes e os vales de Israel. Para regar cada broto que plantamos diante de ti neste dia." Com essa oração, o brasileiro fechou a solenidade de plantio da árvore. *"Mais uma vez eu repito, com muita alegria, o quanto sou grato à vida. No final do mês eu completo 82 anos e estou aqui. Feliz, animado e cheio de planos. E o melhor: participando de eventos em favor da vida, da preservação da humanidade. Deixando boas sementes para quem está chegando."*

Aproveitando o convite para plantar a árvore no solo sagrado dos cristãos e dar esse exemplo de que podemos ser úteis e ativos durante toda a nossa vida, Cid praticou outro ato simbólico mais profundo ainda. Só que dessa vez foi nas águas do Rio Jordão.

Foi nessas águas, que fazem parte do berço do cristianismo, como conta a Bíblia, que o profeta João Batista batizou Jesus. Lembram-se dessa passagem? *"Senhor, como posso batizá-lo se não sou digno nem de amarrar as suas sandálias?"*, perguntou o filho de Isabel. *"Por agora está bem. Para que se cumpram as escrituras"*, respondeu o Messias.

E foi também nessas mesmas águas, onde corre a história tão anunciada pelos evangelhos, que Cid Moreira se batizou, no dia 14

Homenagens recebidas

de setembro de 2009. *"Como poderia vir aqui mais uma vez e não realizar esse ato tão profundo de fé? Eu, que assumi publicamente meu amor por Jesus. Minha crença em Suas santas palavras. Acima de qualquer religião está nosso contato real com Deus. Jesus está acima de todas as religiões e ama a todo ser humano indistintamente. A mensagem dele é de esperança e justiça, em um mundo tão desigual."*

A sensação desse ato é indescritível na opinião de Cid. Depois de tantas experiências vividas, ele volta para casa de alma lavada. *"As águas límpidas. O ambiente cuidadoso para a realização do batismo. As poucas palavras, a renova=ção da aliança com Deus e o arrependimento dos erros passados na tentativa de fazer melhor daqui por diante. Por todos esses motivos valeu a pena ter voltado a Israel. O interessante é que eu não havia pensado em ser batizado no Jordão antes. Mas dessa vez foi diferente. Tive muita resistência à ideia no começo, mas depois fiquei me questionando: por que não? Esse é um ato muito pessoal que faltava na minha vida. Na infância, ainda bebê, fui batizado na Igreja Católica. Hoje, quando completo quase 82 anos, por minha livre e espontânea vontade, volto para confirmar os votos que meus pais fizeram em meu nome."*

Guardadas as devidas proporções, o locutor faz uma reflexão a respeito do filho pródigo, uma passagem do Evangelho muito conhecida na Bíblia. Como o rapaz que abandonou a casa do pai e foi experimentar a vida longe, passando por "poucas e boas", o mesmo aconteceu com Cid, que viveu um pouco de tudo que a fama e o dinheiro podem oferecer. E, como o filho pródigo, o homem maduro, cheio de cicatrizes, próprias de quem viveu longos anos, também volta para casa, completando um ciclo.

"É tudo uma grande ilusão. Como correr atrás do vento. O homem cresce e morre sem saber quase nada. Não enxerga além da ponta do nariz e é muito arrogante, prepotente", conclui, pensativo.

Boa noite

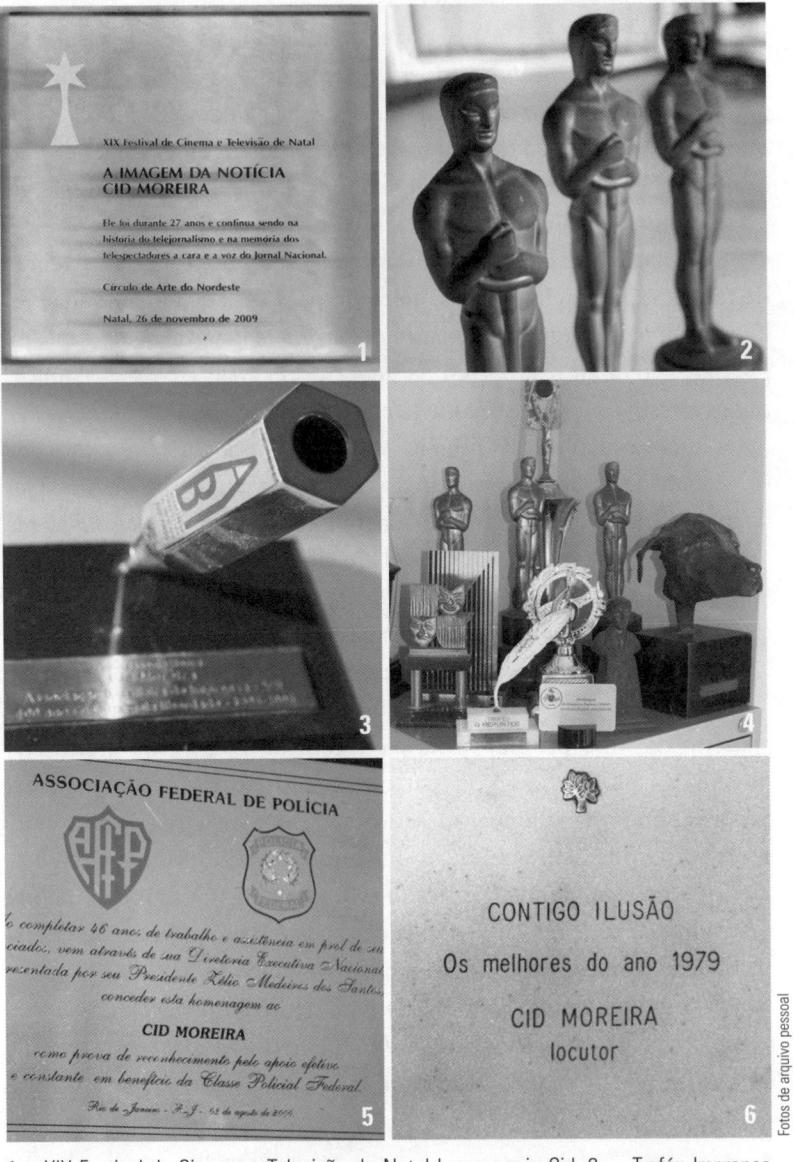

1 – XIX Festival de Cinema e Televisão de Natal homenageia Cid; 2 – Troféu Imprensa 1971/72/74; 3 – Troféu dos 100 anos da ABI-2009; 4 – Galeria de troféus; 5 – Homenagem da Polícia Federal; 6 – Reconhecimento da mídia: placa da revista Contigo

Homenagens recebidas

1 – Troféu recebido no programa do Chacrinha; 2 – O chefe Armando Nogueira registra elogio nos 20 anos de Cid no *JN*; 3 – *(Guinness Book) O livro dos records* reconhece Cid como o locutor há mais tempo no ar com o mesmo programa; 4 – Título de cidadão de Brasília é mais um presente de sua carreira; 5 – Homenagem da Rede Difusora

Boa noite

Cid aproveita os eventos para rever amigos.
1 – Carlos Nascimento no Prêmio Comunique-se; 2 e 3 – Moacir Franco e Luciano Hulk no Prêmio Mauro Salles.

Homenagens recebidas

1 – O ministro Hélio Costa relembra os bons tempos de reportagem ao encontrar Cid Moreira e esposa em lançamento de livro, em Brasília; 2 – Na oportunidade, o locutor prestigia o livro "Os Três Poderes", do amigo Jorge Motta, ao lado de Geraldo Vasconcelos

Boa noite

1 – Cid parabeniza Rodrigo Azevedo por mais um Prêmio Comunique-se; 2 e 3 – Aproveita a ocasião para dar uma abraço em Arnaldo Jabor e Juca Kfouri.

Homenagens recebidas

Mais amigos fazem questão de cumprimentar Cid no Prêmio Comunique-se
1 – Lilian Witte Fibe; 2 – Zileide Silva e o cinegrafista Evandro Teixeira; 3 – Caco Barcellos;
4 – Ernesto Paglia

Boa noite

1 – Cid é homenageado por novos e antigos profissionais na festa dos 35 anos do *JN*;
2 – No mesmo evento, ele conta histórias dos seus 27 anos na bancada do telejornal

Homenagens recebidas

Durante festa da emissora, colegas posam para foto ao lado de Cid na bancada, demonstrando o quanto ele é querido por todos; 1 – Fátima Bernardes; 2 – William Bonner e Berto Filho; 3 – Sandra Annemberg

Boa noite

Em ocasiões diversas, Cid aproveita a oportunidade para expressar sua admiração pelos colegas da telinha; 1 – Chico Pinheiro, Marcio Gomes e Alexandre Garcia; 2 – Maria Beltrão no GNT; 3 – Marinalva Dantas; 4 – Sandro Dal Picolo; 5 – Marcos Pena, José Assis e Alan Garcia

Homenagens recebidas

1, 2 e 3 – Entre outros assuntos, Cid Moreira fala de seu trabalho com a Bíblia, em entrevista a Jô Soares

Boa noite

Em momentos de descontração, Cid se diverte em programas de entretenimento da emisssora. 1 e 3 – Com André Marques e equipe de produção do Vídeo Show; 2 – Ao lado de Angélica, durante entrevista para o *Estrelas*

Homenagens recebidas

1 – Fábbio Perez, Célio e Léo Batista comemoram com Cid seus 80 anos; 2 – O aniversariante também ficou surpreso com as presenças de João Roberto Marinho, Alice-Maria e Carlos Henrique Schroder

Boa noite

1 – Carlos Henrique Schroder fez até brincadeiras com o aniversariante; 2 – Em meio a tamanha surpresa, o locutor se sentiu como uma criança ao apagar as velas do lindo bolo, cujo tema era o seu esporte predileto: o tênis; 3 – Glória Maria e Leilane Neubarth não perderam a oportunidade de recordar momentos divertidos que passaram juntos

Homenagens recebidas

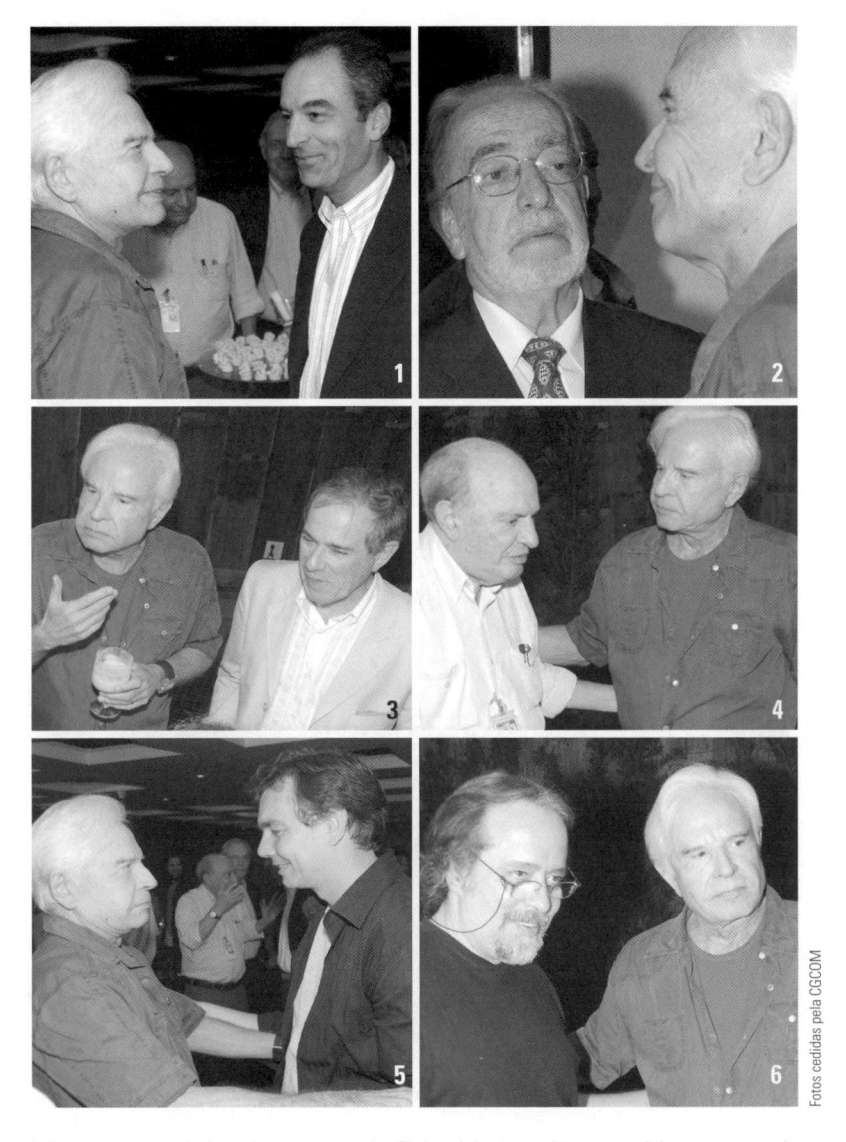

Inúmeros companheiros desses anos de Globo deixaram abraços carinhosos, tornando aquela noite para lá de especial.
1 – João Roberto Marinho; 2 – Alfredo Marsilac; 3 – Carlos Campbell; 4 – Ronan Soares; 5 – Vinícius Dônola; 6 – Luiz Nascimento

Boa noite

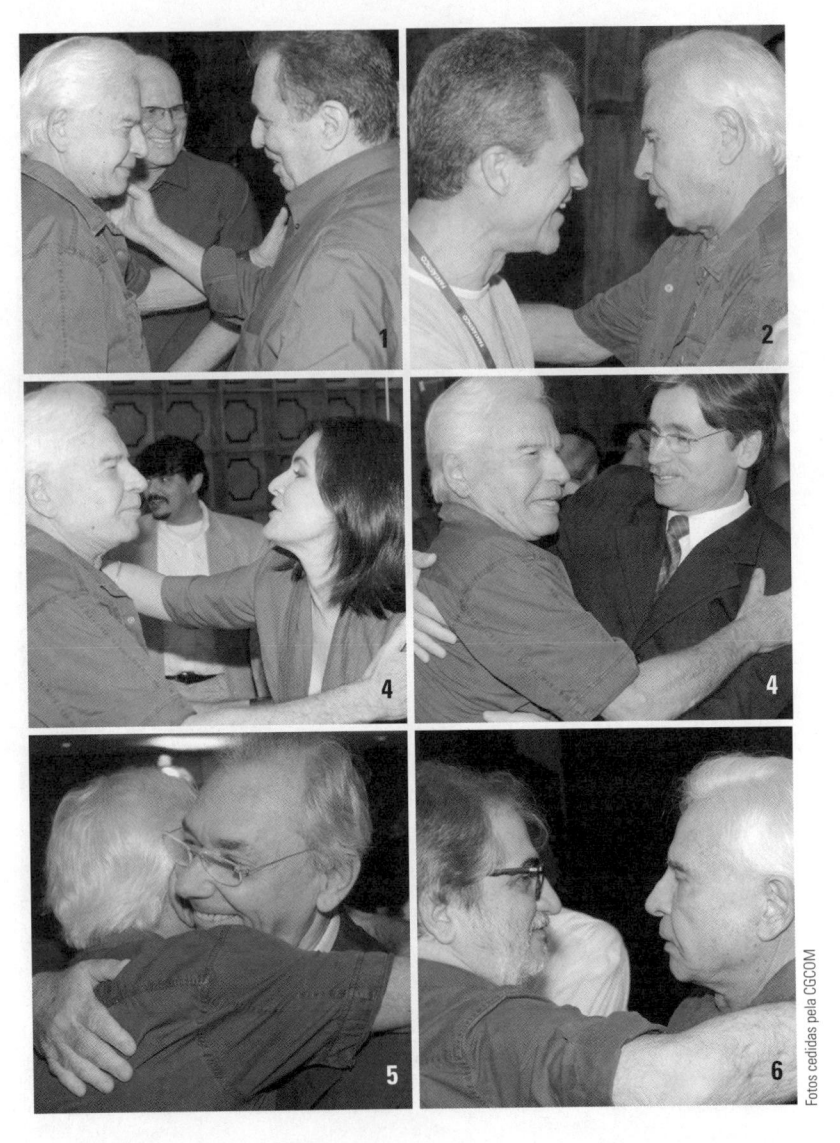

Na comemoração dos 80 anos, a lista de pessoas queridas era grande e ninguém ficou sem um abraço de Cid .
1 – Berto Filho; 2 – Humberto Maura; 3 – Fátima Bernandes; 4 – Siloé José de Almeida;
5 – Fábbio Perez; 6 – Geneton Moraes Neto

Homenagens recebidas

1 – Com o grande companheiro Sérgio Chapelin e Bonner, o locutor recorda os momentos marcantes do "boeing" *JN*; 2 – Cid comemora os 40 anos de *JN*, satisfeito, ao lado do jovem casal que o substituiu: Fátima Bernardes e William Bonner

Foto de arquivo pessoal

Capítulo 7

Cid na intimidade

Seu lado B 268
As jogadas de Cid 273
Enfim 278

Boa noite

Seu lado B

Detesto cometer erros de julgamento; muitos poderiam até pensar que sou lento demais, mas não é. É que quando tomo uma decisão raramente volto atrás, então preciso estar completamente tranquilo e coberto de razão.

Como já dizia Caetano Veloso: "De perto ninguém é normal". Chegou a hora de revelar um pouco o lado esquisitão de Cid Moreira. Seu *lado B* chega a ser bem engraçado se a gente pensar nesse cara sério, sisudo, bem formal, dando notícias internacionais. Por exemplo, o nosso personagem tem mania de colecionar lanternas. Nos mais diferentes cantos de sua casa tem uma. No carro, no porta-treco há exemplares desse objeto de todos os tamanhos e cores. Sempre que vê uma em lojas ou supermercados, ele confessa que fica tentado a comprar. "*Todas estão com pilha e funcionando. Se faltar energia, posso me movimentar tranquilo, sem bater em nada em torno de mim, além de saber que não vou me perder*", justifica ele, sem graça.

Se gostar de lanterna é uma coisa estranha, o que dizer de colecionar guardanapos de papel e palitos de dentes? Nenhum lugar escapa. Seja bar, hotel, aeroporto ou restaurantes. Pois é, os bolsos das camisas, calças e ternos acabam cheios desses objetos. "*A empregada já sabe: chegando em casa, vai recolhendo os guardanapos e palitos de dentes dos bolsos e jogando no lixo. Vai entender por quê. Nem tenho explicação. Pego quase que automaticamente.*"

Colecionar sapos ornamentais já não é uma coisa tão estranha assim. Ele tem mais de 200 modelos. Já tentou até manter uns vivos em casa. Certa vez, quando esteve em uma pousada em Mauá, na serra da Mantiqueira, solicitou ao ajudante geral que juntasse em um saquinho o maior número de girinos e sapos da lagoa que pudesse pegar. Cid voltou para casa todo contente com cinco desses espécimes, grandões, e espalhou pelo jardim. "*Veio até um sem uma pata. O coitado se arrastava com dificuldade. Cuidamos dele, ficava escondido em alguma pedra. Um a um, todos foram fugindo pelo por-*

Cid na intimidade

tão de casa em direção à lagoa que existe atrás do condomínio onde moro. Não tive como detê-los. Nada que eu dissesse os convencia de que morar comigo era uma boa opção", conta, esboçando um sorriso. As centenas de girinos que vieram junto sumiram também. Não é para menos: os anfíbios haviam sido colocados no laguinho interno da casa, no jardim de inverno. O desavisado Cid transformou os futuros sapinhos em comida. Acontece que nesse local existem muitos peixinhos, que os devoraram rapidinho. *"Aí eu fiquei chateado, trazê-los lá da serra para se acabarem em minha casa!"*.

Outro costume que esse grande profissional tem é usar tudo quanto é camiseta promocional em casa. Assim se sente bem à vontade. Não liga para esse negócio de que essas camisetas são de qualidade inferior ou estão fazendo promoção de alguma coisa. *"Na minha casa gosto de me sentir o mais tranquilo e à vontade possível. Meus amigos já estão acostumados e nem se importam. Esse negócio de sofisticação e frescura com roupa de marca não me pega. Claro que gosto de ternos bem cortados, tecidos de qualidade e boas padronagens. Acontece que tem ocasião para usar isso. Procuro me cuidar nos eventos, mas em casa não me preocupo"*, desabafa. *"Isso é tudo ilusão. A roupa não faz ninguém melhor que o outro. Os ternos alinhados, os sapatos lustrados e as boas gravatas são para um personagem. O ser humano real tem outras necessidades que encobre com esses paramentos que o distancia dos outros"*.

Pergunte para um feirante da Praça do Ó, na Barra da Tijuca, Rio de Janeiro, como Cid Moreira discute preço e quer desconto nas frutas e verduras. Ele gosta de ir pessoalmente fazer as compras, aos domingos, na feira livre. Quer ver também se as frutas estão com qualidade no "hortifruti" perto de sua casa e encomendar queijo de búfala para comer uma salada *caprese* à noite, enquanto presta atenção ao *Fantástico*, para saber se sua voz e narração estão de acordo com seu padrão de exigência.

Escrever na agenda, todas as manhãs, o que se passou com ele no dia anterior também poderia ser chamado de mania por alguns. Vai enumerando o assunto de acordo com a hora que se passou. *"Levantei*

Boa noite

às oito horas, fui ler o jornal, depois meditar e orar. Às nove e trinta fui tomar meu café da manhã. Na mesa tinha mamão, banana e um suco de frutas e verduras. Logo em seguida fui trabalhar no estúdio". Ele inclui até o número do telefone das pessoas com quem teve contato no dia anterior. Até o momento de dormir é possível saber como e com quem passou o dia. "Faço disso um hábito de longos anos que facilita minha vida. Quando preciso me recordar de qualquer coisa, recorro à agenda, que não vai me deixar mentir. Se viajo, levo-a junto para as anotações. Um remédio que tomei, algo especial que comprei. Tudo mesmo. Acho que facilita minha vida. Não exagero colocando minhas emoções, meu humor ou problemas. Senão demoraria muito. É só um resumo", explica.

Há outro hábito que não pode ser chamado de mania, mas sim de prazer. É usual para nosso personagem tomar uma taça de vinho quase todas as noites. Se possível, no banco de seu jardim, rodeado de plantas e do perfume da dama-da-noite, uma planta arbustiva, de textura semilenhosa e muito popular devido ao aroma inebriante de suas flores. Enquanto degusta um bom chileno, pensa nos planos e compromissos do dia seguinte. Gosta de divagar sobre o dia que se foi, os acontecimentos que o marcaram mais e suas impressões a respeito disso. Jamais pensa em parar de trabalhar. Sua mente está sempre criando um novo produto, um nova narração, um novo conceito. De vez em quando gosta de repetir baixinho a frase: *"É preciso resignar-se à frente do imponderável"*. E ele se resigna. Não é de ficar se queixando das coisas. É um homem de ação, apesar de ponderar muito antes de tomar uma atitude. *"Detesto cometer erros de julgamento; muitos poderiam até pensar que sou lento demais, mas não sou. É que quando tomo uma decisão raramente volto atrás, então preciso estar completamente tranquilo e coberto de razão".*

Não ir a festas e reuniões onde se encontram muitas pessoas pode parecer estranho e contraditório para muitos, já que é um homem de comunicação, mas para ele é normal. Não fica confortável no meio de tumulto e muito barulho de conversas e música, tudo ao mesmo tempo. Casamento ou festa de aniversário para ele

Cid na intimidade

é quase uma tortura. Admirável, não? *"Só comemoro meu aniversário se me fizerem uma festa-surpresa, como nos 80 anos, que não pude evitar, pois não festejo de jeito nenhum. Se você atende a um convite, normalmente vai encontrar amigos em comum, então, se você aceita ir a um e não aceita ir a outro depois, por qualquer motivo, já fica em uma situação difícil. Se a gente entrar na onda das pessoas, não tem vida particular. Todo dia tem que estar presente em algum lugar, porque é um parente querido, porque a sobrinha vai casar ou fazer aniversário, senão a tia fica chateada, ou porque o sujeito é do seu trabalho, da sua turma de inglês, da sua religião. Se não for à formatura do primo que vai se graduar, a família inteira fica chateada. Sou sincero, não gosto de reuniões, nem com parentes nem daquelas sociais."* Ele explica: *"Uma parte dos convites realmente é para pessoas queridas, outra grande parte é para pessoas que precisam ser convidadas, porque é amigo do amigo, porque trabalha junto, porque há interesses comerciais, por isso e aquilo, enfim por 'n' razões. Então, na verdade, os poucos relacionamentos afetivos, sinceros, se perdem naquele encontro, que atende a inúmeros interesses e muito pouco de sua finalidade original, que é felicitar alguém, seja pelo motivo que for. Eu sou estranho; mais do que dois casais em minha casa, eu já não dou conta. Na minha intimidade, onde eu fico inteiramente à vontade, só posso permitir pouquíssimas pessoas, com as quais me sinto completamente confortável".*

Se alguém pensa que ele se constrange em dizer para as pessoas que não vai aceitar o convite, está muito enganado. *"Às vezes meus compromissos me ajudam a justificar por que não posso ir. Mas há convites que falo de imediato que não dá. O duro é quando a insistência é grande e não quero ser indelicado. Só não recuso convites profissionais, ou seja, quando a empresa em que trabalho é que determina a necessidade da minha presença. Ou, é claro, quando sou contratado para realizar cerimoniais ou aberturas de eventos. É diferente. Chego, faço meu trabalho e me retiro. Uma das poucas vezes em que estou no meio de muita gente, espontaneamente, é quando vou a eventos que possam divulgar as gravações que faço dos Livros Sagrados. Shows com multidão,*

Boa noite

nem pensar! Sou bastante intimista. Grande parte do tempo, em que tenho oportunidade, gosto de passar junto com minha esposa, em nosso dia a dia. Jantar a dois, cinema, ouvir música com um bom vinho, fazer meus exercícios diários na academia, minhas viagens. Não vou à casa de ninguém e raramente recebo pessoas fora do horário comercial. Não converso coisas inúteis, nem fofocas da vida alheia. Acho o meu tempo e o das outras pessoas muito precioso. Será que os meus fãs vão continuar gostando de mim, do verdadeiro Cid?", questiona.

Cid na intimidade

AS JOGADAS DE CID

É uma distração muito boa para a mente ter que se concentrar nas jogadas, nas cartas. Montar estratégias é muito bom. Deixa a mente ocupada, o que faz distanciar-se a velhice.

Outra paixão que muitos poderiam entender como mania é o jogo de cartas. Ele não joga valendo dinheiro. É só por distração, com o mesmo efeito que o jogo de tênis, ou seja, para relaxar a mente e colocar energia em algo saudável, em vez de cometer impropérios. O mais recente entusiasmo é com o jogo de tranca. Às vezes fica até de madrugada com mais três amigos conversando, se divertindo, ganhando e perdendo partidas. *"É uma distração muito boa para a mente ter que se concentrar nas jogadas, nas cartas. Montar estratégias é muito bom. Deixa a mente ocupada, o que faz distanciar-se a velhice"*, brinca. Mas o jogo não é uma coisa nova em sua vida.

Seu pai, o velho Isauro, jogava no clube da cidade, onde era gerente, lá nos anos de 1930 e 1940, em Taubaté. Bem mais tarde, Cid costumava jogar com a Turma dos Cafajestes, na qual estavam incluídos alguns artistas, editores e diretores de cinema. "*A diversão era garantida. Daí corriam uns 'cobres' para ter graça.*" A noite de jogo, nas próprias produtoras, acontecia quando esperavam chegar textos para gravar. "*Às vezes, não tinha como conter a gargalhada*". Cid se diverte novamente ao trazer à lembrança os amigos e suas reações.

"Nem me importava se estava perdendo ou ganhando o jogo. O querido amigo roteirista Alberto Shatovsky parecia uma 'Lady', de tão educado. Nunca o vi perder a compostura, mas ficava tão estressado quando estava perdendo nas cartas que as dobrava nas mãos molhadas de suor. Aquilo era motivo de muito divertimento por parte dos outros jogadores. É muito bom ter esse tempo tão bacana na memória e ter me relacionado com pessoas do nível de Shatovsky. Chego a ficar emocionado de me lembrar de quantos trabalhos fizemos juntos, quantas horas colocamos energia, prazer e grande entendimento nos documentários

Boa noite

que fazíamos. Tudo entremeado de uma grande admiração e amizade", frisa. Amizade que ia muito além dos estúdios. Eles faziam juntos uma festa quando resolviam passar a noite ouvindo trilhas de cinema na casa de Cid. *"Ele é apaixonado por filmes e eu também. Me lembro da minha filha Jacyara, pequena, dançando balé, no ritmo certinho, ao som das músicas que Alberto escolhia. Isso tem mais de 40 anos. Como o tempo voa! Já em uma outra noite, junto com o grupo, a disputa estava tão animada que ninguém queria sair da mesa para nada. As horas foram passando e todos estavam muito entretidos. Em determinado momento, bate à porta uma das esposas e pede ao marido dinheiro para ir à feira, já às sete da manhã, e ele responde muito triste que não sobrou nenhum trocadinho."* 'El Cid' comenta: *"Não dá para descrever uma cena tão hilária quanto o momento em que ocorreu mas até mesmo agora, rememorando, é impossível não rir da situação"*.

O hábito de jogar baralho o acompanha até hoje. Nos últimos tempos, a tranca tem proporcionado boas noites de pura diversão. O que não deixa de ser um modo que nosso personagem encontrou para interagir, como ocorre no jogo de tênis. Entre os *três pretos e vermelhos* a noite passa, em conversas despretensiosas e brincadeiras quase infantis entre os barbados.

Às vezes as partidas são na casa de seu irmão, Célio Moreira, no prazeroso friozinho de Itaipava, na serra dos cariocas. Entre os biscoitos de polvilho da Casa do Alemão, consumidos em grande escala, alguns resmungam, enquanto outros se divertem ganhando a partida. *"É bom para relaxar, não pensar em nada sério, não planejar nada"*, explica Cid sobre a sensação de investir horas a fio nesse desafio mental. *"Se jogamos honestamente, sem roubar nas cartas, o jogo será determinado pela probabilidade. Não tem jeito, as cartas vêm descombinadas. Nada funciona. Então, o negócio é se divertir e se conformar"*. De vez em quando os parceiros mudam. A cunhada Lourdinha, quando não está nos afazeres da igreja que frequenta, faz parte da turma. Quando não pode, quem vem é Otávio Bastos ou Fernando Mota, antigos amigos que apreciam uma boa partida.

Cid na intimidade

Já que o assunto é 'serra' e baralho, Cid avisa que não pode deixar de comentar sobre um lugar onde não deixa de jogar uma boa partida quando tem oportunidade: Campos do Jordão. Localizada nas proximidades de Taubaté, sua terra natal, a estância encravada na serra da Mantiqueira, chama a atenção não só por sua beleza natural, mas pela altitude: mais de 1.600 metros. *"Com aquele friozinho amenizado pela lareira, fica inesquecível uma partida de tranca"*, brinca Cid, que fez boas amizades por lá e é assíduo visitante desse pedaço do paraíso. *"São imperdíveis as risadas marotas de BJ quando está com sorte nas cartas, e o mesmo vale pela indignação de Moisés quando está em uma maré de azar"*, confidencia o locutor, entre lágrimas de tanto rir. Se o passeio até Campos do Jordão já é valioso pela gastronomia, chocolates e roupas de lã típicas, um fato bem peculiar chama a atenção de nosso personagem. Quando vai falar do famoso pastel da cidade, o locutor parece uma criança. *"Sem brincadeira nenhuma, é delicioso, serve como uma refeição. Principalmente porque o meu sabor predileto é o de palmito e tomate com catupiry. Não conheço melhor". Podem rir de mim por falar isso, mas, como vegetariano, às vezes, os mais finos restaurantes não têm o que me oferecer. E um pastel com um recheio bem feito e uma massa crocante pode dar muito prazer"*.

Para chegar até esse pastel na serra chique do inverno dos paulistanos, uma passagem obrigatória é o centro gastronômico em Quiririm, bairro de Taubaté, vale do Paraíba. Lá, entre as dezenas de opções, até fica difícil escolher as cantinas e iguarias. E não é para menos: os descendentes da bela Itália fizeram do bairro seu refúgio e tornaram famosos os petiscos. *"Regados a um bom vinho, e ao fundo uma música típica"*, tudo isso faz Cid voltar no tempo e sonhar com os amigos da família Danelli, que tanto significam para ele. Eles, que viveram com Cid no tempo em que decidiu abdicar do prazer da carne.

Até que agora está mais fácil, acredita o convicto vegetariano, decidir deixar o prazer da carne e optar por refeições à base de massas, legumes, folhas, queijos e frutas. Para se sentir confortável em outros países, principalmente em longas viagens, o jeito que encontra

Boa noite

são os *buffets*. "*Numa mesa cheia de opções de vegetais, pães e queijos já me dou por satisfeito. Outra saída são as pizzas. Como em todo canto tem, umas melhores, outras nem tanto, também é uma boa solução para quem não aprecia carne. Quando é possível, vou conhecendo os restaurantes 'vegês' por onde passo*", explica.

Ao decidir parar de apreciar um suculento bife, Cid encontrou dificuldade para que as pessoas a sua volta, tanto os familiares quanto os amigos, aceitassem essa decisão com tranquilidade e parassem de provocá-lo com brincadeiras preconceituosas sobre sua decisão.

"*Nos encontros em família sempre tinha algum cunhado mais engraçadinho que não se conformava com o fato. Ficava insistindo para eu comer um churrasco ou associando minha decisão a algum tipo de fanatismo religioso ou coisa assim. Outras vezes eram os amigos que teciam comentários sobre questões de saúde e o fato de não comer proteína animal. Mas, aos poucos, todos foram se acostumando com a ideia.*" É que isso, há meio século, era incomum, ainda mais não havendo justificativa ligada à espiritualidade, ou ao encontro de grupos vegetarianos, ou às questões de proteção aos animais. "*Foi uma decisão interna que me fez e faz muito bem. Me sinto leve, sem aquele peso na digestão. Tudo funciona bem. Eu nunca tive anemia ou falta disso ou daquilo. Hoje se vê um grande movimento no planeta em relação à eliminação da carne das mesas como forma de respeito ao sofrimento e à vida além da humana, e também pelo fato de a criação de animais reduzir o espaço de plantio. Considero isso uma decisão muito inteligente*".

Apesar de termos deixado o tema lá atrás, jogando tranca nas montanhas, e dado uma imensa volta, para concluir o assunto é preciso uma rápida passada por Holambra, cidade da região metropolitana de Campinas, São Paulo. Esse município de apenas 12 mil habitantes, muito conhecido pela produção de flores e por sua culinária maravilhosa, herança dos holandeses, também chama a atenção de Cid Moreira. Lá existem dois bons motivos para passear, além da beleza do lugar e da gentileza das pessoas. Um deles é uma partida com a dupla campeã nos jogos de baralho da região. "*Se*

Cid na intimidade

andar por lá não posso sair sem pelo menos dar uma surra na Marina e na Helena, que jogam bem, mas não são invencíveis", provoca ele, com um sorriso nos lábios. A outra razão que faz valer a pena passear por aquelas bandas é o Cevisa, Centro de Vida Saudável, onde se comem muito bem pratos vegetarianos, se assiste a aulas de educação alimentar e ainda se acompanha um trabalho multidisciplinar impressionante para melhorar a qualidade de vida das pessoas. *"Eu, que mantenho uma disciplina rigorosa para estar com a saúde em dia, gostei muito dos dias que passei por lá, o que só me fez reforçar que eu tomei o caminho certo nos cuidados com meu organismo"*.

Boa noite

Enfim...

Casar com um homem 36 anos mais velho me trouxe a realidade do envelhecimento bem à flor da pele. Quase que tocando-me. Abraçar a avó ou a mãe querida, dar o braço ao pai, não nos faz aptos a entender profundamente como é que eles se sentem.

Bem, agora sim, estamos chegando ao fim deste passeio pela vida pessoal e profissional de Cid Moreira. Por coincidência, enquanto escrevo, aguardo-o no quarto do hospital Beneficência Portuguesa, em Petrópolis, cidade serrana do Rio de Janeiro. Aproveito o sossego do bucólico local para organizar minhas ideias, enquanto ele passa por uma cirurgia na mão. Justo a direita, tão imprescindível ao tenista viciado, que um dia antes jogou mais de duas horas na quadra do irmão, ressentido porque ficaria alguns dias sem jogar até a recuperação dos dedos, atingidos por uma lesão que dificulta os movimentos. Será uma longa espera: até voltar da anestesia, depois o retorno para casa, ficarei no mínimo sete horas ansiosa para que tudo corra bem. Pronto! Já me localizei e agora vamos ao que interessa. Talvez o leitor esperasse mais do livro, por que não? Conforme eu disse na introdução, como colocar uma vida como a de Cid Moreira em poucas páginas sem incorrer na sensação do gostinho de quero mais? Mas enxugamos e ajustamos o texto a fim de conseguir dar uma dimensão próxima do que foi sua vida, sem dramatizar demais e também buscando não cair na simplicidade vazia. Como todos os seres humanos, ele tem história para contar; a diferença em relação a alguns estaria nos detalhes, com capítulos especiais e dias mais corriqueiros. Depois de tudo pronto, ele resolveu ler para *bater o carimbo*. Arrumou um sobrenome aqui, uma data ali, um ano acolá. Pediu para incluir um amigo com quem trabalhou na produção do jornal de cinema, antes de gravar para Carlinhos Niemeyer. Milton Rodrigues, irmão do polêmico Nelson. Para a produtora dele, nosso personagem fez dezenas de narrações. *"Você esqueceu-se*

Cid na intimidade

de mencioná-lo, mas eu faço questão. *Afinal, também foi importante para mim. Com os textos de craque, eu me profissionalizava cada vez mais. Além de tudo, gosto dos três irmãos, que sempre foram meus amigos*", alertou, referindo-se aos outros dois *Rodrigues* famosos.

Outra inclusão no livro de que ele faz questão é a narração do documentário sobre o primeiro avião produzido pela Embraer – Empresa Brasileira de Aeronáutica. Hoje essa empresa é um orgulho para nosso país, exportando seus modelos para o mundo inteiro.

Suas manias, ao serem mencionadas no livro, também o incomodaram um pouco. "*É chato revelar as minhas bobagens*", diz, tentando justificar (rindo) o desejo de excluí-las. Depois, pensando bem, resolveu que tudo o que faz é humano. "*Então, que todo mundo fique sabendo*", muda o tom de voz. "*Já que o assunto é mania, por que você não contou que tenho quase todos os instrumentos básicos de dentista em casa? Não chega a tanto*", arrumou em seguida. Ele tem uma dezena de instrumentos daqueles usados nos consultórios e os usa durante a escovação. "*Eu odeio tártaro e as doenças de origem bucal. Para garantir que minha higiene esteja completa, além do fio dental, do enxaguante, da escova comum e da escova interdental, uso aqueles espéculos para retirar qualquer coisa que possa formar bactérias em minha boca*", conta. "*Para mim isso não é demais, é só para garantir a higiene*".

Uma última correção se refere à ocasião em que saiu em uma foto, na capa da *Revista Caras*, dentro de uma banheira. "*Sabe aquele momento de bobeira da vida da gente? Como pude me deixar fotografar assim? O que tinha na minha cabeça naquele momento? Afinal, todo mundo me acha tão sério, tímido, como de fato sou, e eu fui cair em uma cilada daquelas?*" Olhando a publicação, caiu na gargalhada e comentou a cara de assustado com que saiu na foto. O mico do ano. "*Tenho que pagar o preço, não é mesmo? Não tinha assessoria de imprensa na época, senão teriam me alertado, com certeza*".

Depois dessas ressalvas, Cid chegou à conclusão de que o livro conseguiu passar ao leitor uma ideia aproximada de como foi sua vida, de como ele é. "*Acredito que principalmente meus contemporâneos*

Boa noite

vão relembrar muitos fatos e momentos em que conviveram comigo. Os filhos deles vão ter saudades da infância ao lerem essas memórias. Os netos vão conhecer um pouco mais sobre as gerações anteriores e ver o curso que a televisão e o rádio fizeram para chegar à era digital e, por que não dizer, como era possível ter vida inteligente antes da Internet", resume, e dá uma boa gargalhada.

Se para *"El Cid"* foi como uma grande viagem em que se abriu um baú que guarda tesouros incomensuráveis da memória emocional, para mim, que mergulhei nesse universo, que só a mim pertencia em função de também tocar na minha infância e relação familiar, foi o descobrir de um tempo que ainda não me pertence em grande escala, mas que, inexoravelmente terei a sorte de viver um dia: a quarta idade, com suas belezas e angústias.

Casar com um homem 36 anos mais velho me trouxe a realidade do envelhecimento bem à flor da pele. Quase que tocando-me. Abraçar a avó ou a mãe querida, dar o braço ao pai, não nos faz aptos a entender profundamente como é que eles se sentem. Casar-se com um parceiro que possui uma grande diferença de idade, mesmo produtivo e saudável, mostrou-me como somos ingratos, grande parte das vezes, e pouco humildes com quem já viveu mais. Sim, eu acredito que é preciso muita humildade para envelhecer feliz e aceitar as perdas. Como se desapegar? E mais: vejo como é cruel a juventude, até mesmo a meia-idade. Desrespeitosos com os mais velhos, como se ignorá-los ou desconsiderá-los evitasse que vissem seu próprio futuro. Está na hora de mudar essa mentalidade, acredito eu. Ninguém tem que ficar se explicando ou causando admiração por ser saudável e socialmente atuante, apesar da idade avançada. Que tenha o mesmo peso a aceitação da velhice quanto da juventude. Afinal, ficaremos muito mais tempo velhos do que jovens, se dermos sorte. Se não se respeita o mais velho por ele mesmo, que se faça isso por conta do seu futuro e de como gostará de ser tratado dignamente quando chegar sua vez. Envelhecer é um processo natural e ponto final. E é melhor todos irem se acostumando com

Cid na intimidade

isso. Só tem história cheia de riqueza para contar quem viveu muito e teve coragem de experimentar. Senão, como disse Nelson Rodrigues, *"isso vai passar, meu filho!"*, e não vai sobrar nada para ao menos lembrar e saborear novamente.

Nisso nosso personagem é um craque: em boas lembranças. E eu fiquei mais apaixonada ainda depois de escrever o livro. Temos uma grande empatia. Ele me comove e impulsiona. Me traz para a vida, me dá ânimo, saúde, vigor, enfim, me coloca para cima, me fazendo sentir única, especial. Por tudo isso que constatei e que escrevi aqui, tenho certeza de que ele não conquistou esse público imenso à toa. A força vital que carrega atrai as pessoas. Não quero ser infantil. Não sou ingênua, sei da grande força da televisão. Mas outras pessoas entraram, ficaram longo tempo na mídia e... simplesmente sumiram. Não estou dizendo que o anonimato não pode ser feliz. Claro que pode, e muitos escolhem ou vivem esse anonimato. Mas a questão aqui é outra.

Antes de finalizar, quero dizer que a cirurgia da mão foi um sucesso, o paciente está dormindo e esperando a hora de voltar para casa. O ortopedista garantiu que a mão terá recuperação total, para alegria do tenista. E, como sempre ocorre, Cid deu autógrafos, claro, antes de se submeter à cirurgia, e prometeu enviar alguns de seus CDs do Novo Testamento em MP3, que acabaram de sair do forno, para toda a equipe do hospital que lhe atendeu.

Pouco antes da alta, a enfermeira, que veio aplicar-lhe uma injeção para evitar a dor pós-operatória, não resistiu e contou a história de quando viu Cid pela primeira vez na telinha da tevê. Ela tinha apenas nove anos. De uma família de doze irmãos, Geni de Melo Masareli contou que o *JN* era programa obrigatório, todas as noites, em sua casa. Segundo seu pai, era o jeito de tornar a criançada mais culta e informada. Como sua obrigação era lavar os pratos depois da janta, sempre chegava atrasada para ver o locutor, por quem era apaixonada. Um dia, seu pai a arrastou da cozinha e disse que teria de ficar junto com seus irmãos, no horário estipulado. Ela, para explicar ao pai o atraso, contou que demorava porque

Boa noite

precisava tomar banho e se arrumar para dar boa noite ao Cid. Foi possível perceber que, mesmo com a pouca luz do quarto em que nosso personagem se recuperava da anestesia, a emoção da enfermeira era grande por estar ali, cuidando daquele grisalho. Quem diria? Anos mais tarde, enquanto eu concluía as memórias dele, a enfermeira pôde fazer uma linda declaração de amor como aquela, em uma situação tão inusitada. Para ela, aquela era a grande oportunidade de contar a ele, pessoalmente, de sua paixão infantil. Se todo o livro não tivesse valido a pena, essa surpresa tão delicada já daria sentido a tudo o que aqui escrevi.

Cid na intimidade

1 – Baralho desde sempre; 2 – Prazer pelo tênis; 3 – Atração por relógios; 4 – Centenas de gravatas; 5 – Colecionador de sapos; 6 – Mania de higiene bucal

Boa noite

Em casa ou nas viagens, sempre tem a presença de amigos inesquecíveis:
1 – Aba Cohen e Lucia; 2 – Nilda de Sant'Anna Riedlinger e David Mars; 3 – Hélio Albano Araujo; 4 – Décio de Souza Aguiar; 5 – Lírio e Tânia Parissoto

Cid na intimidade

A felicidade do reencontro de velhos amigos
1 – Maria Aparecida, Romilda e Djalma Tavares; 2 – Visita ao casal mineiro Maria Stela e Alberte Vilela; 3 – A gratidão aos Danelli: Odilma, Odil e Dulce

Boa noite

O mar sempre o atraiu dentro e fora do país
1 – Búzios; 2 – Croácia; 3 – Cabo Frio

Cid na intimidade

Boas lembranças também no interior do Brasil
1 – Baralho para distração em Holambra - SP, com a esposa e a amiga Marina; 2 – Em Campos do Jordão, Sônia, BJ e Cid se divertem com as reações de Moisés ao jogo ruim; 3 – Cid sempre visitava os pais em Taubaté; "Dona" Elza morreu aos 93 anos e "Seu" Isauro, aos 96; 4 – Visita a Serra do Caracol - RS; 5 e 6 – Vinho e lareira para animar o friozinho das noites nas serras

Boa noite

Cid fez inúmeras viagens marcantes
1– A forte impressão que guardou dos muros de Jerusalém; 2 – Da bucólica Veneza;
3 – O belo trabalho de arte nos muros de Berlim

Cid na intimidade

De cada viagem, uma lição
1 – Em Roma, o fascínio do Coliseu; 2 – Londres chama a atenção pela beleza dos grandes shows; 3 – Monte Carlo atrai pelo charme dos cafés e opulentos cassinos; 4 – O Central Park, NY, envolve pelo prazer de estar em um lugar de gente de todas as nações

Boa noite

1 – Noites de baralho com a família; 2 – Cid e Célio fazem pose de comandante com os souvenirs; 3 – Em pose para foto, brincam de Aladin em frente a uma loja na Turquia; 4 – No frio de Paris, nada como uma foto de lembrança ao lado da Torre Eiffel; 5 – Na Grécia, a grandiosidade das ruínas das cidades antigas

Cid na intimidade

1 – O reencontro com os amigos Marcos e Moacir, em Miami; 2 – Com a amiga Marina Pulz, o locutor testa suas habilidades no tênis; 3 – Antes de iniciar nova partida, ele aproveita para se aquecer; 4 – Com Ute e Raimundo ele joga tênis aos domingos

Boa noite

Cid não esquece Taubaté, sua cidade Natal, com seu patrimônio arquitetônico que relembra sua infância e adolescência
1 – O mercado municipal ainda é o mesmo; 2 – Catedral de São Francisco das Chagas, construída em 1645, de taipa-de-pilão, por Jacques Félix e reformada em 1942; 3 – O velho teatro Polyteama; 4 – Antiga estação de trem

Cid na intimidade

1 – A enfermeira Geni posa satisfeita em foto ao lado do locutor; 2 – O fotógrafo Sérgio Zalis acompanha Cid em várias viagens; 3 – Além de um grande médico, Dr. Jair é amigo de coração; 4 – Paulo Cesar Alves é outro profissional responsável por várias fotos de Cid; 5 – O amigo Jonas Suassuna e sua esposa Claudia em mais um jantar descontraído

Boa noite

1 – Aparelho de rádio da família acompanha Cid desde a infância; 2 – A paixão pelo rádio se reflete no estúdio de Cid construído em sua casa

Fotos de arquivo pessoal

"BOA NOITE"

Este livro foi impresso pela Prol Editora Gráfica
para a Editora Prumo Ltda.